NOUVEAU VOYAGE DE FRANCE.

AVEC

UN ITINERAIRE, ET DES CARTES faites exprès, qui marquent exactement les routes qu'il faut suivre pour voyager dans toutes les Provinces de ce Royaume.

Ouvrage également utile aux François, & aux Etrangers.

Nouvelle Edition, revûe, corrigée & augmentée.

TOME PREMIER.

A PARIS, AU PALAIS,
Chez THEODORE LEGRAS, au troisiéme Pillier de la Grand'Salle, à l'L couronnée.

M. DCCXL.
Avec Approbation & Privilege du Roi.

AVERTISSEMENT.

LEs Voyages ont été les premieres Ecoles, & les Voyageurs les premiers Sçavans. C'est à eux qu'on est redevable de la circulation & du progrès des Sciences & des Arts. Les hommes avides d'apprendre voyageoient pour voir les Sçavans, & pour faire avec eux une espece de commerce & d'échange de connoissances. Revenus chez eux, ils ramassoient les lumieres qu'ils en avoient tirées; & c'est de ces courses instructives que sont venues ces expressions, encore en usage parmi nous : *Faire un cours de Philosophie, un cours de Medecine, &c.*

Le grand nombre de Livres

auxquels l'Imprimerie a donné le jour, a rendu cette communication des hommes presque inutile pour les Sciences : mais les Voyages en sont devenus moins pénibles, & plus propres à orner l'esprit & à former les mœurs. Les Rélations qui sont éxactes sont des guides fideles, qui non-seulement conduisent les Voyageurs par les routes les plus curieuses ou les plus sûres, mais encore qui les préviennent sur les mœurs & sur les coutumes : leur indiquent ce qu'il y a de plus singulier : les occupent à les vérifier ou a les contredire : leur épargnent la peine de mettre par écrit ce qu'ils rencontrent de remarquable, & les désabusent souvent sur des choses qui doivent tout leur mérite à la prévention des gens du pays, ou à la crédulité, & au peu de discernement de ceux qui en ont écrit.

L'embarras de porter plusieurs

AVERTISSEMENT.

Volumes de la *Description de la France*, lorsqu'on parcourt différentes Provinces de ce Royaume, a fait naître le dessein de rassembler les descriptions des Villes & des lieux qui se rencontrent sur les grandes routes, & d'y ajoûter des Itineraires & des Cartes faites exprès, afin que les Voyageurs eussent dans un seul Volume de quoi s'amuser & s'instruire. Pour peu qu'on soit initié dans l'Histoire & dans la Géographie ancienne, l'on sçait par *l'Itineraire d'Antonin* de quelle utilité deviennent *les Itineraires* dans la suite des tems. Ceux qui sont les mêmes que la route de la poste, sont ici imprimez en caractere Romain, & ceux des voitures ordinaires en Italique.

Toutes les routes décrites dans ce Livre, hormis une seule, commencent à Paris, & conduisent à la frontiere du Royaume. Il faut avoir bien mauvaise opinion de l'esprit des Etrangers, pour croire qu'ils ne sçauront point rétrograder, ni se servir des mêmes routes pour venir de leur pays à Paris.

Je fais partir tous mes Voyageurs de Paris, moins pour suivre l'exemple de *Justus Zinzerlingius* qui nous a donné un Voyage de France sous le nom de *Jodocus Sincerus*, & celui de quelques autres Ecrivains, qu'à cause que pour se former le goût & pour bien connoître les mœurs, les Coutumes, & le Gouvernement d'un Etat, l'on doit commencer par étudier la Capitale & la Cour. On juge ensuite bien plus sûrement de ce que les Provinces offrent de curieux. D'ailleurs le séjour que l'on fait à Paris donne occasion de se ménager des connoissances dans les Provinces, & fait même qu'on y est reçu avec plus d'agrément.

Il ne faut cependant point abuser des avantages que donne ce sé-

AVERTISSEMENT.

jour. Les jeunes gens s'entêtent aisément des beautez de cette superbe Ville, & affectent ordinairement de mépriser tout ce qu'on vante dans les Provinces. *Non omnis fert omnia tellus.* Les Provinces de France ont des curiositez de la Nature & de l'Art, qui méritent fort d'être vûes; & un bon esprit sans prodiguer son admiration, la donne à tout ce qui en est digne.

J'ai parlé des mœurs des François & du Gouvernement général du Royaume dans le premier Tome de la *Description de la France*; cette raison, & les bornes d'une Préface me dispensent d'en parler encore ici.

Je finis cet Avertissement par quelques Tables Chronologiques qui sont d'autant plus nécessaires, que les Voyageurs curieux en ont souvent besoin, & qu'ils n'ont pas sous leurs mains les Livres qui pourroient les instruire de ce qu'ils souhaitent.

TABLE CHRONOLOGIQUE

des Rois de France.

LE Royaume de France est la Monarchie la plus ancienne & la plus illustre de celles qui subsistent aujourd'hui en Europe. Elle a commencé, selon l'opinion commune, en 420. & depuis ce tems-là a été toujours successive de mâle en mâle, & gouvernée depuis Pharamond jusqu'à Louis XV. qui regne aujourd'hui, par soixante-six Rois. Comme *Eude* & *Raoul* n'étoient point du Sang Royal, il semble qu'on n'en devroit compter que soixante-quatre ; cependant l'on en compte soixante-six, parce que *Eude* & *Raoul* ont été couronnez, & que tous le Historiens les mettent unanimement au rang des Rois de France.

L'on range ces soixante-six Rois sous trois races. *La Mero-*

vingienne renferme vingt-deux Rois, & a duré trois cens trente-un ans. L'on ne met dans cette Race que les seuls Rois de Paris; car si l'on y comprenoit les Rois d'Austrasie & ceux de Neustrie, il y en auroit trente-six au lieu de vingt-deux. La Race *Carlovingienne* a eu treize Rois, & a duré environ deux cens trente-cinq ans. *La Capetienne* a commencé en 987. & durera autant que le monde, si les vœux des François sont exaucez.

Race Merovingienne.

Pharamond en 420. a regné	7. ou	8. ans.
Clodion . . . 417. ou 418.	17.	
Merovée . . . 447. ou 448.	10.	
Childeric I. . . 457.	24.	
Clovis. . . . 481.	30.	
Childebert I. . . 511.	47.	
Clotaire I. . . . 558.	2.	quelq.
Cherebert ou Charibert . 561.	9.	
Chilperic I. . . 570.	14.	
Clotaire II. . . 584.	44.	
Dagobert I. . . . 628.	10.	
Clovis II. . . . 638.	18.	
Clotaire III. . . 656.	14.	
Childeric II. . . 670.	4.	
Thierri I. . . 674.	17.	
Clovis III. . . 691.	4.	
Childebert II. . 695.	17.	

x

Dagobert II. . . . 712. 3. ou 4. ans.
Chilperic II. ou Daniel. 715. ou 16. 5.
Clotaire IV. . . 720. 1. & 5. m.
Thierri II. . . . 721. ou 22. 17 } Interregne de 5.
Childeric III. . . . 743. . 9 } ou 6. ans.

Race Carlovingienne.

                                                  ans.

Pepin le Bref. . . . . 752. 16. 4. m. 24. j.
Charles I surnommé le Grand. 768. 45. 4. m. 4. j.
Louis I. dit le Débonnaire. 814. 26. 4. m. 24. j.
Charles II. dit le Chauve. 840. 37. 3. m. 16. j.
Louis II. dit le Begue. 877. 1. 6. m. 3. j.
Louis III & Charloman. 878. 3. & 5. m.
Charles le Gros ou le Gras. 883. 4.
Eude. . . . . 888. 10. quelq. m.
Charles le Simple. . . 898. 27.
Raoul. . . . . 923. 12. 6. m. 3. j.
Louis IV. dit d'Outremer. 936. 18. 3. m. 26. j.
Lotaire. . . . . 954. 31. 4. m. 18. j.
Louis V. dit le Fainéant. 986. 1. 3. m. 20. j.

Race Captienne.

                                                  ans.

Hugues Capet. . . 987. 10.
Robert le Dévôt. . . 997. 33. 9. m. 4. j.
Henry I. . . . 1031. 29. 15. j.
Philippe I. . . 1060. 48. 2. m. 6. j.
Louis VI. dit le Gros. 1108. 29. 3. j.
Louis VII. dit le Jeune. 1137. 43. 1. m. 17. j.
Philippe I. surnommé Auguste. 1180. 42. 9. m. 26. j.
Louis VIII. . . . 1223. 3. 3. m. 24. j.
S. Louis. . . 1226. 43. 9. m. 16. j.
Philippe III. dit le Hardi. 1270. 15. 7. m. 10. j.
Philippe IV. dit le Bel. 1285. 29. 2. m. 22. j.
Louis X. dit Hutin. 1314. 1. 6. m. 6. j.
Philippe V. dit le Long. 1316. 5. 1. m. 14. j.
Charles IV. dit le Bel. 1322. 6.
Philippe VI. dit de Valois. 1328. 22. 5. m. 21. j.

	ans.
Jean dit le Bon.	1350. 13. 7. m. 17. j.
Charles V. dit le Sage.	1364. 16. 5. m. 8. j.
Charles VI.	1380. 42. 1. m. 6. j.
Charles VII.	1422. 38. 9. m. 3. j.
Louis XI.	1461. 22. 1. m. 8. j.
Charles VIII.	1483. 14. 7. m. 9. j.
Louis XII.	1498. 16. 8. m. 31. j.
François I.	1514. 32. 3. m. 1. j.
Henry II.	1546. 12. 3. m. 10. j.
François II.	1559. 1. 4. m. 16. j.
Charles IX.	1560. 13. 5. m. 25. j.
Henry III.	1574. 15. 2. m. 3. j.
Henry IV. dit le Grand.	1589. 20. 9. m. 12. j.
Louis XIII.	1610. 33.
Louis XIV.	1643. 72.
Louis XV. à présent régnant.	1715.

Ce seroit ici l'endroit où je devrois mettre une Table des dixhuit Archevêchez qui sont dans ce Royaume, & les noms des Evêchez qui en sont suffragans : mais comme cette Liste se trouve jusques dans les Almanachs, il seroit inutile de la repéter.

Anciens Pairs du Royaume.

Ces anciens Pairs étoient les plus grands Seigneurs du Royaume, & au nombre de douze, six Ecclésiastiques & six Séculiers.

Leur principale fonction étoit d'assister au Sacre du Roi. Les Pairies Ecclésiastiques subsistent encore, mais les Séculieres sont éteintes, & en leur place nos Rois en ont créé un grand nombre d'autres.

De ces douze Pairs il y avoit six Ducs & six Comtes.

PAIRS ECCLESIASTIQUES.

L'Archevêque Duc de Reims. Il sacre le Roi.

L'Evêque Duc de Laon. Il tient au Sacre la sainte Ampoule.

L'Evêque Duc de Langres. Il porte le Septre Royal.

L'Evêque Comte de Beauvais. Il porte le Manteau Royal.

L'Evêque Comte de Châlons. Il porte l'Anneau Royal.

L'Evêque Comte de Noyon. Il porte le Baudrier du Roi.

Anciens Pairs Séculiers.

Le Duc de Bourgogne.
Le Duc de Normandie.
Le Duc de Guyenne.
Le Comte de Flandre.
Le Comte de Champagne.
Le Comte de Toulouse.

Les douze Parlemens.

Paris institué par Philippe le Bel vers l'an 1304.
Toulouse institué par le même Prince.
Grenoble institué par Louis XI. en 1453.
Bourdeaux par le même Prince en 1462.
Dijon par le même en 1476.
Rouen par Louis XII. en 1499.
Aix par Louis XII. en 1501.
Rennes par Henry II. en 1553.
Pau par Louis XIII. en 1620.
Metz par le même Prince en 1633.

Douay par Louis XIV. en 1686.
Besançon par le même Prince en 1668. & 1674.

Outre ces Parlemens il y a trois Conseils Supérieurs.

Colmar établi en 1657. & 1679.
Perpignan en 1660.
Arras en 1641.

Chambres des Comptes.

Paris.
Dijon.
Grenoble.
Aix.
Montpellier.
Pau unie au Parlement de la même Ville.
Nantes.
Rouen.
Blois.
Aire en Artois.
Lisle en Flandre.
Besançon en Franche-Comté.

Cours des Aides.

Paris.
Dijon, unie à la Chambre des Comptes de la même Ville.
Grenoble, unie au Parlement.
Montpellier, unie à la Chambre des Comptes.
Aix, unie à la Chambre des Comptes.
Montauban.
Pau, unie au Parlement.
Bourdeaux.
Clermont.
Rennes, unie au Parlement.
Rouen, unie à la Chambre des Comptes.
Metz, unie au Parlement.

UNIVERSITEZ.

Paris.
Toulouse en 1228.
Montpellier en 1289.
Orléans, Faculté de Droit en 1321.

Cahors en 1338.
Perpignan en 1349.
Angers en 1364.
Orange en 1365.
Aix en 1409.
Besançon. Cette Université fut fondée à Dole en 1422. & 1423. & transferée à Besançon l'an 1691.
Poitiers en 1431.
Caën en 1452.
Valence en 1452.
Nantes en 1460.
Bourges en 1465.
Bourdeaux en 1473.
Reims en 1548.
Douay en 1562.
Dijon, Faculté de Droit, en 1723.

Académies Françoises.

Il y a quinze de ces Académies, dont les trois premieres sont à Paris. La plus ancienne porte le nom d'Académie Françoise, & a été particulierement établie pour travailler à l'embellissement & à la pureté de nôtre Langue. Les autres sont pour les Belles-Lettres ou pour les Sciences.

L'Académie Françoise fut fondée en 1635. & les Lettres Patentes furent vérifiées en 1637.

L'Académie des Inscriptions & Belles-Lettres commença en 1663. fut reglée par le Roi en 1701. confirmée par des Lettres Patentes en 1713.

Celle des Sciences fut formée en 1666. fut reglée par le Roi en 1699. & confirmée par Lettres Patentes en 1713.

Celle *d'Arles* fut établie au mois de Juin 1669. pour vingt Gentilshommes originaires & habitans de la même Ville. Peu de tems après elle fut augmentée de dix autres Academiciens.

Celle de *Soissons* fut établie en 1675.

Villefranche en Beaujolois, en 1679.

Nismes en 1682.
Angers en 1685.
Toulouse en 1694.
Caën en 1706.
Montpellier en 1706
Lyon en 1710.
Bourdeaux en 1713.
Marseille en 1726.
La Rochelle en 1734.

F I N.

TABLE

DES VOYAGES OU ROUTES différentes qu'on trouve dans ce tome premier.

Voyage de Paris à Saint-Jean de Luz. 1

De Paris à la Rochelle & à Rochefort. 65

De Paris à Brest par Tours. 72

—— Autre par le Mans & Angers. 102

—— Autre par Alençon & par Rennes. 125

De Paris à Saint-Malo. 146

De Paris à Toulon & à Marseille par la Bourgogne & le Dauphiné. 149

—— Autre par le Nivernois & le Bourbonnois. 268

De Paris à Clermont en Auvergne. 292

De Paris à Aurillac. 301

APPROBATION

De Monsieur l'Abbé Richard, Doyen des Chanoines de l'Eglise Royale & Collégiale de Ste Opportune à Paris, Prieur Seigneur de l'Hôpital, Censeur Royal.

J'ai lû par ordre de Monseigneur le Garde des Sceaux, un Manuscrit qui a pour titre *Nouveau Voyage de France, avec un Itineraire & des Cartes faites exprès, qui marquent exactement les routes qu'il faut suivre pour voyager dans toutes les Provinces du Royaume; ouvrage également utile aux François & aux Etrangers, par Monsieur Pigagniol de la Force.*

Quand j'ai porté mon jugement sur la nouvelle Description de la France, dont Monsieur Piganiol de la Force a enrichi la République des Lettres, j'ai prevû que les Etrangers aussi-bien que nos François, ne se contenteroient pas du récit qu'il y fait des merveilles de ce Royaume. J'ai presque assuré qu'ils viendroient eux-mêmes les parcourir & les admirer. Et c'est pour rendre leur voyage utile & agréable, que Monsieur de la Force rappelle en abrégé dans un petit Volume tout ce qu'il a écrit en huit Tomes. Il conduit si bien les Voyageurs dans tous les endroits où il y a quelque chose de rare, que rien n'échapera à l'envie de satisfaire leur curiosité, pourvû qu'ils ayent ce Livre entre les mains. Il mérite donc d'être rendu public par l'impression, s'il plaît à Monseigneur le Garde des Sceaux en accorder le Privilege sur le témoignage que j'en rends à sa Grandeur. A Paris ce 17. Juin 1723.

L'Abbé RICHARD, Censeur Royal.

APPROBATION.

J'Ai lû par ordre de Monseigneur le Chancelier la *Description & Voyage de la France*, cet Ouvrage m'a paru si instructif, & si utile pour le Public, que j'ai joint volontiers mon approbation à celles de Messieurs Rassicod & Richard. A Paris, ce 8. Avril 1738.

SIMON.

PRIVILEGE DU ROI.

LOUIS, par la grace de Dieu, Roi de France & de Navarre, à nos Amez & feaux Conseillers, les Gens tenans nos Cours de Parlement, Maîtres des Requêtes ordinaires de nôtre Hôtel, Grand Conseil, Prevôt de Paris, Baillifs, Sénechaux, leurs Lieutenans Civils, & autres nos Justiciers qu'il appartiendra: SALUT: Nôtre bien amé Theodore le Gras, Libraire à Paris, ancien Adjoint de sa Communauté, Nous ayant fait remontrer qu'il souhaiteroit continuer à faire réimprimer & donner au Public *les Hommes Illustres de la France, Description & Voyage de la France, Oeuvres de Pitaval*; s'il Nous plaisoit lui accorder nos Lettres de continuation de Privilege sur ce nécessaires; offrant pour cet effet de les faire réimprimer en bon papier & beaux caracteres, suivant la feüille imprimée & attachée pour modele sous le contre-scel des Présentes; A CES CAUSES, voulant traiter favorablement ledit Exposant, Nous lui avons permis & permettons par ces Présentes de faire réimprimer lesdits Livres cy-dessus specifiez, en un ou plusieurs Volumes, conjointement ou séparément, & autant de fois que bon lui semblera, & de les vendre, faire vendre & débiter par tout nôtre Royaume pendant le tems de neuf années consécutives, à compter du jour de la datte desdites Présentes; Faisons défenses à toutes sortes de personnes de quelque qualité & condition qu'elles soient, d'en introduire d'impression étrangere dans aucun lieu de nôtre obéissance; comme aussi à tous Libraires, Imprimeurs & autres, d'imprimer, faire imprimer, vendre, faire vendre, débiter ni contrefaire lesdits Livres ci-dessus exposez, en tout ni en partie, ni d'en faire aucuns extraits sous quelque prétexte que ce soit, d'augmentation, correction, changement de titre ou autrement, sans la permission expresse & par écrit dudit Exposant ou de ceux qui auront droit de lui, à peine de confiscation des exemplaires contrefaits, de six mille livres d'amende contre chacun des contrevenans, dont un tiers à Nous, un tiers à l'Hôtel-Dieu de Paris, l'autre tiers audit Exposant, & de tous dépens, dommages & interêts : A la charge que ces Présentes seront enregistrées tout au long sur le Registre de la Communauté des Libraires & Imprimeurs de Paris, dans trois mois de la datte d'icelles. Que l'impression de ces Livres sera faite dans nôtre Royaume & non ailleurs, & que l'Impetrant se conformera en tout aux Reglemens de la Librairie, & notamment à celui du dix Avril 1725. Et qu'avant que de les exposer en vente, les Manuscrits ou Imprimez, qui auront servi de copie à l'impression desdits Livres, seront remis dans le même état où l'Approbation y aura été donnée, ès mains de nôtre très-cher & féal Chevalier le Sieur DAGUESSEAU, Chancellier de France, Commandeur de nos Ordres, & qu'il en sera ensuite remis deux exemplaires de chacun dans nôtre Bibliothéque publique, un dans celle de nôtre Château du Louvre, & un dans celle de nôtre très-cher & féal Chevalier le Sieur Daguesseau, Chancelier de France, Commandeur de nos Ordres, le tout à peine de nullité des Présentes. Du contenu desquelles Vous mandons & enjoignons de faire joüir l'Exposant ou ses Ayans cause, pleinement & paisiblement, sans souffrir qu'il leur soit fait aucun trouble ou empêchement. Voulons que la copie desdites Présentes qui sera imprimée tout au long au commencement ou à la fin de chacun desdits Livres, soit tenuë pour duëment signifiée, & qu'aux copies collationnées par l'un de nos amez & feaux Conseillers & Secretaires, foy soit ajoûtée comme à l'Original. Commandons au premier nôtre Huissier ou Sergent, de faire pour l'exécution d'icelles tous actes requis & nécessaires, sans demander autre permission, & nonobstant clameur de Haro, Charte Normande, & Lettres à ce contraires. Car tel est nôtre plaisir. DONNE' à Paris le dix-huitiéme jour du mois d'Avril l'an de grace mil sept cens trente-huit, & de nôtre Regne le vingt-troisiéme. Par le Roy en son Conseil.

SAINSON.

Regiſtré, ſur le Regiſtre X. de la Chambre Royale des Libraires & Imprimeurs de Paris, num. 32. fol. 29, conformément aux anciens Reglemens, confirmés par celui du 28. Février 1723. A Paris, le 20. Avril 1738.

LANGLOIS, Syndic.

NOUVEAU VOYAGE DE FRANCE.

✱✱✱✱✱✱✱✱✱✱✱✱✱✱✱✱✱✱✱✱✱✱✱✱✱✱

Voyage de Paris à Saint-Jean de Luz.

Voici un Voyage des plus longs, des plus curieux & des plus commodes qu'on puisse faire en france; car on traverse ce Royaume pendant l'espace d'environ cent soixante-dix lieues, presque par tout par des chemins d'une beauté & d'une sûreté sans égales. D'ailleurs on ne voit de tous côtez que Campagnes fertiles, que Bourgades & Villes peuplées, qu'habitans laborieux, industrieux, & affables : par tout enfin on trouve de bonnes hôtelleries dont la bonne chere &

Tome I. *A

la propreté font oublier les fatigues inséparables des longs voyages.

Le Bourg-la-Reime.	2. lieues.
Longjumeau.	3. l.
Linas.	2. l.
Châtres ou Arpajon.	2. l.
Eftrechi.	4. l.
Eftempes.	2. l.

Le Bourg-la-Reine, *Burgus Regina*, eft un petit Bourg entre Montrouge & Antoni, qui s'appelloit anciennement *Friquet*, parce qu'il y avoit un pont de brique, ou bien à cause d'une briqueterie ou four à briques. Quant au nom qu'il porte aujourd'hui, l'on ignore la raifon qui le lui a fait donner. Quelques-uns difent que c'eft pour avoir appartenu à la Reine Adelaïde femme de Louis le Gros, qui donna le Bourg aux Religieufes de Montmartre, mais tout cela eft affez incertain.

Longjumeau, *Mons Gemellus*, eft un Bourg de l'Ifle de France, fitué fur la Petite riviere d'*Yvette* qui fe jette dans celle d'*Orge* un peu plus bas. Il y a ici un Prieuré de Chanoines Réguliers de faint Auguftin de la Congrégation de Ste. Génevieve; le Prieur eft Commendataire, & le fameux Theodore de Beze étoit revêtu de ce Benefice, lorsqu'il quitta la religion de ses peres pour embrasser celle de Calvin.

Linas est un Bourg sous Montleheri & sur la petite riviere de Salmouille.

MONTLEHERI, *Mons Lethericus, Mons Letherici*, petite Ville située sur une colline. Thibaud surnommé *File-étoupes*, Forestier du Roi Robert, & fils de Bouchart premier Baron de Montmorenci, fit bâtir un Château à Montleheri & s'y établit en 1015. & donna commencement à cette branche de la Maison de Montmorenci. Ses descendans à la faveur de ce Château firent bien de la peine à Philippe I. & à Louis le Gros. Ce dernier le fit démolir à la reserve de la Tour que l'on y voit encore ; il s'y donna une sanglante bataille le 16. de Juillet 1465. entre le Roi Louis XI. & Charles de France Duc de Berry son frere, dont les Ducs de Bourgogne & de Bretagne, & plusieurs autres Seigneurs suivoient le parti. Montleheri a titre de Comté, Prévôté & Châtellenie.

CHATRES, *Castra*, aujourd'hui *Arpajon*, est une petite Ville située sur un ruisseau appellé l'Orge. Elle fut érigée en Marquifat fous le non d'*Arpajon* par Lettres Patentes du Roi données au mois d'Octobre 1720. en faveur de Meffire Louis Marquis d'Arpajon, Lieutenant Général des Armées du Roi, Chevalier de la Toifon d'or & de S. Louis, Gouverneur de Berry

Eftrechi, *Stripiniacum*, eft un Bourg entre Bonnes, & Eftempes, fur la petite riviere de Juine. Il eft dit dans la Chronique de Morigny qu'*Afel*, & *Haimon* donnerent l'Eglife d'Eftrechi au Monaftere de Morigny.

Estempes, *Stampa caftrum*, fur la riviere de *Juine* qu'on nomme auffi la riviere d'Eftempes. Cette petite Ville eft à quatorze lieues de Paris, & à vingt d'Orléans. Elle a Préfidial, Election, Grenier à fel, & étoit anciennement du Domaine du Roi ; elle en a été défunie plufieurs fois, & a appartenu en dernier lieu au feu Duc de Vendôme mort à Vinaros en Catalogne l'an 1712. Il s'y eft tenu trois Conciles Provinciaux & deux Nationaux, l'un en 1130. & l'autre en 1160. On y compte cinq Paroiffes, deux Chapitres, un Couvent de Mathurins, un de Cordeliers, un de Capucins, un de Barnabites, un de Filles de la Congrégation de Nôtre-Dame, & un de Religieuses Hospitalieres qui ont soin de l'Hôpital. L'un des Chapitres est dans l'Eglise Paroissiale de Nôtre-Dame, & a été fondé par le Roi Robert pour un Chantre & dix Chanoines. L'autre est celui de Sainte Croix fondé en 1183, & composé d'un Doyen, d'un Chantre, & de dix-neuf Chanoines. Le Doyen & le Chantre sont élus par le Chapitre, & confirmez par l'Archevêque de Sens. Quant aux Canonicats, ils sont à la collation de cet Archevêque.

Mondesir.	2. l.
Monerville.	2. l.
Angerville.	2. l.
Boisseau.	2. l.
Toury.	2. l.
Châteaugaillard.	2. l.
Artenay.	2. l.
Sercottes.	3. l.
Orléans.	3. l.

Angerville, & *Artenay*, sont deux Bourgs & deux si mauvais gîtes du tems de Passerat, que ce Poëte finit ainsi un de ses sonnets :

Qui a rompu l'humaine & la divine Loi :
Qui a trahi sa foi, son pays & son Roi :

Et allumé les feus d'une guerre Ci-
ville :
Quiconque est celui-là, s'il veut que
ses péches,
Ne lui soient à la fin devant Dieu
reprochés,
qu'il disne à Artenay *, & soupe à*
Angerville.

ORLEANS. *Cenabum, Genabum, Aurelianum, Aureliana civitas*, est situé sur la rive droite de la Loire. Quelques Ecrivains ont soûtenu que *Genabum* étoit Gien, mais il est aisé de faire voir qu'ils se trompent : l'étimologie d'*Aurelianum* est fort incertaine ; le sentiment le plus suivi veut que ce nom ait été donné à cette Ville par l'Empereur Aurelien qui en fut le restaurateur. Glaber Rodolfe dit que la Ville d'Orléans a pris son nom de sa situation sur la Loire : *Diciturque Aureliana quasi ora Ligeriana, quod in ora ejusdem fluminis ripa sit constituta.* Nonseulement cette étymologie est ridicule, mais même elle est tout-à-fait contraire à l'analogie. Cette Ville a été autrefois la Capitale d'un Royaume de son nom, mais aujourd'hui ce n'est qu'un Duché-Pairie qui fait partie de l'appanage de Monseigneur le Duc d'Orléans. Il y a dans Orléans Evêché, Généralité, Présidial, Election, Grenier à sel & Prévôté. On y compte vingt-deux Paroisses & six portes sans parler de quatre poternes qui ne servent que pour aller à la Riviere, ni de celles de l'Evangile & de S. Euverte qui ont été bouchées. L'Eglise Cathedrale est une des plus belles qu'il y ait dans le Royaume; on en mit la premiere pierre le 11. de Septembre de l'an 1287. Il y a au jambage de la tour des cloches à main droite en entrant, une inscription qui est l'Acte de manumission ou d'affranchissement d'un esclave nommé *Letbert* par *Albert* son maître. Cette inscription est conçûe en ces termes: *Ex beneficio sancta Crucis per Joannem Episcopum & per Albertum sanctæ Crucis Casatum factus est liber Letbertus, teste hac sancta Ecclesia.* Le Séminaire est un assez beau bâtiment qui a été fondé par le feu Cardinal de Coislin. Dans l'Eglise de S. Pierre les curieux doivent voir l'épitaphe du *Baron de Vitaux* Gentilhomme Bourguignon qui avoit eu un honneur que je ne crois pas avoir jamais été accordé à aucun autre Gentilhomme; car il s'étoit battu en duel successivement contre trois Rois, celui de Boheme, celui de Pologne, & celui de Suede. Dans le Mo-

A iiij

nastere de Nôtre-Dame de Bonne-Nouvelle il a une Bibliotheque qui est publique, & qui a été donnée à cette Maison par un Professeur de Droit appellé *Guillaume Prousteau*. Le Mail est dans le fossé de la Ville, & a quatre cens cinquante toises de long. Un pont de pierre large & long traverse la Loire, & conduit à un faubourg appellé *le Portereau*. La longueur de ce pont est de cent soixante & dix toises: l'on y remarque trois statues de bronze que Charles VII. y fit mettre l'an 1458; l'une représente la Vierge assise au pied de la Croix, tenant entre ses bras le corps de son Fils; d'un côté est le Roi Charles VII. armé & à genoux; & de l'autre est Jeanne d'Arc surnommée la Pucelle d'Orléans, aussi armée & à genoux. Il y a sous ce pont une petite Isle avec quelques bâtimens & une petite Eglise: une partie de cette Isle est nommée *la Mote saint Antoine*, & l'autre partie *la Mote des Poissonniers*. La Ville d'Orléans a été plusieurs fois assiégée: l'an 701. de la fondation de Rome, Jules Cesar la prit: Attila Roi des Huns l'assiégea en 451. les Normands la prirent par deux fois, l'an 855. & en 865. elle fut assiégée par les Anglois l'an 1429; mais Jeanne d'Arc leur en fit lever le siege. Cette Ville souffrit beaucoup pendant les guerres des Calvinistes.

On a assemblé cinq Conciles à Orléans; le premier en 511. sous le Regne de Clovis, le second en 533. ou 536. le troisiéme en 538. le quatriéme en 541. le cinquiéme en 549. &c.

La Ville d'Orléans porte pour armes de gueules à trois quintes feuilles d'argent 2. & 1. au chef d'azur chargé d'une fleur de lys d'or.

S. Mesmin.	2. l.
Cléry.	2. l.
Les trois Cheminées.	2. l.
S. Laurent des Eaux.	2. l.
Nouant.	2. l.
S. Dié.	2. l.
Blois.	4. l.

S. Mesmin est un Bourg sur la rive droite du Loiret, & non pas sur la Loire comme on le dit dans le Voyage de la France imprimé chez Saugrin. Ce Bourg est connu par une Abbaye de l'Ordre de S. Benoît, qui est aujourd'hui occupée par les Feuillans, & plus encore par son terroir qui produit les vains de *Genetin*.

CLERY est une petite Ville qui a

A v

une Eglife Collégiale dédiée à Nôtre-Dame, & que Louis XI fit rebâtir telle qu'elle eft. Ce Roi y voulut être enterré, & fon maufolée en marbre blanc eft dans la nef : l'on vient par dévotion à cette Eglife de tous les côtez de l'Europe. Duchefne rapporte qu'il y a un fort gros cierge attaché avec une chaine de fer devant l'Image de Nôtre-Dame, & que lorfque quelqu'un eft en peril de mort fur mer ou fur terre, & qu'il fait vœu de venir en pélerinage à Nôtre-Dame de Clery, ce cierge fait un tour ou deux avec un tel bruit que le peuple qui l'entend accourt à l'Eglife, & le voit tourner fans aide, ce que dix hommes auroient peine à lui faire faire, en fe fervant de toutes leurs forces. On écrit alors le jour & l'heure de ce mouvement, & celui qui a été délivré du peril où il étoit, venant enfuite à accomplir fon vœu, on lui lit ce qu'on a écrit, par où il connoît qu'il doit à la protection de la Vierge le fecours qu'il a reçû de Dieu.

Blois fur la riviere de Loire qu'on y paffe fur un beau pont de pierre nouvellement bâti, & l'on va à un grand faubourg appellé *de Vienne*. Grégoire de Tours eft le premier qui ait parlé de la Ville de Blois, & l'on voit dans les Capitulaires de Charles le Chauve que du tems de ce Prince elle étoit déja considérable. Sous les Rois de la seconde race on y battoit une espece de monnoye d'argent différente de celle qu'on y a battue depuis du tems de Guy de Châtillon Comte de Blois, premier du nom, en ce que cette derniere a pour légende d'un côté *Castro Blesis*, & de l'autre *Guido Comes*; au lieu que la premiere a d'un côté *Blesianis Castro*, & de l'autre *Misericordiâ Dei*. Le Château est l'ornement le plus remarquable de cette Ville; au coup d'œil il en paroit séparé : cependant il y est joint par un chemin pratiqué dans le roc : cette Maison Royale est l'ouvrage de plusieurs Seigneurs & de plusieurs Princes; les Seigneurs de la Maison de Champagne, & ceux de la Maison de Châtillon avoient fait bâtir le corps qui étoit vers l'Occident, & dont il ne restoit plus qu'un grosse tour. Louis XII. a fait bâtir la face qui regarde l'Orient, comme aussi celle qui regarde le Midi, & cette derniere communiquoit aux deux autres. Parmi les ornemens qui embellissent ce bâtiment, on y remarque les armoiries du Roi Louis XII. & celles de la Reine Anne de Bretagne sa femme, leurs chiffres

A vj

& devises, &c. Mais ce qui frappe davantage, est la Statue équestre de Louis XII. que l'on voit sur la grande porte de ce Château: la face du côté du Nord est l'ouvrage de François I. quoique ce bâtiment soit gothique, il ne laisse pas d'être magnifique. Les devises de ce Roi s'y voyent en plusieurs endroits du dedans & du dehors: il y a plusieurs chambres & cabinets qui font ressouvenir des Rois Henri II. Charles IX. & Henri III. c'est en une des chambres de ce bâtiment que fut tué Henri Duc de Guise premier du nom, qui sous prétexte de Religion voulut détrôner son Roi & son bienfaicteur: l'on a crû voir longtems des caracteres formez par le sang de ce Rebelle audacieux. C'est joignant ce bâtiment en allant du côté du Couchant qu'est une Tour appellée *la Tour de Château Regnaud*, parce que du haut de cette Tour on voit cette Seigneurie, quoiqu'elle en soit éloignée de sept lieues: l'on emprisonna le Cardinal de Guise, & l'Archevêque de Lion dans cette Tour, à la porte de laquelle le Cardinal fut tué à coups de pertuisanne. A l'extrémité de ce bâtiment du côté du Levant il y en a un petit qui est en partie ancien & en partie moderne: l'arcien s'appelle la Salle des Etats, & a pris ce nom des Assemblées générales qui y furent tenues en 1576. & 1588. quant au moderne, il est du Roi Henri III. qui sur la fin de son Regne y fit commencer un appartement. Le bâtiment que Gaston Jean-Baptiste de France Duc d'Orléans fit faire en la place de celui qu'il fit démolir du côté d'Occident l'an 1635. est un ouvrage digne de ce grand Prince, & de François Mansard un des plus grands Architectes que la France ait eus : cet Architecte y fit travailler pendant trois ans, & y fit employer trois cens trente mille livres ; il assuroit qu'avec les matereaux qui restoient, il ne faloit plus que cent mille livres pour rendre ce bâtiment logeable, lorsque des affaires plus importantes survinrent au Prince, & l'obligerent de laisser l'ouvrage imparfait & tel qu'on le voit aujourd'hui. Ce qu'on admire le plus dans ce superbe édifice, est le grand escalier qui est de figure quarrée, tout en l'air, & décoré d'ornemens qui sont d'un grand goût. L'avant-cour de ce Château où l'Eglise Collegiale de S. Sauveur est bâtie, est une des plus grandes qu'il y ait en France ; on y fit un beau Tournoy pour l'arrivée du

Prince de Castille promis à Claude de France, & celui du mariage du Marquis de Montferrat avec la Princesse sœur du Duc d'Alençon.

Les Jardins répondoient à la beauté & à la magnificence du Château. Une gallerie de charpente appellée *la Gallerie des Cerfs*, parce qu'il y en avoit plusieurs figures à mi corps, séparoit ces Jardins en hauts & bas ; mais en la place de celle-là le Roi Henri IV. en fit bâtir une de pierre de taille l'an 1600. qui subsiste encore, & a quatre-vingt-dix-sept toises de long sur plus de trois de large, avec de belles croisées des deux côtez. Dans le Jardin haut on remarque un puits d'une largeur & d'une profondeur extraordinaires que le Roi Louis XII. fit bâtir pour fournir de l'eau au Jardin bas.

Je reviens à la Ville, & je remarque qu'on voit l'Image de la sainte Vierge sur toutes ses portes depuis l'an 1631. que cette Ville ayant été désolée d'une cruelle peste, elle en fut miraculeusement délivrée dès que ses habitans eurent fait un vœu à cette Reine du Ciel.

Il y a dans la Ville de Blois un Evêché érigé en 1697. par le Pape Innocent XII. plusieurs Chapitres, plusieurs

Paroisses & plusieurs Maisons Religieuses. La Paroisse de S. Solenne étoit la plus grande de Blois ; son Eglise fut presque entierement détruite par un orage le 6. de Juin de l'an 1678. mais Louis XIV. la fit rebâtir ; & comme c'est la plus belle Eglise de la Ville, on y a établi le Siege de l'Evêque, & le Chapitre Cathédral.

Le College fut fondé en 581. par Henri III. pour des Régens séculiers, mais en 1624. on lui donna un nouveau lustre en y introduisant des Jesuites : les fondemens de leur Eglise furent jettez peu de tems après, mais elle ne fut achevée qu'en 1671. Le frontispice est décoré de trois ordres d'architecture, du dorique, du ionique & du corinthien : mais le seul dorique orne le dedans ; aux côtez du grand Autel on a élevé deux monumens, l'un pour Gaston de France Duc d'Orléans, & l'autre pour Mademoiselle de Montpencier sa fille.

Le Palais où l'on rend la Justice a été bâti par les Comtes de Blois, Ducs d'Orléans, & par les Rois Louis XII. Henri II. & Henri III. En bas sont les Halles, & en haut la grande Salle & les Chambres du Présidial, de l'Election, des Eaux & Forêts, & des Comptes. La Ville de Blois porte pour armes d'azur à la fleur de lys d'or.

Avant que d'arriver à Blois, ou pendant le séjour que les Voyageurs y feront, je leur conseille d'aller voir le Château de Chambor, Maison Royale qui n'est qu'à quatre lieues de cette Ville.

CHAMBOR, *Camborium*, Maison Royale bâtie dans un fond où coule la petite riviere du Cosson, & au milieu d'un parc de sept lieues de tour, fermé de murailles & rempli de bêtes fauves. Dès l'an 1190. les Comtes de Blois avoient une maison de plaisance & de chasse à Chambor. François Premier à son retour d'Espagne, fit démolir ce Château pour élever celui que je vais décrire : on dit qu'il y employa dix-huit cens ouvriers pendant douze années. Les Connoisseurs assûrent qu'entre les bâtimens gothiques, la France n'a rien de plus beau que le Château de Chambor, quoiqu'il ne soit pas achevé ; quatre gros pavillons forment le corps du bâtiment, qui a au milieu un escalier d'une structure singuliere : il est fait en coquille, percé à jour, & est composé de deux montées au-dedans l'une de l'autre, pratiquées de telle sorte qu'un grand nombre de personnes peuvent monter & descendre en même tems sans s'entrevoir, l'un des côtez étant dérobé de l'autre avec beaucoup d'art; chaque rempe a deux cens soixante & quatorze marches: ce Château est enfermé par un large fossé & par des murailles de pierre de taille, avec quatre hautes tours rondes; une grande cour tourne presque tout autour de ce Royal édifice: il paroît tout-à-fait beau à ceux qui le voyent de loin, à cause de plusieurs petites tourelles qui sont les cheminées, enjolivées de plusieurs petites figures. Ce qui reste à bâtir de ce Château, n'est en quelques endroits qu'à environ vingt pieds de terre; il n'y a point de Village auprès de ce Château, mais seulement cinq ou six maisons & une Chapelle. Les antichambres, chambres, sales, garderobes, cabinets, galleries, &c. sont d'une très-belle architecture; on voit sur un des carreaux de vitre d'un des cabinets cette rime écrite avec un diamant de la propre main de François I.

Souvent femme varie,
Mal habil qui s'y fie.

Les Jardins répondent au bâtiment : celui que l'on nomme *de la Reine*, a cinq arpens d'étendue, & au bout vers la forêt de Blois on trouve une allée large de six toises, & longue de plus d'une demi-lieue : elle a quatre rangs d'ormes plantés à six pieds l'un de l'autre, & tirés à la ligne.

De Blois à *Choifi*, ou *Choufi*, fur la Loire	3. l.
Ecures.	2. l.
Emeret.	2. l.
Amboife.	3. l.

AMBOISE, *Ambœcia*, *Caftrum Ambiacum*, est une Ville située sur la rive gauche de la Loire, & au confluent de l'Amaffe dans cette riviere : quelques-uns ont crû que c'est de fa situation que cette Ville a pris fon nom* mais M. de Valois croit que c'est de la riviere d'Amaffe qu'il dit avoir été nommée autrefois *Ambacia*. La tradition du pays veut qu'Amboife ait été un Fort bâti par Céfar, mais ce fentiment n'est fondé fur l'autorité d'aucun Ecrivain. Sulpice Severe dans la Vie de S. Martin, est le premier qui ait parlé d'Amboife. Gregoire de Tours l'appelle *Vicus Ambacienfis*, & dit qu'il y avoit un pont de batteaux fur la Loire : aujourd'hui il y en a un de pierre qui paffe pardeffus une Ifle dans laquelle font plufieurs maifons.

* *Ab ambientibus aquis.*

Cette Ville n'a proprement que deux rues & le Château; ce dernier a été bâti par un Seigneur d'Amboise appellé *Ingelger*, en la place de celui qui fut ruiné par les Normands vers l'an 882. Ce Château est élevé sur un rocher du côté qui regarde la ville, & est fortifié de plusieurs tours rondes; du côté de la campagne il y a une grande place de laquelle il est séparé par un large fossé taillé dans le roc, avec un pont levis qui donne entrée dans une grande cour. Dans une des Chapelles de ce Château, nommée *la Cathédrale*, est un bois de cerf d'une grandeur prodigieuse, & dont chaque ramure a plus de dix pieds & demi de longueur : on y voit aussi des côtes du même cerf, & un tronçon d'os qui a plus de dix à onze pieds de diamètre, & qu'on dit être un os du col de ce cerf; on ne peut pas disconvenir que ce ne soient véritablement des os; mais quant au bois, bien des gens assûrent que c'est un ouvrage de main d'homme. C'est dans ce Château que Louis XI. institua l'Ordre de S. Michel, le premier jour d'Août de l'an 1469. Le Roi Charles VIII. y étoit né, & y mourut le 7. d'Avril de l'an 1498. Pour revenir à la Ville, je remarquerai qu'il y a deux Paroisses, l'une pour les Gentilshommes, ceux qui possedent des Fiefs, les Officiers, les nouveaux venus, & leurs domestiques pour la premiere année seulement, après laquelle s'ils ne sont point Gentilshommes, ou possedans des Fiefs, ou Officiers, ils sont de l'autre Paroisse, qui est celle des Bourgeois & du Peuple. Cette Ville a été affranchie de taille par Lettres Patentes de Louis XI. données au Plessis-lez-Tours au mois d'Octobre 1482. mais les fauxbourgs y sont sujets. On compte 325. feux dans la Ville, & 475. dans les fauxbourgs, & en tout environ quatre mille ames. Le Cours est une promenade fort agréable qui a cinq cens pas de longueur, & est ornée de quatre rangs d'arbres. J'ai dit ailleurs qu'il y a une Collégiale dans cette Ville sous l'invocation de S. Florentin. Amboise porte pour armes de gueules aux trois pals d'or, au chef d'azur, chargé de trois fleurs de lys d'or.

Au sortir d'Amboise en continuant toujours sa route vers Fontarabie, on passe dans la forêt d'Amboise pendant deux lieues, & à la sortie de ladite forêt on trouve

Bleré.	2. l.
S. Sublenne.	2. l.

S. Quentin.   2. l.
Corberie.   1. l. 3. q.
Beaulieu.   1. demi q. de l.
Loches.   1. d. q. de l.

Bleré, *Bliriacum*, petite Ville sur la rive gauche du Cher que l'on y passe sur un pont de pierre. Elle étoit autrefois si considerable, que nos Rois y mettoient un Gouverneur : elle a appartenu fort longtems aux Seigneurs d'Amboise ; présentement l'Abbé de S. Julien de Tours est Seigneur en partie de cette Ville. On y compte environ 343. feux, & mille quatre cens personnes.

Beaulieu, petite Ville sur l'Indre avec titre de Baronnie. Elle n'est séparée de Loches que par la riviere qu'on y passe sur un pont de pierre, & par une prairie. Au coup d'œil ces deux Villes paroissent n'en faire qu'une.

Loches, *Lucca*, sur la rive gauche de l'Indre, est considerable par son Eglise, par son Château & par ses grandes mouvances ; car le Comté de Montresor en releve, de même que douze Châtellenies & plus de soixante Fiefs. Cette Ville est située à mi-côte au pied du Château ; ce dernier est vaste & fort : le donjon a été commencé il y a environ deux cens cinquante ans, & fut achevé sous Louis XII. On y remarque deux cages de sept à huit pieds cubiques, treillissées de barreaux de bois, tant pleins que vuides, & toutes couvertes de lames de fer : on dit que ce fut Guillaume d'Haraucourt Evêque de Verdun qui en fut l'inventeur, & le premier qui y fut renfermé l'an 1469. Ludovic Sforce Duc de Milan, le plus infidele & le plus cruel de tous les hommes, ayant été pris à la bataille de Novarre, fut envoyé prisonnier à Loches, & mis dans une de ces cages où il mourut. Le traitement qu'il reçut du Roi Louis XII. le plus clément & le plus juste de tous les hommes, emporte avec lui l'idée des crimes les plus atroces. Sous Louis XIII. on y enferma un Dominiquain qui y vêcut douze ans. Un Capitaine de ce Château nommé Pontbriant, ayant découvert quelques voûtes soûterraines, fermées avec une porte de fer, au bout desquelles est une chambre quarrée; il y trouva un Géant assis sur une pierre, ayant la tête appuyée sur ses deux mains comme s'il eut dormi, mais aussitôt qu'il fut exposé à l'air, il s'en alla en poussiere, excepté la tête & quelques ossemens qu'on a conservez assez longtems dans l'Eglise de Loches. Auprès de ce Géant étoit un petit coffre dans lequel il y avoit quantité de beau linge qui se réduisit aussi en poussiere dès qu'on y toucha. L'Eglise Collégiale de Loches est dans l'enceinte du Château & un bâtiment très-remarquable par la hauteur de ses voûtes, par ses deux clochers & par ses trois pyramides. Cette Eglise qui fut fondée par Geoffroy Grisegonelle Duc d'Anjou, a cela de singulier, qu'elle est toute de pierre, & qu'il n'y a aucune charpente dans toute sa construction: dans la nef est le tombeau d'un Seigneur de Preaux, qui porte dans son écusson trois poires de bon-chrétien : autour de ce monument sont douze Chanoines qui ont l'aumusse sur la tête, mais le Doyen ou Prieur a une mitre, comme aussi le Chantre dont le bâton est terminé par une petite pomme. Dans le chœur on remarque un tombeau de marbre noir sur lequel est en marbre blanc, l'effigie de la belle *Agnès Sorel*, Maîtresse de Charles VII. Deux Anges tiennent l'oreiller sur lequel repose sa tête, & à ses pieds sont deux belliers. On lit autour de ce monument cette épitaphe:

Cy gist Noble Damoiselle Agnès Seurelle, en son vivant Dame de beauté, Rochesserie, d'Issoudun, de Vernon sur Seine, pitieuse envers toutes gens, & qui largement donnoit de ses biens aux Eglises & aux poures : laquelle trépassa le neuviéme jour de Février 1449. *Priés Dieu pour le repos de l'ame d'elle.* Amen.

Cette Maîtresse étoit née au Village de Fromentau en Touraine, & auprès de Loches. Les Chanoines lui accorderent cette sépulture en consideration des libéralités qu'elle leur fit ; car elle leur donna deux mille écus d'or qui furent employez à l'achat des terres de Fromentau & de Bigorre, pour la fondation d'une Messe perpetuelle, qui est appellée *des Enfans de Chœur*, & de quatre anniversaires solemnels. Elle leur fit aussi présent d'une très-belle tapisserie, de plusieurs joyaux, reliquaires & ornemens, entr'autres d'une Image d'argent de la Madeleine & d'une des côtes de cette Sainte. L'ancienne Eglise de Loches est si près de la Collégiale dont je viens de parler, qu'on peut la regarder comme son collateral : l'on prétend qu'elle fut bâtie par le Roi Childebert, & tout y ressent son ancienneté. Les Voyageurs doivent être témoins oculaires d'un miracle qui depuis environ douze cens ans se renouvelle tous les jours à Loches ; qu'ils voyent donc une
meule

meule de moulin de S. Ours qui subsiste depuis ce tems-là dans son entier, sans rien perdre de son volume, quoique les Meuniers la piquent tous les jours. On compte dans cette Ville une Paroisse, six Couvens, environ huit cens feux, & mille huit cens habitans. Le Domaine est engagé à un Gentilhomme du nom de Braque qui prend la qualité de *Comte de Loches*. Cette Ville porte pour armes de gueules à six loches d'argent posées en face 3. & 2. au chef d'azur chargé de trois fleurs de lys d'or. Il y a Présidial & Election à Loches.

Ciran.	2. l. 1. q.
Ligueuil.	1. l. 3. q.
Cussay.	1. l.
La Haye.	2. l.
S. Sulpice.	1. l.
Ingrande.	2. l.
Chastelleraud.	1. l.

Ligueuil est une petite Ville avec titre de Baronnie, située sur un ruisseau dans un pays très-fertile & dans l'Election de Loches. Elle appartient au Doyenné de S. Martin de Tours; & la Paroisse ne renferme que trois cens quatre feux, & environ mille trois cens personnes.

La Haye, *Haga*, Ville & Baronnie

sur la riviere de Creuse qui sépare la Touraine du Poitou, de sorte que du côté de la Ville de la Haye qui est dans la Touraine, le boisseau de sel s'y vend douze livres, pendant que du côté qui est du Poitou il n'y vaut que trente sols. Il y a deux Paroisses dans cette Ville; celle de S. Georges est remarquable, parce que c'est dans son Eglise qu'a été bâtisé le célebre René Descartes qui étoit né dans ce pays. Cette Ville qui est du Diocèse de Tours, n'a qu'environ cent cinquante-trois feux, & sept cens habitans. Il y a Bailliage & Grenier à sel de l'Election de Chinon. Outre les Marchés ordinaires, on y tient quatre foires par an.

CHASTELLERAUD, *Castrum Heraldi*, sur la rive gauche de la riviere de Vienne, sur laquelle il y a un beau pont de pierre qui fait la communication de la Ville à un faubourg. Cette petite Ville est décorée d'une Sénéchaussée, d'une Election, d'un Corps de Ville, d'une Jurisdiction des Eaux & Forêts, d'une Jurisdiction Consulaire, d'une des Traites & d'un Dépôt de Sel. L'Eglise de Nôtre-Dame est Collégiale: les Cordeliers, les Minimes & les Capucins ont des Couvens dans cette Ville, où l'on en voit un quatriéme pour des

Religieuses. Chastelleraud porte pour armes d'argent au Lion de sable, armé, lampassé de gueules, à la bordure de sable chargée de huit bezans d'argent au chef de France. On y compte environ mille cinq cens soixante-quinze feux; on y travaille beaucoup en Coûtellerie, & il n'y passe gueres personne qui n'en fasse emplette.

Au sortir de Chastelleraud on passe la forêt de ce nom qui a deux lieues, & on va à

La Tricherie.   3. l.
Clain.   2. l.
Poitiers.   2. l.

POITIERS, *Augustoritum Pictavium*, est sur une colline à la rive gauche de la petite riviere de Clain, & la Capitale du Poitou. Si l'on jugeoit du mérite d'une Ville par son enceinte, Poitiers seroit peut-être la premiere du Royaume après Paris; mais elle est des plus désertes & des plus ruinées par les guerres civiles. Les Romains y érigerent des monumens, dont les restes lui font encore honneur. L'Amphithéatre étoit un des plus remarquables; il est tellement ruiné, qu'on a peine à reconnoître sa grandeur & sa figure. Un peu au-deſſous on trouve un grand Arc, conſtruit de groſſes pierres de taille, qu'on croit avoir été un Arc de Triomphe : il ſert actuellement de porte à une grande rue qui va au pont & à la porte de S. Cyprien. Les ruines du Palais Galien ſont encore des reſtes précieux d'Antiquité : il y avoit des aqueducs qui conduiſoient l'eau à ce Palais ; l'on en voit encore des reſtes qu'on appelle aujourd'hui *les Arcenaux de Perigny :* ils ſont à un quart de lieue de la Ville du côté de la porte de la Tranchée. Au milieu de la Ville eſt une groſſe tour ronde, conſtruite de grandes pierres, & ornée par les dehors de pluſieurs figures. Cette tour eſt un reſte du Palais des anciens Comtes de Poitiers ; & comme les Auditoires publics étoient appellés *Mallobergum*, & que cette tour en étoit un, on la nomme encore aujourd'hui *la Tour de Maubergeon*.

L'Egliſe Cathédrale eſt dédiée à ſaint Pierre : elle eſt fort longue & fort large ; ſi ſon élevation répondoit aux deux autres dimenſions, ce ſeroit ſans contredit une des plus belles du Royaume. Les Antiquaires y remarquent un ancien marbre blanc, long de ſix à ſept pieds, d'un pied & demi ou environ en quarré, & ſur lequel eſt une inſcription que l'on peut lire dans le Suplément de la Diplomatique du P. Mabillon. Ce marbre fut tiré il y a quelques années, de l'Eglise de S. Jean, que la plûpart des Antiquaires croyent avoir été un Temple d'Idoles.

Après la Cathédrale, l'Eglise Collegiale de S. Hilaire est la plus considerable : on y remarque le Tombeau de Gilbert de la Porrée qui avoit été Trésorier de cette Eglise, avant que d'être Evêque de Poitiers, & qui voulut y être enterré. Ce Tombeau est de marbre blanc, ayant quatre-ving-trois pouces de long sur trois pieds de large, & autant de profondeur : il est orné de deux rangs de bas reliefs qui représentent la Vie de Jesus-Christ depuis son entrée dans Jerusalem. Ce monument a été brisé en partie par les Calvinistes qui en tirerent le corps du Prélat & le jetterent au feu : il est élevé sur de bas pilastres d'environ deux pieds, lesquels l'exhaussent hors de terre ; du côté opposé derriere le Chœur est le reste d'un ancien Sépulcre, à peu près de la grandeur du précédent & couvert : il est d'une espece de pierre calcinée tirant sur le marbre blanc, & orné de quelques figures en bas relief ; on prétend qu'il a la proprieté de consumer en vingt-quatre heures les cadavres que l'on y renferme. Ce Tombeau est rompu en deux endroits.

Dans une chambre qui est à côté de l'Orgue, on garde le berceau de S. Hilaire : c'est la moitié d'une soûche de chêne, ayant environ six pieds de long sur deux pieds & demi de diamêtre, & creusée en forme d'auge : on y met dedans & on y attache les fols & les insensez, & l'on dit qu'après quelques prieres & quelques Messes que l'on fait dire, ils en sortent sages & raisonnables.

L'Abbaye de Ste Croïx est un monument de la piété de Ste Radegonde Reine de France : l'Eglise d'aujourd'hui faite en forme de Croix, est à ce que l'on prétend, du tems de Charlemagne ; la Nef sert de Chœur aux Religieuses, & les sieges sont ornez chacun d'un tableau peint sur cuivre : ces peintures sont fort belles, & sont un present de Philippe Guillaume de Nassau Prince d'Orange, qui les envoya à *Charlote Flandrine de Nassau* sa sœur, Abbesse de ce Monastere. Une des plus saintes curiositez de cette Abbaye est la cellule de sainte Radegonde, laquelle on nomme *le Pas-Dieu*, à cause du miracle dont je vais parler. *Bandomine* qui avoit été élevée dès le berceau avec sainte Radegonde, & qui la suivit dans le Cloître, rapporte dans la Vie de cette Reine que le 3. Août de l'an 590. cette Sainte après avoir été comme absorbée dans la priere & dans la contemplation, revint de cette extase; & renduë à elle-même, vit dans sa cellule un beau jeune homme tout resplendissant de gloire : elle fut troublée de cette apparition; mais il la rassûra en lui disant qu'il étoit *le Christ* qui venoit pour la consoler, & qu'elle étoit une des plus belles pierreries de sa couronne. *Jesus-Christ* disparut, mais il laissa l'impression d'un de ses pieds dans cette cellule, & c'est ce qu'on nomme le *Pas-Dieu*.

l'Eglise de *Nôtre-Dame la Grande* fut bâtie à ce qu'on dit, du tems de l'Empereur Constantin. Sur un des murs exterieurs l'on voit la Statue equestre de cét Empereur, accompagnée de ces quatre Vers :

Quam Constantini pietas erexerat olim,
 Ast hostis rabies straverat effigiem.
Restituit veteres cupiens imitarier hujus,
 Vidus Eques Templi Cœnobiarcha pius.

Cette Eglise fut d'abord dédiée à S. Nicolas Evêque de Mirrhe : mais elle changea de nom à l'occasion d'un miracle arrivé par l'intercession de la Vierge.

Les Jésuites ont un fort beau College dans cette Ville, mais leur Bibliotheque est très-peu de chose. Celle des Capucins au contraire est bonne.

Au milieu de la Place Royale est une Statue pedestre de Louis le Grand en stuc bronzé sur un piedestal cubique, cantonné de termes qui représentent des nations : sur le piedestal sont gravées des Inscriptions Françoises à la gloire de ce Monarque.

L'on compte dans Poitiers quatre Chapitres, outre celui de la Cathédrale; vingt-deux Paroisses, neuf Couvents d'hommes, douze Couvents de filles, sans compter les Abbayes; deux Seminaires, trois Hôpitaux, & six Portes qui sont celles de *S. Lazare, de Rocheyeul, du Pont Joubert, de S. Cyprien, de la Tranchée & du Pont-à-char.* Proche de la Porte S. Lazare étoit un vieux Château dont il reste encore quelques vieilles tours rondes, & des murailles d'une épaisseur extraordinaire : on croit que c'est un ouvrage des Romains. A mille pas de cette Ville, en sortant par la Porte du Pont Joubert, on trouve une pierre en forme ovale, qu'on nomme *la pierre levée*: elle a environ vingt pieds de circuit, & est élevée sur cinq pilliers qui ont chacun trois pieds de haut. La tradition du Pays veut que sainte Radegonde l'ait portée sur sa tête dans ce lieu, & les pilliers dans son tablier, & que le diable ramassa le sixiéme pillier que la Sainte laissa tomber: mais les Antiquaires croyent que c'est une sépulture des anciens Pictes. La Ville de Poitiers est décorée d'un Evêché, d'un Bureau des Finances, d'un Présidial qui est un des plus considerables du Royaume, d'une Election, d'une Maréchaussée, d'une Monnoye, d'une Jurisdiction Consulaire, d'une Jurisdiction des Eaux & Forêts, & d'un corps de Ville composé d'un Maire, de vingt-cinq Echevins, & de soixante-quinze Bourgeois. Les armes de la Ville de Poitiers sont d'argent au Lion de gueules, à la bordure de sable chargée de douze bezans d'or, au chef de France.

Croutel. 1. l.
Forest de Fontenay le Comte pendant 1. l.
Forest de Bonnevaux pendant 1. l.
Coulombier. 1. d. l.

Forest de Lusignan pen-
dant 1. l.
Lusignan. 1. d. l.

LUSIGNAN est une petite Ville à cinq lieues à l'Occident de Poitiers, située sur la pente & la cime d'une montagne à fond de roche qui s'éleve dans une prairie & sur la gauche de la *Vonne*, petite riviere qui passe au pied. Il y a ici Siege Royal & Mairie: la Ville n'est pas riche, & le Bourg est ce qu'il y a de meilleur: les Cabarretiers y font bien leurs affaires, à cause des Voitures & des Messagers qui y passent continuellement. Le Château de Lusignan passoit pour imprenable, cependant il fut pris & razé. Les Auteurs Romanesques assûrent qu'il avoit été bâti par une Fée, moitié femme & moitié serpent, appellée *Melusine*; mais il est sûr que ce fut par Hugues II. Seigneur de Lusignan, surnommé le Bien aimé. On a d'ailleurs remarqué qu'il n'y a point eu de femme du nom de Melusine dans les branches de la maison de Lusignan établies en France; & quant à ce que l'on dit que le nom de Melusine est composé de celui des terres de *Melle* & de *Lusignan*, dont elle étoit Dame, il n'y a rien de plus aisé à réfuter, puisque la terre de M*lle* n'a jamais appartenu à la Maison de *Lusignan*. On doit donc conclure que Jean d'Arras Auteur du Roman de Melusine, Jean Bouchet en ses Annales, & Frere Etienne de Lusignan dans l'Histoire de cette Maison, n'ont pas été plus sorciers que Melusine, dont ils rapportent tant de fables. Brantosme même tout entousiasmé qu'il étoit de Féérie, n'a pû s'empêcher de reconnoître pour des fables la plûpart des choses qu'on disoit de Melusine : *Et bien que ce soient fables*, dit-il, *si ne peut-on dire autrement que tout beau & bon d'elle*. Teligni surprit le Château de Lusignan pour ceux de la Religion Prétendue Réformée l'an 1569. mais Louis de Bourbon second du nom, Duc de Montpencier, l'assiégea l'an 1574. & & s'en étant rendu le maître après quatre mois de siege, le fit razer de fond en comble. Ecoutons un moment Brantosme sur le siege & la prise de ce Château : *Le siege de Lusignan*, dit-il, *fut fort long & de grand combat ; j'en parleray possible ailleurs. Il fut pris ; & M. de Montpensier, pour éterniser sa memoire, pressa & importuna tant le Roi nouveau venu de Pologne qui le voulut gratifier en cela, qu'il fit razer de* fond en comble ce Château ; ce Château, dis-je, si admirable & si ancien, qu'on pouvoit dire que c'étoit la plus belle marque de Forteresse antique, & la plus noble décoration vieille de toute la France.

J'ignore sur quels Mémoires Corneille a pû avancer dans son Dictionnaire Geographique, que ce Château avoit été démoli par ordre de Louis XIII. puisque constamment il avoit été rasé sous Henri III.

Venoux dans la Forêt du même nom.	1. d. l.
Chenet.	3. l.
Ché.	1. l. & d.
La Barre.	3. q. de l.
S. Leger.	1. l.
Briou.	2. l.
Villedieu.	2. l.
Aulnay.	1. l.
Paillet.	1. l.
Les Eglise d'Argenlieu	1. d. l.
S. Julien.	1. l. 1. q.
S. Jean d'Angely.	1. q. de l.

Briou ou Brion, est un Bourg qui n'est remarquable que parce qu'on y passe la Riviere de Boutonne sur un pont de pierre.

Aulnay, que quelques Itineraires appellent *Aulnoy*, est un Bourg sur un ruisseau, remarquable par une grande Eglise qu'on dit avoir été bâtie par Charlemagne dont la figure équestre est au-dessus de la porte.

Paillet est sur un ruisseau qui sépare le Poitou de la Saintonge.

S. Julien est un Bourg sur la gauche de la Boutonne qu'on y passe sur un pont de pierre.

S. JEAN D'ANGELY, Ville avec Présidial, Election, Sénechaussée, &c. Cette Ville qui est sur la Boutonne, n'étoit autrefois qu'un Château magnifique bâti au milieu d'une forêt, nommé *Engeriacum*, où les anciens Ducs d'Aquitaine avoient établi leur demeure : c'est en la place de ce Château que Pepin le Bref fit bâtir un Monastere de Bénédictins, après qu'on lui eut envoyé le Chef de S. Jean d'Edesse, & non pas celui de S. Jean-Baptiste, que le sçavant du Cange croit être à Amiens. Cette Relique y attiroit tant de Pelerins, qu'il s'y forma un Bourg qui s'accrut considerablement lorsque les Sarrazins saccagerent la Ville de Saintes du tems de Charles Martel. Sous Philippe-Auguste S. Jean d'Angely devoit être déja une Ville considerable, puisque ce Roi y établit en

1204. un Maire & des Echevins, auſquels il accorda le privilége de Nobleſſe, & à leurs deſcendans, en conſidération de ce que les Habitans avoient chaſſé les Anglois de cette Ville. Dans la ſuite les Habitans embraſſerent preſque tous la Religion de Calvin. Leur Ville fut aſſiegée en 1562. par le Comte de la Rochefoucaud Chef de Calviniſtes; mais il fut contraint d'en lever le ſiege. Quelque tems après ceux de ſon parti s'en emparerent, & y ajoûterent de nouvelles fortifications. Le Duc d'Anjou qui regna depuis ſous le nom d'Henri III. l'aſſiegea en 1569. Elle étoit défendue par deux mille hommes les plus braves qu'il y eut parmi les Calviniſtes, & le Capitaine de Piles de la maiſon de Clermont y commandoit. Le Roi Charles IX. y vint lorſque le ſiege fut formé, & deux mois après la place ſe rendit. Les Catholiques perdirent dix mille hommes à ce ſiege, parmi leſquels étoit Sebaſtien de Luxembourg Comte de Martigues qui fut tué à la tranchée d'un coup de mouſquet. Les Calviniſtes ſe rendirent encore maîtres de cette Ville, & elle ſe révolta en 1620. Louis XIII. l'aſſiegea en 1621. & Benjamin de Soubize qui y commandoit, fut obligé de se rendre six semaines après, le jour de S. Jean-Baptiste. Le Roi pour la punir de sa rebellion, non-seulement fit razer les fortifications, mais même lui ôta toutes les marques de Ville, & changea son nom en celui de Bourg-Louis; mais comme il ne fit point expedier de Déclaration pour ce changement de nom, il n'a point eu lieu. Outre l'Abbaye de Bénédictins dont j'ai parlé, il y a encore dans cette Ville un Couvent de Cordeliers, un de Capucins, un de Religieuses de sainte Ursule. Sur la Boutonne hors du fauxbourg de Taillebourg sont deux moulins à poudre, où se fait la plus excellente du Royaume. La Ville de S. Jean-d'Angely porte pour armes semé de France au franc quartier de gueules chargé du Chef de S. Jean-Baptiste d'or dans un bassin de même.

Asnieres.	1. l.
S. Hilaire.	1. l.
Ecoyeux.	1. l.
Saintes.	2. l.

SAINTES, *Mediolanum Santonum, Santoni, Civitas Santona, Urbs Santonica*, sur la Charente, & la Capitale de la Saintonge, est une Ville très-ancienne qui du tems d'Amien Marcellin étoit une des plus florissantes de la Guyenne. Il y reste encore un pont du tems des Romains, sur lequel est un Arc de Triomphe que l'on croit avoir été érigé sous Tibere. L'on apperçoit sur ce monument une Inscription latine qui regne le long de la Frise, mais qui étoit si effacée lorsque je passai par Saintes, que je ne pus jamais la lire. Saintes est aujourd'hui une petite Ville dont les rues sont étroites, & mal alignées. La Cathedrale dédiée à S. Pierre a été bâtie par Charlemagne, & ruinée par les Calvinistes, qui n'ont laissé que la tour du clocher. Il y a plusieurs Eglises Paroissiales & plusieurs Maisons Religieuses. Hors de la ville, à l'extrémité d'un des fauxbourgs, sur une éminence, S. Palais fit bâtir l'Eglise de S. Eutrope dans l'endroit où il trouva le corps de ce saint Evêque, qui avoit été son prédecesseur. Elle consiste en deux Chœurs l'un au dessus de l'autre, & en une nef qui communique de l'un à l'autre. Le Chœur, ou l'Eglise basse est Paroissiale, & la supérieure est Collégiale. Dans l'Eglise basse se voyent les restes du tombeau de S. Eutrope. Ce sont quelques quartiers de grosses pierres renfermées par une grille de fer. L'on racle de cette pierre, & l'on met cette raclure dans du vin blanc, dont on prend un doigt pendant neuf matins pour être guéri de toutes sortes de fievres. Dans un fond au quartier de S. Eustelle, près de S. Eutrope sont les restes d'un Amphitheatre antique, bâti de petites pierres, & encore assez conservé pour faire juger de sa figure ovale, & de la hauteur, & ordonnance de ses étages. On nomme ces restes *les Arcs*. L'on a tenu plusieurs Conciles dans cette Ville, en 563. 1075. 1080. 1088. & 1096. C'est dans le dernier que le jeûne des veilles des Apôtres fut ordonné.

Les Varennes ou Arennes.	1. l.
La Jarre.	1. l.
Pons.	2. l.

PONS, sur le bord gauche de la petite riviere de Sugne ou Suigne, est une petite Ville, & une *Sirauté* fort ancienne qui ne releve que du Roi, & qui a dans sa mouvance cinquante-deux Paroisses & deux cens cinquante Fiefs. La maniere dont les Sires de Pons rendoient leur hommage au Roi, est assez singuliere pour mériter d'être rapportée.

Le Sire de Pons armé de toutes pieces, ayant la visiere baissée, se présentoit au Roi, & lui disoit : *Sire, je viens à vous pour vous faire l'hommage de ma Terre de Pons, & vous supplier de me maintenir en la jouissance de mes privileges.* Le Roi le recevoit, & lui devoit donner par gratification l'épée qu'il avoit à son côté.

Il y a dans cette petite Ville trois Paroisses, trois Couvens, trois Hôpitaux, & une Commenderie de l'Ordre de saint Jean de Jerusalem. Toute petite qu'est cette Ville, elle se divise en Ville haute que l'on appelle *S. Vivien*, & en basse que l'on nomme *les Aires* ou *S. Martin*. Cette derniere est encore partagée par la Sugne sur laquelle il y a plusieurs ponts qui probablement ont donné le nom & les armes à la Ville, qui porte de gueule à trois ponts d'or. Le Château étoit bâti sur un roc escarpé, mais il n'en reste plus que le donjon qui est une tour quarrée d'une prodigieuse hauteur, & dont les étages sont distingués par de belles voûtes. C'est aujourd hui la tour de l'horloge, & le lieu où l'on garde les titres de Pons. Au bas est une espece de plate-forme quarrée, flanquée de petites tourelles de même forme, mais desquelles il ne reste que deux. Cette Seigneurie sortit de la Maison de

Pons par Antoinette Dame de Pons, qui la porta à Henry d'Albret Baron de Mioſſans ſon mari. Elle eſt depuis ſortie de la Maiſon d'Albret par Marie de ce nom, qui la donna à Charles de Lorraine Comte de Marſan, qu'elle épouſa en 1662. & duquel la poſtérité en jouit aujourd'hui.

La Forêt de Sugnac.	
Beluire.	1. d. l.
S. Genis.	1. l.
Plaſſac.	1. d. l.
La Forêt de Plaſſac dans laquelle eſt la Bergerie.	1. l.
Pérou.	3. q. d. l.
Mirambeau.	1. q. d. l.
Eſtolier.	3. l.
S. Martin.	1. l. 3. q.
Blaye.	1 q. d. l.

BLAYE, *Blavutum, Blavium, Blavía, Promontorium Santonum*, ſelon quelques-uns, eſt une petite Ville ſur la rive droite de la Gironde, deux lieues au-deſſous du bec d'Ambez. Elle a donné ſon nom à un petit pays appellé *le Blayois* ou *le Blaiguez*, qui avoit le titre de Comté, & appartenoit aux cadets de la Maiſon d'Angoulême. Blaye eſt bâtie ſur un rocher, & ſa citadelle a quatre baſtions; c'eſt ce qu'on appelle la Ville haute. La Ville baſſe ou le fauxbourg, eſt ſéparée de la haute par une petite riviere où la marée remonte. C'eſt ici où demeurent les Marchands, & où ſont leurs magazins. La tradition du Pays veut que le Paladin Rolland neveu de Charlemagne, ait été Seigneur de Blaye, & qu'il y ait été inhumé dans l'Egliſe de S. Romain, avec ſon épée durandal, & ſon cors de chaſſe au pied de ſon tombeau. Charibert Roi de Paris, & fils aîné de Clotaire Premier, mourut à Blaye l'an 570. & fut enterré dans l'Egliſe de S. Romain. Les Calviniſtes ayant ſurpris cette Ville en 1568. ruinerent toutes les Egliſes, & n'épargnerent point le tombeau de ce Roi. Ceux du parti de la Ligue s'étant rendus maîtres de Blaye quelque tems après, le Maréchal de Matignon l'aſſiégea pour le Roi en 1593. mais il ne put point la prendre. Les vaiſſeaux qui vont à Bourdeaux, ſont obligez de laiſſer ici leur canon & leurs armes, pour ſe conformer à une Ordonnance de Louis XI. de l'an 1475. La riviere de Gironde a dix-neuf cens toiſes de large vis-à-vis Blaye, & cette grande étendue fut cauſe qu'en 1689. on fit une batterie dans une Iſle qui n'eſt qu'à ſept cens toises de cette Ville, afin de pouvoir tirer sur les vaisseaux ennemis s'ils hazardoient d'entrer dans cette riviere, & vouloient la remonter jusqu'à Bourdeaux. Cette Isle est à douze cens toises de la côte de Medoc qui est vis-à-vis de Blaye, & où Louis XIII. a fait construire un Fort de terre & de gazon, à quatre bastions.

De Blaye à Bourdeaux il n'y a que six lieues par eau, & huit par terre : ordinairement l'on fait ce trajet par eau.

Au bec d'Ambez. 2. l. & d.
Bourdeaux.   3. l. & d.

BOURDEAUX, ou BORDEAUX, *Burdegala, Burdigala,* Ville des anciens Peuples *Bituriges Vibisci* dans l'Aquitaine seconde, est aujourd'hui Capitale de la Guyenne. Les Ecrivains sensez & de bonne foi, avouent qu'ils ignorent l'étymologie de ce nom. Ceux qui la dérivent de deux petites rivieres, dont l'une s'appelle *Bourde*, & l'autre *Jale*, ou *Geale*, n'ont point fait attention que ces rivieres ne passent point à Bourdeaux. On peut voir M. de Valois dans son Livre intitulé, *Notitia Galliarum.* Cette Ville est une des grandes du Royaume, & sa forme est à peu près triangulaire. Le côté de la mer représente une espece d'arc dont la riviere de Garonne est la corde, & c'est ce qui l'a fait appeller *Portus Lunæ*, à cause qu'il ressemble au croissant de la Lune. On entre dans cette Ville par douze différentes portes. Les rues sont assez étroites, & il n'y a que celle du Chapeau rouge qui soit considerable. La Place qui est devant l'Hôtel de Ville, celle du marché, & celle qui est devant le Palais, sont les plus remarquables. On compte plus de cinq mille maisons dans la Ville & les fauxbourgs. L'Eglise Métropolitaine porte le nom de S. André, & est une des plus belles de France. La Nef en est spacieuse, & au pourtour regne une large corniche. Le Palais Archiepiscopal est une assez belle maison, où l'on remarque une fort grande & belle salle. L'Eglise de S. Michel est remarquable par son clocher d'où l'on découvre toute la Ville, & une très-belle & très-riche campagne. Le Cimetiere de l'Eglise de S. Surin est fort curieux. On y remarque un tombeau de pierre, élevé sur quatre piliers, du haut duquel il découle des gouttes d'eau qui augmentent, à ce qu'on dit, lorsque la Lune est dans son plein, & diminuent dans son déclin. Le College des Jesuites est agréablement situé, & un beau bâtiment. Celui de Guyenne est fameux par le nombre & l'habileté de ses Professeurs. Marc-Antoine Muret & Buchanam y ont autrefois enseigné. La Chartreuse est belle, & son Eglise magnifique. L'Autel est couvert de très-belles glaces & de très-beaux cristaux, sous lesquels on conserve un grand nombre de Reliques. On y voit aussi l'Oratoire de Paul V. dont ce Pape avoit fait présent au Cardinal de Sourdis qui est le Fondateur de ce Monastere, & qui est enterré dans son Eglise. Le Couvent des Dominiquains est un des beaux de leur Ordre. Dans l'Eglise de celui des Augustins l'on remarque le superbe Mausolée de M. de Candale Evêque d'Aire.

Le Palais où le Parlement tient ses Séances, est l'ancien Château des Ducs de Guyenne.

Les restes d'Antiquité que les Connoisseurs remarquent à Bourdeaux, prouvent suffisamment que cette Ville est ancienne. Le fameux Spon à son retour de Gréce & d'Italie, les jugea dignes de son attention. *La Porte basse* est un bâtiment antique, dont la construction solide ressent le siecle d'Auguste, sous lequel on bâtissoit pour l'éternité. Les Goths, les Vandales, les Sarrazins, lorsqu'ils ont défolé cette Ville par le fer & par le feu, n'ont point endommagé ce bel Ouvrage.

Bourdeaux, vante ton monument ;
Tel de la vieille Rome étoit le fonde-
ment ;
Plus auguste est la Porte basse,
Que le haut portail d'un Palais,
Son antique & superbe masse,
Voit les siecles couler sant s'ébranler
jamais.

Le Palais *Tutele* étoit un Temple confacré aux Dieux tutélaires. Sa forme étoit longue, & il avoit huit colonnes en longueur de chaque côté, & quatre en largeur à chaque bout, qui faifoient le nombre de vingt-quatre, defquelles il en reftoit huit lorfqu'on les fit abattre pour agrandir le Château Trompette, & c'est à ce fujet qu'un Poëte anonyme a dit :

Arx nova consurgit, civis tutela, de-
cusque.
Nec socium patitur nobile Regis opus.

Le Palais Gallien conferve le nom de l'Empereur fous lequel il fut bâti. Derriére S. Surin on voit encore des reftes
d'un

d'un Amphitheatre que les anciens titres de Bourdeaux nomment *les Arenes*. C'étoit un ovale qui avoit deux cens vingt-sept pieds de long, sur cent quarante de large, mais qui n'a pas aujourd'hui le tiers de ses murs.

La Fontaine qu'on appelle *de Duge*, ou *d'Audege*, est à une petite demi-lieue de cette Ville, & donne une si grande quantité d'eau qu'elle forme un ruisseau très-utile aux Tanneurs, qui demeurent dans le faubourg où il passe. Ausonne a célébré cette Fontaine par ces Vers:

Salve Fons ignote ortu, sacer, alme, perennis,
Vitree, glauce, profonde, sonore, illimis, opace,
Salve Urbis genius, medio potabilis haustu,
Divona Celtarum lingua, Fons addite divis.

L'Hôtel de Ville n'a rien de fort magnifique. C'est ici où s'assemblent, le Maire, les Jurats, & les autres Officiers Municipaux. Comme les Ecrivains de Voyages ne parlent pas juste sur le nombre de ces Officiers, je remarquerai ici que le Corps de Ville de Bourdeaux est composé d'un *Maire perpetuel* qui est toûjours un Seigneur; d'un Lieutenant de Maire, qui depuis peu est aussi perpetuel, c'est-à-dire à vie; de *six Jurats* ou Echevins; d'un Procureur Syndic; & d'un Clerc de Ville. Deux des Jurats sont pris de l'ordre de la Noblesse, deux parmi les Avocats, & deux d'entre les Bourgeois.

L'Arsenal est attenant l'Hôtel de Ville, mais c'est un chetif bâtiment sans apparence, & sans armes.

Bourdeaux n'est entouré que d'une vieille muraille avec quelques tours quarrées & rondes çà & là. Les maisons qui sont le long du Quay sont bâties ou appuyées contre ces murs, & l'on s'est réservé de passer par les chambres de ces maisons en cas de necessité pour les chemins des rondes. Cette enceinte est défendue par le Château *Trompette*, le Château du *Haa*, & le Fort *S. Louis*, ou de *Ste Croix. Le Château Trompette* est à l'entrée du quay, & commande le port. C'est une Citadelle que Charles VII. fit bâtir, mais que le Maréchal de Vauban a réparée, & fort augmentée sous le Regne de Louis le Grand, y ayant ajoûté un chemin couvert, deux demi-lunes, & une grande contregarde. Cette Citadelle est d'ailleurs composée de six bastions dont il y en a trois du côté de la riviere. Le logement du Gouverneur est dans celui du milieu. Il est embelli d'un parterre à l'Angloise, au milieu duquel est un cabinet qui est un réduit délicieux par sa propreté, son élévation, & la belle vûe. On croit être sur mer, & dans la chambre de poupe d'un vaisseau.

Le Château du Haa est aussi un ouvrage de Charles VII. & que l'on commença à bâtir en même tems que le Château Trompette. Sa forme est un quarré long, flanqué aux quatre angles d'autant de tours rondes, sans compter deux tours quarrées qui donnent du côté de la campagne pour la porte du secours, qui est couverte par un ouvrage en forme de fer à cheval; & sans parler non plus d'une autre tour ronde dans laquelle on passe pour entrer dans la Ville. Au reste ce Château est situé du côté de l'Archevêché, & auprès d'un lieu nommé *l'Ormée*, qui a été fort renommé pendant les guerres civiles sous la minorité de Louis XIV.

Le Fort S. Louis, ou de *Ste Croix*, est aussi du côté de la terre. Louis XIV. le fit élever en 1676.

On remarquera en dehors l'Hôpital neuf, où il y a une Manufacture fameuse, surtout pour les dentelles.

C ij

J'ai infinué au commencement de la defcription de cette Ville, que fon port a été formé en Croiffant. A l'un des bouts eft la Ville, à l'autre bout le faubourg du Chartron, & le Château Trompette eft entre la Ville, & le faubourg; ce qui fait une fymetrie très-agréable, & offre aux yeux une façade de Ville, qui fait un très-bel effet. Au refte le faubourg du Chartron, ou le faubourg du Port, eft certainement un des plus beaux qu'il y ait en Europe par fon étendue, & par la magnificence de fes bâtimens.

La Garonne fait fans doute le plus grand ornement & la plus grande richeffe de la Ville de Bourdeaux, mais ce n'eft pas la feule qui baigne cette Ville. Il y paffe encore deux ruiffeaux, dont l'un nommé le *Peaugue*, a fon cours entre le Château du Haa, & le Palais de l'Archevêque; & l'autre nommé *la Devife*, paffe entre l'Hôpital de S. André, & la porte Dijos.

Bourdeaux porte pour armes de gueules à la porte de Ville d'argent herfée & clochée d'or, au lion d'or paffant au deffus, au chef de France, & au deffous de la porte au croiffant d'argent, au pied ondé.

Castres.	4. l.
Podensac.	2. l.
Barzac.	3. q. de l.
Roulan.	1. d. q. de l.
Praignac.	1. d. q. de l.
Langon.	1. l.
Le Péage de Roquetaillade.	1. l.
Bazas.	1. l.

Podensac est une petite Ville sur la gauche de la Garonne, dans le Comté de Benauges.

Langon est aussi une petite Ville sur la gauche de la Garonne, elle est principalement connue par ses vins, & par le commerce qui s'y en fait. On y trouve quantité de Marchands pour les vins, & les eaux-de-vie.

Bazas est la Capitale du Bazadois, & connue des Latins sous les noms de *Cossio*, *Cossium vazatum*, *Vazata arenosa*. Elle est située sur un rocher à deux lieues & demie de la Garonne. C'est une Ville ancienne, de laquelle il est parlé dans Ausonne, dans Sidonius Apollinaris, & dans Grégoire de Tours. Il y a Evêché, & Présidial.

Boulac, ou Bolac.	1. l.
Pitetz.	1. l.

Les Agretz	2. l. & d.
Roquefort de Marsan.	1. l. & d.
Calloe.	2. l.
Mont de Marsan.	1. d. l.

Roquefort, ou Roquehort de Marsan est une petite Ville sur une roche dans un fond. Ses murailles sont baignées par deux ruisseaux nommez l'un *la Douze*, & l'autre *l'Estampon*, qui étant réünis en un passent au Mont de Marsan où ils se joignent au *Midou*. Il y avoit ici un Château fortifié à l'antique, mais qui a été démoli.

Mont de Marsan, sur la droite de la Midouze qui est formée par le confluent du *Midou* & de la *Douze*, & qui commence à porter batteaux, & puis tombe dans l'Adour à Tartas. Cette petite Ville a été bâtie par Pierre Vicomte de Marsan vers l'an 1140. Il y a un Marché qui étoit autrefois très-considerable pour la vente des grains; mais il ne s'y en débite plus tant, depuis que celui de Bazas est devenu plus fréquenté qu'il n'étoit. Cette Ville est du Diocese d'Aire.

Campagne.	1. l. & d.
Meillan.	1 d. l.

Tartas V.	2. l.
Pontons.	2. l.
Pougirac ou *Pouchirac.*	1. l.
Dax.	1. l.

Tartas est une petite Ville sur la Midouze & du Diocese de Dax, qui a pris son nom des anciens *Tarusates*. Elle a eu des Vicomtes, dont l'un appellé Arnaud Raymond engagea Tartas, & Dax à Amanieu d'Albret dont il avoit épousé la fille, nommée Marthe. Il y avoit un Château qui commandoit la Ville, & qui fut démoli en 1621. Il n'y a dans Tartas qu'une Paroisse, un Couvent de filles, & un de Recollets qui est dans le faubourg. Il y a un Marché considerable pour les seigles que l'on y apporte des Landes.

Dax ou Acqs, *Aqua Augusta*, *Aqua Tarbellica*, *Tarbella Civitas*, *Aquensis Civitas*, est une Ville Episcopale, située sur la gauche de l'Adour qui baigne ses murailles au pied du Château, laquelle a pris son nom d'une fontaine d'eau chaude qui est au milieu de la Ville. L'enceinte de Dax est un quarré flanqué de tours à l'épreuve du canon, & bâties de même que les courtines de petites pierres quarrées espacées de distance en distance par des lits de brique, à la maniere de quelques autres ouvrages des Romains. Il y a à Dax plusieurs Maisons Religieuses, & un College dirigé par les Barnabites. Au reste cette Ville est exemte de tailles, & on y tient le meilleur marché du païs. On y trouve tout ce qu'il faut pour la subsistance de Bayonne. C'est d'ailleurs un poste important pour sa situation, puisqu'on peut venir d'Espagne en France par cet endroit, sans passer par Bayonne qu'on laisse à côté ; mais les rivieres qu'on trouve en chemin, avant que d'y arriver, rendent cette route presque impraticable. Au milieu de cette Ville est une fontaine d'eau bouillante dont on ne peut soûtenir la chaleur à plus de dix pas loin de sa source. Cette eau qui bout continuellement, & qui produit une fumée semblable à celle d'un bassin dans lequel on éteindroit de la chaux, est claire, & transparente sur son gravier, & n'a aucune saveur, du moins autant que j'en ai pû juger. On s'en sert pour l'usage ordinaire de la vie, de même que de l'eau d'une autre fontaine. On assûre dans la Ville que lorsque le matin les vapeurs de la fontaine sont grandes c'est une marque de beau tems le long de la journée, & au contraire lorsqu'il s'en exhale peu, c'est signe de pluye. J'ai éprouvé cette vérité une fois, mais ce n'est pas assez pour en faire une regle. J'ai experimenté aussi qu'un œuf ne peut cuire dans le bouillon de cette eau, & j'y en laissai un plus d'un quart d'heure sans y réussir. Au reste cette eau étant refroidie est beaucoup plus fraîche que l'autre. Dans les fossez de Dax, & aux environs, l'on trouve d'autres filets d'eau chaude, mais dont le degré de chaleur est bien moins grand que celui de la fontaine dont je viens de parler. La promenade de Dax est sur les remparts du côté de la riviere, & c'est une des plus agréables que l'on puisse voir.

Sur la droite de l'Adour, & à très-peu de distance de Dax sur une hauteur, est l'Eglise Paroissiale de S. Paul derriere laquelle est une *spelunque*, ou caveau voûté en berceau, d'environ cinq pieds de haut, six de large, dix de long, au fond duquel sont trois tombeaux de marbre antique tirant sur la couleur d'ardoise, posez à côté l'un de l'autre, découverts, profonds d'environ dix-huit pouces, & larges d'autant. Il y en a deux qui ont cinq pieds de long, mais celui du milieu a un pied & demi pouce de plus que les deux autres. Lorsque je les vis, le premier des deux petits étoit plein d'eau jusqu'au bord, & l'autre environ à la même hauteur, deux pouces près de son bord ; mais dans celui du milieu il n'y avoit qu'environ deux pouces d'eau. Les habitans, & les curieux remarquent que l'eau y est ainsi dans le décours de la lune, & qu'au contraire dans la pleine lune les petits tombeaux sont entierement vuides, & le plus grand est entierement rempli. Je ne trouvai dans ces tombeaux aucune ouverture par laquelle l'eau puisse y entrer ; outre que l'aire du caveau où ils sont est élevée de plus de six toises par dessus le niveau ordinaire de l'eau de la riviere. Cette eau n'est point claire, mais d'une couleur tirant sur celle du vin paillet. Elle n'a aussi aucune saveur, & l'on ne lui attribue aucune vertu. On raporte qu'en 1699. voulant bâtir une petite Sacristie qui est derriere l'Eglise, & proche des tombeaux que je décris, l'on puisa de cette eau pour faire le mortier dont on avoit besoin, & qu'aussitôt on s'apperçut que les tombeaux se vuiderent entierement, & que l'eau n'y revint point à l'ordinaire. On eut recours aux prieres, & aux processions après lesquelles l'eau revint, & se regla comme auparavant ; comme si cette eau avoit été prophanée par l'usage qu'on en avoit fait. Je doute fort qu'on puisse expliquer physiquement un fait aussi singulier que ce dernier. Au reste il ne faut que des yeux, pour s'appercevoir que tous les Ecrivains qui jusqu'ici ont parlé de ces tombeaux ne l'ont fait que fort imparfaitement, & sans avoir vû, ou examiné ces monuments.

La Ville de Dax porte d'azur à la tour donjonnée d'argent, & au lion d'or rempant.

De Dax on peut aller à Bayonne par eau sur l'Adour, & le trajet est de sept lieues. Par terre il y a huit lieues & un quart, & après avoir passé la riviere, voici la route qu'on tient.

S. Georges.	3. l.
S. Vincent.	1. l.
Venesse.	1. l.
Sebenne, ou Labesne.	1. l. 1. q.
Hondre.	3. q. de l.
Ternots.	1. q. de l.
Bayonne.	1. l.

BAYONNE, *Lapurdum*. Cette Ville qui est sur la Nive, & l'Adour, a pris le nom qu'elle porte aujourd'hui du mot *Baia*, & de celui d'*Ona*, qui en langue Basque signifient *bonne baye, bon port*. Sanson a crû que c'étoit l'*Aqua Auguste*, & *Tarbellica* de Ptolémée que

C vj

presque tous les Géographes croyent être Dax. Elle est d'une moyenne grandeur, mais d'une grande importance ; éloignée d'environ une lieue de la mer, & partagée en trois parties. La grande est endeça de la Nive, la petite est entre la Nive, & l'Adour ; & le faubourg du S. Esprit est audelà de cette derniere riviere. Le grand & le petit Bayonne sont entourrez d'une vieille enceinte, & d'un fossé sec que l'on a conservé. Il y a dans chacune de ces deux Villes un Château. Celui du grand Bayonne est flanqué de quatre tours rondes : c'est dans ce Château que loge le Gouverneur. Le Château neuf est flanqué de quatre tours en forme de bastions. Cette premiere enceinte est couverte d'une nouvelle, composée de huit bastions reparez par le Maréchal de Vauban, qui y a aussi ajoûté un grand ouvrage à corne, & une demi lune, le tout entouré d'un bon fossé, & d'un chemin couvert. Le pont du S. Esprit communique au faubourg de son nom. Cette partie de la Ville est trèspeu de chose par elle-même, mais excellente par sa fortification. Elle consiste en une enceinte réparée principalement par le Maréchal de Vauban, & formée par quatre bastion couverts d'un grand ouvrage à corne, le tout défendu par trois demi-lunes de terre, & entouré d'un bon fossé, & d'un chemin couvert. La Citadelle est située audelà de l'Adour du côté du faubourg S. Esprit, sur une hauteur qui commande les trois parties de la Ville, le port, & la campagne. C'est un quarré régulier, fortifié à la maniere du Maréchal de Vauban, accompagné de trois demi-lunes, une du côté du faubourg du S. Esprit, & les deux autres du côté de la campagne, le tout entouré d'un bon fossé sec, & d'un chemin couvert. L'Eglise Cathédrale, ni les autres édifices publics, n'ont rien de remarquable. Il n'en est pas de même du commerce qui se fait dans cette Ville; car c'est un des plus considérables du Royaume, ainsi que je l'ai fait voir ailleurs. Bayonne est la seule Ville du Royaume qui ait l'avantage d'avoir deux rivieres qui ont flux & reflux. La Nive la traverse, l'Adour baigne ses murailles, & elles se joignent ensuite au pied du Château neuf. Les habitans de cette Ville ont conservé le privilege de garder deux des trois portes de la Ville, & celle qui est dans le réduit S. Esprit est la seule qui soit gardée par les troupes du Roi.

La Ville de Bayonne porte pour armes d'azur à la tour crenelée, & talusée d'argent, ondée au naturel sous le pied, sommée d'une fleur de lys d'or, & qui a pour tenans deux lions rampans contournez d'or, avec deux arbres de sinople chargez chacun de sept fruits d'or, & posez en pal derriere les lions. Au dessus du tout, & en chef, sont ces paroles *Nunquam polluta.*

Bidars.	1. l. & d.
S. Jean de Luz.	1. l. & d.
Beobid.	1. l. 3. q.

S. JEAN DE LUZ est à cent soixante-dix lieues de Paris, & le plus grand Bourg de l'Europe. Il est situé sur le bord de la mer, à l'embouchure de la riviere d'Urdacuri qui forme ici un bassin & un port assez vaste.

De S. Jean de Luz, on va au pas de *Beobid* Hameau qui n'a qu'une seule maison, & qui est situé sur le bord de la riviere de *Bidassoa*, qui sépare la France de l'Espagne. *Yron* est un Village de l'autre côté de la riviere, & à un quart de lieue en Espagne.

Yron.	2. l. & d.

Comme la route ci-dessus est plus ordinaire, & qu'elle n'est celle de la pos-

te que jusqu'à Blois, j'ai jugé à propos afin de satisfaire à toutes sortes de Voyageurs, d'ajoûter ici la route de la poste depuis Blois jusqu'à S. Jean de Luz. De Blois aux Montils, poste & demie. Sambin, poste. Pontlevoy, p. Montrichard, p. Senelle, p. Liege, p. S. Quentin, p. Loches, p. Varennes, p. Cyran, p. Ligueuil, p. La Sigogne, p. La Haye, p. Dangers, p. Ingrande, p. Chatelleraud, p. Les Barres de Nintré, p. La Tricherie, p. Clan, p. Le Grand Pont, p. Poitiers, p. Ruffini, p. & d. Vivonne, p. les Minieres, p. Coué, p. Chaunay, p. Sauzay, p. & d. Bannieres, p. Villefagnan, p. Fond des Marais, p. Aigre, p. Gourville, p. S. Cibardeau, p. Villars Marangé, p. & d. Châteauneuf, p. & d. Nonaville, p. Barbezieux, p. & d. Raygnac, p. & d. La Grolle, p. Chenonceau, p. Montlieu, p. Cherzac, p. Pierrebrune, p. Cavignac, p. Boismartin, p. Cubsac, p. Carbonblanc, p. Bourdeaux, p. Gradignan, p. Lestaule, p. Pust la Gubatte, p. Barcoy, ou Barc, p. L'Hospitalet, p. Belain, p. Muret, p. L'Hispostey, p. & d. La Bouhaire, p. & d. Janquillet, p. La Herie, deux p. L'Esperon, p. & d. Caster, p. & d. Magese p. & d. Mons, p. S. Vincent, p. La Cabanne, p. Ondres, p. & d. Bayonne, p. & d.

Tome I.   * C viij

Bidars, p. & d. S. Jean de Luz, p. & d.

Dans cette route il n'y a que cinq ou six petites Villes qui soient remarquables, & desquelles j'ai parlé dans la précedente, à la réserve de *Vivonne* & de *Barbezieux*.

Vivonne est un Bourg du Poitou, qui a le titre de Comté, & qui est situé sur le Clain, & a la jonction de deux petites rivieres qui lui donnent son nom, desquelles l'une se nomme *la Vive*, & vient de Mesle; & l'autre *la Vonne* qui vient de l'Abbaye de Chasteliers.

Barbesieux est dans l'Angoumois, & étoit autrefois entouré de murailles, ce qui fait qu'il porte le titre de Ville. Il y a deux Paroisses, & un Couvent de Cordeliers. Cette Seigneurie est un Marquisat qui a longtems appartenu à la Maison de la Rochefoucaud, & qui appartient aujourd'hui au Marquis de Louvois, du nom de Le Tellier. Elie Vinet fameux Critique du seiziéme siecle, étoit né à Barbesieux.

De S. Jean de Luz l'on peut ou aller en Espagne, ou revenir à Paris. Ceux qui prennent ce dernier parti peuvent ou revenir sur leurs pas par la route qu'ils ont déja tenue, ou passer par le Languedoc, la Provence, le Dauphiné, le Lionnois, la Bourgogne, &c. & c'est cette derniere route que suivirent en 1701. le Duc de Bourgogne & le Duc de Berry, en revenant de conduire Philippe de France Duc d'Anjou leur frere, lorsqu'il alla prendre possession du Royaume d'Espagne. Je parlerai ailleurs du Voyage de Paris en Espagne par le Languedoc.

Voyage de Paris à la Rochelle, & à Rochefort, Ports de mer.

ON doit suivre la route du Voyage précédent jusqu'à Lusignan, mais au sortir de cette Ville, au lieu de la continuer, l'on va à

S. Maixent.	5. l.
Niort.	4. l.
Mozay.	4. l.
Nouaillé.	4. l.
La Rochelle.	3. l.
Le Rocher.	3. l.
Rochefort.	2. l.

S. MAIXENT, *Fanum sancti Maxentii*, petite Ville du Poitou sur un penchant qui va à la riviere de Sevre. Ce ne fut d'abord qu'une petite habitation où demeuroit le saint Solitaire, qui a donné son nom à la Ville qu'on bâtit enfuite auprès de cet Hermitage. Elle est assez mal bâtie, & d'une étendue médiocre, mais bien enfermée de murailles. Les deux fauxbourgs sont très-considerables par rapport à la Ville. Il y a un vieux Château qui est de peu de conséquence. M. le Duc Mazarin est Seigneur de S. Maixent par échange fait avec le Roi. Il y a dans cette Ville trois Paroisses, une Abbaye de l'Ordre de S. Benoît, un Hôpital, un Couvent de Cordeliers, un de Capucins, un de Filles de l'Ordre de S. Benoît, une Maison de l'Union Chrétienne, & un College de deux Prêtres. Pour la Justice il y a un Siege Royal, une Election, un Corps de Ville, & une Jurisdiction subalterne qui appartient à l'Abbé.

Niort est sur la Sevre, & aux confins de la Saintonge, dans une plaine. Il y a deux Paroisses, une Maison de Prêtres de l'Oratoire, un Couvent de Capucins, un de Cordeliers, un de Freres de la Charité, un de Carmelites, un de Benedictines, un d'Hospitalieres, & un de Filles de S. François. Quant aux Jurisdictions il y a un Siege Royal, une Election, une Jurisdiction des Eaux & Forêts, une des Traites Foraines, & une de Juges-Consuls. Le Château est ancien, flanqué de quatre grosses tours rondes, & fommé d'un donjon au milieu. Le marché eſt couvert, & un des plus grands qu'il y ait en France. Les Foires qu'on y tient, font auſſi très-fameuſes.

Mozay ou *Moſey*, eſt une petite Ville du Pays d'Aunis, ſituée ſur une petite riviere qui ſe jette dans la Sevre.

LA ROCHELLE, *Rupella*, au bord de l'Ocean, à deux lieues de l'Iſle de Ré, à quatre de celle d'Oleron, & à douze de Saintes. Cette Ville doit ſes commencemens à un Château qu'on bâtit ici pour s'oppoſer aux deſcentes des Normands. Après la ruine de *Châtel-Aillon*, qui n'en étoit qu'à deux lieues, & dont il ne reſte plus qu'une vieille tour, l'on bâtit pluſieurs maiſons auprès du Château de la Rochelle, qui par ſucceſſion de tems eſt devenu une Place très-forte, & une Ville très-marchande. Eleonor de Guyenne la porta avec ſes autres Etats à Henry Duc de Normandie, & depuis Roi d'Angleterre. Louis VIII. ſur le refus que fit le Roi d'Angleterre de lui rendre foi & hommage pour le Duché de Guyenne, aſſiégea la Rochelle en 1224. & la prit. Nos Rois la poſſederent depuis juſqu'au Traité de Bretigni, par lequel elle fut cédée aux Anglois contre la volonté des habitans qui dans la ſuite porterent leurs plaintes au Roi, & ouvrirent les portes à Bertrand du Guesclin. Le Roi de son côté leur envoya en même tems la confirmation de leurs Privileges. Le Calvinisme s'y introduisit en 1557. & dix ans après le Maire appellé *Poutard*, livra cette Ville au Prince de Condé. L'autorité Royale n'y fut plus reconnue, & on changea le gouvernement en une démocratie presque semblable à celle de Geneve. Henry Duc d'Anjou, frere de Charles IX. l'assiégea en 1573. & l'auroit emportée malgré la résistance du brave la Noue qui la défendoit, si les Ambassadeurs de Pologne qui vinrent lui offrir la Couronne de ce Royaume, ne lui eussent fait lever le siege. Les Calvinistes triompherent dans cette Ville, & y tinrent la plûpart de leurs Synodes, jusqu'à ce que le Cardinal de Richelieu déterminât le Roi Louis XIII. à en faire le siege. Elle fut vigoureusement défendue pendant 13. mois par le Maire appellé *Guitton*, homme valeureux, & d'une grande expérience, mais enfin il fallut se rendre en 1628. Les Anglois tenterent plusieurs fois pendant le siege d'y jetter du secours, mais ils en furent empêchez par cette fameuse digue à laquelle on doit absolument rapporter la prise de cette Place. Cette digue avoit sept cens quarante-sept toises de longueur, & étoit de l'invention de *Clement Metzau*, qui pour récompense fut annobli. *Jean Tiriau*, Maître Maçon de Paris, la commença le 2. Décembre de l'an 1627. L'on en voit encore des restes lorsque la mer est basse. Louis XIII. fit son entrée dans la Rochelle le jour de la Toussaints de l'an 1628. & pour la punir de sa rebellion, fit razer ses fortifications, abolit ses privileges, & y rétablit les Prêtres & la Religion Catholique qui en avoient été bannis. Louis le Grand obtint en 1648. des Bulles du Pape Innocent X. pour transferer à la Rochelle l'Evêché de Maillesais. Ce même Prince voulant mettre cette Ville hors d'insulte, y fit faire de nouvelles fortifications en 1689. par M. de Vauban, depuis Maréchal de France, lesquelles consistent en dix-neufs grands bastions, & huit demi-lunes enveloppées d'un fossé & d'un chemin couvert.

Le Rocher est un cabaret, & la seule maison qu'on trouve sur le chemin de la Rochelle à Rochefort. On ne compte que deux lieues du Rocher à Rochefort, mais ces deux lieues sont si grandes, qu'on peut dire que le Rocher est à moitié chemin de ces deux Villes.

ROCHEFORT est une Ville qui doit

sa fondation à Louis XIV. qui en 1665. acheta le petit Château de Rochefort qui appartenoit à un Gentilhomme qui tenoit cette terre par engagement de Sa Majesté. L'on traça un plan de Ville de la grandeur de Bourdeaux. L'on y marqua des emplacemens pour l'Arsenal & pour les magasins du Roi, & l'on abandonna le reste à des Particuliers qui offrirent de bâtir des maisons à un denier de cens par carreau. Les rues de cette Ville sont les plus belles qui se voyent en aucune de France; & les murailles qui enferment l'enceinte, soûtiennent un rempart orné de deux rangs d'arbres qui font d'un grand ornement. *L'Arsenal* est le plus grand, le plus beau, le plus achevé, & le plus magnifique du Royaume. Il est composé d'un beau chantier de construction, de trois grands bassins ou *formes* pour les radoubs, & de très-grands magasins où l'on trouve tout ce qui est nécessaire à l'armement, & à l'équipement des vaisseaux. L'on voit proche la porte de *Martrou*, un grand & superbe bâtiment qu'on nomme *les Casernes*, parce qu'il avoit été bâti pour loger les Gardes de la Marine; mais on a changé sa destination; car il sert à loger les Compagnies franches de la Marine, leurs Officiers, & l'Inspecteur. Le Roi a encore fait bâtir dans le plus bel endroit de la Ville un Couvent pour les Capucins. La Place publique porte le nom de ces Religieux. Elle est grande & régulière, & entourée de maisons bien bâties, & presque toutes uniformes. *La Maison du Roi* où loge l'Intendant, est bâtie sur le bord de la riviere, & a vûe sur une belle prairie de trois ou quatre lieues d'étendue, & sur des côteaux très-agréables. Elle a dans sa dépendance des jardins fruitiers & potagers, des parterres, & une cour ornée de trois grandes allées d'arbres. L'avenue de cette maison est formée par une allée d'ormeaux qui a cent toises de long. L'Hôpital est magnifique, & dans le même allignement que le magasin des vivres. Il y a aussi un *Séminaire* pour les Aumôniers des vaisseaux, qui est dirigé par les Prêtres de la Mission. Le Roi ajoûta à tout cela par ses Lettres Patentes de l'an 1669. des Foires & de très-beaux privileges, entr'autres l'affranchissement des droits pour toutes les denrées qui s'y consomment. Les portes de la Ville sont gardées par les habitans qui font aussi une patrouille à cheval toute la nuit, pour empêcher les vols & les autres désordres.

La route de la poste de Paris à la Rochelle, est la même que j'ai rapportée ci-des-

sus jusqu'à *Poitiers*. D'ici elle va à Vieille-Fontaine, poste. Colombiers, p. Lusignan, p. La Villedieu du Perron, p. & demie. La Mothe S. Heraye, p. S. Maixent, p. La Villedieu du pont de Vaux, p. Niort, p. Frontenay l'abbatu, p. Mozay, p. Courson, p. Nouaillé, p. Dampierre, p. La Rochelle, p.

Voyage de Paris à Brest.

CE Voyage se peut faire par trois routes differentes; ou en suivant la Loire jusqu'à *Nantes*, ou en allant à *Nantes* par la *Beauce*, le *Perche*, le *Maine* & l'*Anjou*; ou en passant par la *Normandie*, & par *Rennes*.

Itineraire de Paris à Brest, en suivant la Loire jusqu'à Nantes.

Il faut suivre la route que j'ai indiquée ci-dessus depuis Paris jusqu'à Amboise, d'où l'on va à

Lussaut.	2. l.
Mont-Loïs.	2. l.
Tours.	3. l.

Mont-Loïs, *Laudiacum*, est un Bourg fort

Carte de la Route de Paris à Brest par Tours et Nantes

T. 1. page 7.

Echelle: 24 / 10 / 30 Lieues

MER OCEAN

- Brest
- Landernau
- Le Faou
- Chaulin
- Quinper Corentin
- Rosporden
- Quinperlé
- Port Louis
- Hennebond
- Port Navalo
- Auray
- Vannes
- Le Croisic
- Lisle
- Mussillac
- La Roche Bernard
- St Nazaire
- Pont Chateau
- Le Temple
- Chau. Thiebaut
- Nantes
- Mauves
- Oudon
- Ancenis
- Chantonceau
- St Florent
- Ingrande
- Chantocé
- Bouche Maine
- Pont de Sé
- Angers
- La Gagueniere
- St Mathurin
- Les Rosiers
- Beaufort
- St Martin de la Place
- Saumur
- Montsoreau
- Cande
- Chousay
- Chinon
- Les 3. Vollets
- Planchoury
- Langes
- La Pile St Marc
- Luynes
- Tours
- Mont Louis
- Lussaut
- Amboise

LA LOYRE

Gravé par Marie de Bailliel

fort ancien entre la Loire & le Cher, & qui paroît plus propre à être habité par des taupes que par des hommes; car toutes les maisons y sont enterrées, couvertes de gazon, & ne se reconnoissent qu'aux tuyaux des cheminées.

TOURS, *Cæsarodunum*, *Turoni*, *Civitas Turonorum*, *Civitas Turonica*, *Civitas Turonûm*, *Urbs Turonica*. M. de Valois a judicieusement remarqué que le premier de ces noms latins, qui signifie *la Montagne de César*, ne convient point du tout à la Ville de Tours qui est située dans une plaine. Cette Capitale de la Province de Touraine est sur la rive gauche de la Loire, & entre cette riviere, & le Cher qui se jette dans la Loire à environ quinze mille pas au-dessous de Tours. Je ne suis pas assez crédule pour avancer avec Nicole Gilles que cette Ville a pris son nom de *Turnus* neveu de Brutus, qui l'agrandit, & la fit entourer de murailles. Tout ce que je puis dire de certain, c'est qu'elle est fort ancienne, & que du tems de César, elle avoit de grandes prérogatives sur les Citez armoriques, & sur celles du Mans & d'Angers. Elle fut établie Métropole dans l'Etat Civil, environ l'an de Jesus-Christ 380. & l'on suivit ce même ordre dans l'Etat Ecclésiastique. Elle étoit cependant pour lors de petite étendue, & ne comprenoit que ce qui est depuis la porte Hugon, jusqu'au portail des prisons. Le concours des Peuples qui venoient visiter le tombeau de S. Martin, & son Eglise qui étoit bâtie à cinq cens cinquante pas de la Ville de Tours, fut cause que plusieurs personnes s'établirent auprès de ce saint lieu, & y formerent insensiblement une petite Ville qui fut entourée de murailles l'an 903. & appellée d'abord *Martinopolis*, & dans la suite *Châteauneuf*. Ce dernier nom lui fut apparemment donné à cause du Château ou Fort, que Richard Roi d'Angleterre y fit bâtir malgré Philippe-Auguste, & qui, selon Froissard, donna lieu à la guerre sanglante que se firent ces deux Rois. Ces deux Villes si proches l'une de l'autre, se joignirent enfin par l'accroissement qu'elles prirent, & cette jonction fut approuvée par des Lettres Patentes du Roi Jean de l'an 1354. Tours est, à ce qu'on prétend, la premiere Ville du Royaume qui ait eu des privileges, & en faveur de laquelle les Rois de la premiere race * ont donné les premieres Lettres Patentes. Ce fut aussi la premiere qui envoya des Députés au Roi Henry III. après les barricades de Paris, & ce

* Greg. de Tours.

fut en cette confideration que ce Prince y transfera le Parlement & les autres Cours Supérieures de Paris, l'an 1583. Pendant le féjour que ces Tribunaux firent à Tours, cette Ville s'accrut d'un tiers, & l'on y joignit les fauxbourgs par une nouvelle enceinte que l'on fit, en vertu des Lettres Patentes du Roi Henry IV. du mois d'Avril 1591. L'on entre aujourd'hui dans la Ville de Tours par douze grandes Portes, & l'on y remarque cinq fauxbourgs, qui font ceux *de la Riche, de S. Eloy, de S. Etienne, de S. Pierre des Corps, de S. Symphorien.*

Les maifons font bâties d'une pierre extrêmement blanche, qui leur donne beaucoup d'apparence, & font toutes couvertes d'ardoifes. Les rues y font affez belles, & fort nettes, à caufe des différens ruiffeaux que forment fix fontaines publiques. Une des Portes de Tours fe nomme *la porte Hugon*, mais le Peuple par corruption l'appelle *la porte Fourgon*, pour dire la porte de feu *Hugon*. Hugon, felon Eginhard dans la Vie de Charlemagne, & felon quelques autres Hiftoriens, étoit Comte de Tours. Il y a apparence que s'étant rendu redoutable par fa méchanceté, & par la férocité de fes mœurs, l'on en a fait après fa mort l'épouvantail des enfans & des femmelettes, &

le canevas de beaucoup de fables. M. de Thou, malgré sa gravité, n'a pas dédaigné d'en parler dans son Histoire *. *Cæsaroduni*, dit ce célebre Historien, *Hugo Rex celebratur, qui noctu Pomœria Civitatis obequitare, & obvios homines pulsare, & rapere dicitur.* Ainsi on menace à Tours du Roi Hugon, comme à Paris du Moine Bouru, à Orléans du Mulet Odet, & à Blois du Loupgarou. Davila, & quelques autres Historiens ont cru que les Calvinistes ont été appellez Huguenots, parce que ceux qui furent infectez de cette hérésie dans la Ville de Tours, s'assembloient la nuit dans des caves qui étoient auprès *de la porte Hugon*.

Dans le tems que les Manufactures de Tours étoient dans leur plus grande réputation, l'on a compté dans cette Ville jusqu'à soixante mille habitans, mais ce nombre est aujourd'hui réduit à environ trente-trois mille.

Le Palais de l'Archevêque n'a rien de particulier.

L'Eglise Cathédrale a un beau portail accompagné de deux belles tours ; & au milieu d'une rose très-délicate. Cette Eglise a porté longtems le nom de *S. Maurice*, mais elle l'a quitté pour prendre celui de *S. Gatien* son premier Evê-

* Liv. 14.

que. L'an 1096. on l'appelloit encore l'Eglise de *S. Maurice*. La Bibliotheque est remplie de beaux & anciens Manuscrits, parmi lesquels il y a un Pentateuque écrit en lettres majuscules qui a mille ans d'antiquité. Il y a aussi les quatre Evangiles écrits en lettres Saxoniques, qu'on croit être de douze cens ans, & avoir été écrits par S. Hilaire Evêque de Poitiers, mais M. le Brun dans son Voyage Liturgique dit que ce Manuscrit ne passe pas mille ans, & qu'il a été écrit par un certain *Holcundus*.

L'Eglise de S. Martin est une des plus grandes du Royame, mais grossiere, & obscure. Elle est flanquée du côté du nord par une grande tour appellée de Charlemagne, & du côté du midi par celle de l'horloge. L'on les voit à plus de dix lieues à la ronde. Le tombeau de saint Martin est derriere le grand Autel. Il est de marbre noir, blanc, & jaspé; fort simple, sans figure, & élevé de terre environ de trois pieds. C'est ici que nos Rois venoient autrefois prier S. Martin d'interceder pour eux, & prendre la chape ou manteau de ce Saint, qu'ils faisoient porter à la tête des armées.

L'Abbaye de Marmoutier est dans le faubourg de S. Simphorien. Elle a été fondée par S. Martin, & l'on y voit l'Autel de ce Saint bâti à côté de sa cellule pratiquée dans le roc, & si petite qu'à peine un homme peut s'y tenir debout, ou être couché de son long, & si étroite qu'on n'y pourroit tout au plus mettre qu'une couchette. Dans le Trésor de cette Abbaye on conserve une sainte Ampoulle qui a pour elle un témoignage bien ancien, puisque Sulpice Severe disciple de S. Martin dont il a écrit la Vie, rapporte que ce grand Saint ayant fait une chûte qui l'avoit mis à l'agonie, un Ange vint la nuit penser ses meurtrissures avec un baume celeste, & que le lendemain, S. Martin fut aussi sain, & aussi dispos qu'il l'étoit avant cet accident. C'est avec ce baume ou huile que le Roi Henri IV. fut sacré à Chartres le 27. Février de l'an 1594.

Le Couvent des Capucins est situé dans la plus haute élévation, & leurs terrasses donnent sur la Ville.

Le Quay Royal sur la riviere, est le plus bel endroit de la Ville, & fort spacieux.

Le Château est près du grand pont qui est sur la riviere de Loire, & son donjon étoit autrefois très-fort. C'est dans ce Château que fut mis le Duc de Guise, & d'où il trouva les moyens de s'évader au mois d'Août de l'an 1591.

Le Mail passe pour être le plus beau du Royaume. Il a plus de mille pas de longueur, & est orné de deux allées d'ormes de chaque côté. La Ville de Tours est si jalouse de cet ornement, que les Magistrats ont défendu d'y jouer, & de s'y promener lorsqu'il a plû, jusqu'à ce qu'il soit sec, sous peine de dix livres d'amende.

Nos Rois ont plusieurs fois convoqué les Etats à Tours. Louis XI. les y assembla l'an 1470. Charles VIII. en 1484. Louis XII. en 1506. pour le mariage de Madame Claude sa fille, avec François de Valois Duc d'Angoulesme. On a aussi assemblé plusieurs Conciles dans cette Ville. Jean le Meingre, dit Boucicaut, Maréchal de France, reçut les marques de cette dignité dans la Ville de Tours pendant que le Roi Charles VI. étoit logé dans la maison paternelle de ce Seigneur qui étoit fils d'un autre Jean le Meingre aussi Maréchal de France. Christophle Plantin fameux Imprimeur, & le P. Rapin Jesuite, étoient aussi nez à Tours.

Le Plessis-lez-Tours est une Maison Royale bâtie par le Roi Louis XI. dans un lieu appellé *les Montils*. Ce Prince en trouva le séjour si agréable, qu'il y passa une partie de sa vie, & y mourut l'an 1483. Ce Château est bâti de brique, & a de beaux appartemens pour ce tems-là. Il est situé entre un grand parc & de beaux jardins. Louis XI. fonda en ce lieu-là une Eglise Collégiale, & un Couvent de Minimes, qui est le premier que ces Religieux ayent eu en France. La situation de ce Couvent est d'autant plus belle qu'il est sur un canal de la riviere de Cher que le même Roi fit faire.

Luines.	3. l.
La Pile S. Marc.	2. l.
Langez.	1. l.
Planchouri.	2. l.
Les trois Volets.	2. l.
Chouffay.	3. l.
Cande & Monsoreau.	2. l.
Saumur.	2. l.

Luines ou *Luynes* est une petite Ville qui portoit le nom de *Maillé*, lorsqu'en 1619. elle fut érigée en Duché-Pairie sous le nom de Luines, en faveur de Charles d'Albert de Luines, qui fut fait Connêtable le 22. d'Avril 1621. Il y a ici un Château assez fort, avec une grosse tour. Dans l'Eglise Collégiale sont les tombeaux des anciens Seigneurs de Maillé; & celui du Connêtable de Luines qui mourut au Camp de Longuetille près de Monheur en Guyenne le 15. de Décembre 1621. & dont le corps fut transporté à Luines par les soins de l'Abbé Rucellay, & d'un nommé Contade. Il y a deux Paroisses dans Luines qui renferment cinq cens vingt-huit feux, & environ deux mille deux cens habitans. Il y a aussi un Couvent de Chanoinesses de S. Augustin, un autre d'Hospitalieres. L'on trouve encore en Touraine un autre Maillé qui est sur la Vienne, & que par distinction de celui-ci on nommoit *Maillé l'Allier*.

A deux lieues de Luines l'on trouve le Château de S. Marc, & un pillier de briques si dures qu'on dit qu'il est à l'épreuve du Canon. On l'appelle *la Pile de S. Marc*, & la tradition veut que ce soit Cesar qui l'ait fait construire, de même que celle du Port de Pile sur les limites de la Touraine, & du Poitou.

Langeai, Langey, Langeis, Langez, sur la Loire, & au nord de cette riviere, est appellée par les Latins *Alingavia, Alingaviensis Vicus, Lingia, Langiacum, Langezium*. Son Château fut premierement bâti par Foulque Nerra Comte d'Anjou, mais étant tombé en ruine, il fut rétabli en l'état qu'il est aujourd'hui, par Pierre de Brosse. Ce bâtiment dans son vieux goût répond assez aux richesses immenses de son restaurateur, qui étoit Ministre d'Etat sous le Roi Philippe le Hardi. Langeai n'a qu'environ cinq cens feux, & deux mille habitans. Il y a deux Paroisses, dans l'une desquelles il y a un petit Chapitre. Ce que les Voyageurs trouvent ici de plus agréable, c'est d'y goûter dans la saison de ces excellens melons qui font les délices des meilleures tables de Paris, & qui sont vineux, & d'un goût exquis.

Cande, *Condate*, *Condate Turonûm*, *Condatensis Vicus*, a pris son nom de sa situation au confluent de la Vienne & de la Loire. Il est si près de Montsoreau, qu'il n'y a entre deux qu'un petit ruisseau qui vient de Fontevraud, ce qui a donné lieu au Proverbe.

Entre Cande & Montsoreau
Ne repaît brebis ne veau.

S. Martin mourut à Cande, qui est le plus ancien patrimoine des Archevêques de Tours. La Paroisse renferme environ cent feux, & quatre ou cinq cens personnes

Montsoreau, *Mons Sorelli*, petite Ville sur la Loire, & sur les limites de l'Anjou, & de la Touraine. Elle porte le titre de Comté, & ses Seigneurs ont été des plus illustres de la Province. Ce qui paroîtra de plus singulier, c'est que l'un de ces Seigneurs nommé Gauthier de Montsoreau qui est un des fondateurs de l'Abbaye de Seuilly en Touraine, est qualifié dans les titres de cette Abbaye *Prince Très-Chrétien*, qualité si distinguée que depuis Clovis nos Rois se sont toûjours fait honneur d'en être revêtus. Cette Terre est possedée par M. du Bouchet de Sourches Grand Prevôt de l'Hôtel. La Paroisse est appellée S. Pierre de Rez, & ne contient que cent seize feux. On trouve ici une petite Collégiale dont les revenus sont fort modiques. Il y a à Montsoreau, Marché tous les Vendredis, & il s'y fait un grand commerce de bled que les Marchands y apportent du Loudunois.

SAUMUR, *Murus, Salvus Murus*, & par contraction *Salmurus, Salmurum, Salmurium*. Cette Ville fut d'abord appellée *Murus* à cause de la roche le long de laquelle elle est située, qui ressemble à une muraille. Saumur étoit autrefois située sur la riviere de Vienne qui entroit dans la Loire un peu au-dessous de cette Ville, & même au-dessous de S. Maur, qui est à cinq lieues de Saumur, comme le prouve fort bien M. Ménage contre M. de Valois. Ce dernier ne donne à Saumur que cinq ou six cens ans d'ancienneté, mais M. Ménage a prétendu prouver par plusieurs témoignages qu'elle existoit déja dès l'an 400. & que pour lors il n'y avoit que le Château, & la rue qui est audessus. L'an 757. le Roi Pepin pere de Charlemagne fonda à Saumur une Eglise sous l'invocation de Saint Jean-Baptiste, laquelle fut depuis achevée par Pepin Roi d'Aquitaine son petit-fils, qui y mit des reliques de S. Jean, & c'est de cette ancienne Eglise que Saumur est appellée dans quelques Chartes *Joannis Villa*. L'ancien Château de Saumur étoit nommé *Truncus*, *le Tronc*, mais il n'étoit pas dans le lieu où est celui qu'on voit aujourd'hui. Quoiqu'il y ait trois Paroisses à Saumur, il n'y a cependant qu'un seul Curé qui fait desservir ces trois Eglises par autant de Vicaires, & par plusieurs Chapelains. Outre ces Eglises on y trouve plusieurs Monasteres ; mais ce qu'il y a de plus fameux c'est *Nôtre-Dame des Ardilliers*, qui est une dévotion en grande réputation dans ce pays-là. Cette Eglise est desservie par les Peres de l'Oratoire qui y ont une nombreuse Communauté. Le College Royal est aussi dirigé par les mêmes Peres. La plus belle Place de la Ville est celle du *Chardonnet*. La Ville de Saumur a été plus peuplée d'une moitié qu'elle ne l'est présentement. Il n'y reste qu'environ cinq mille cinq cens habitans. Cette grande diminution vient de la suppression du Temple, & de l'Académie ou Collége qu'y avoient les Calvinistes. Les Marchez n'y sont pas des mieux fournis de bled à cause des gros droits de minage que leve l'Abbesse de Fontevraud, qui de vingt boucauts en prend un. Les trois Foires Royales qu'on y tient ne sont pas des plus considerables, parce qu'elles ne sont point franches.

Les Voyageurs qui seront les maîtres de leur tems, peuvent aller voir à un demi quart de lieue de Saumur l'Abbaye de S. Florent qui est un Monastere de Benedictins de la Congrégation de S. Maur, dont la situation est assez belle.

S. Martin de la Place. 2. l.
Les Rosiers. 2. l.
S. Mathurin. 2. l.
La Dagueniere. 2. l.
Le Pont de Sé. 1. l.

Le Pont de Sé, *Pons Saï, Pons Saëii, Pons Seii, Pontes Sai, Pons Sagei, de Saïaco.* Ceux-là se trompent qui prétendent que ce pont a été bâti par ordre de Jules César, & qui veulent qu'on écrive *le Pont de Cé.* Ceux qui font venir ce nom du mot Allemand *Cée*, ne se trompent pas moins, puisque dans les anciens titres le Pont de Sé est appellé *Pons Sai*, &c. Cette petite Ville est située sur la Loire, & c'est un des plus importans passages qu'il y ait sur ce fleuve. Elle fut donnée à l'Abbaye de Fontevraud par Foulque Nerra Comte d'Anjou, & par Aramburge du Maine sa femme. Cette donation fut confirmée par Henri II. Roi d'Angleterre, & Comte d'Anjou, qui y ajoûta la Justice, & les péages. Charles Comte de Valois, & d'Anjou, & Marguerite d'Anjou Sicile, sa femme, retirerent cette Ville de l'Abbaye de Fontevraud l'an 1293. moyennant trois cens sestiers de froment, & soixante & dix livres de rente qu'ils donnerent en échange, l'Abbaye se réservant les péages. Philippe de Valois fils du Comte Charles étant parvenu à la Couronne de France en 1328. y réünit le Pont de Sé, comme faisant partie du Comté d'Anjou. Cette Ville qui renferme environ trois cens soixante-seize feux, est défendue par un Château. On dit que le pont de pierre qui est sur la Loire a mille pas de longueur. Le Pont de Sé est connu dans l'Histoire à cause de la défaite de l'armée de la Reine mere par celle du Roi Louis XIII. son fils en 1620.

Bouche-Maine.	1. l.
Chantocé.	4. l.
Ingrande.	1. l.
Ancenis.	4. l.
Oudon.	2. l.
Mauves.	2. l.
Nantes.	2. l.

Chantocé est une Baronie située sur la Loire, à main droite de cette riviere, un peu audessus d'Ingrande. Ce lieu étoit autrefois si considerable, que ses anciens Seigneurs portoient le titre de *Princes de Chantocé*. Il fut donné en appanage à Gilles de Bretagne premier du nom, troisiéme fils de Jean IV. Duc de Bretagne, & depuis à Gilles de Bretagne, II. du nom, fils de Jean V. aussi Duc de Bretagne. Il appartenoit dans ces derniers tems au Marquis d'Avangour.

Ingrande, petite Ville & Baronie, située aussi sur la Loire. Comme elle est sur les limites de l'Anjou, & de la Bretagne, quelques-uns ont crû que le nom d'Ingrande avoit été fait du Latin *Ingressus Andium*; mais M. Ménage qui étoit très-versé dans les étymologies, dit qu'il vient du Latin *Igorandis*, de même que le nom de l'Ingrande de Poitou. Il marque au même endroit que M. de Valois a oublié de parler dans sa Notice des Gaules, de la Ville d'Ingrande en Anjou. Cette petite Ville ne renferme qu'environ cent cinquante feux, cependant elle a un Grenier à sel, & Bureau des Traites Foraines. Elle releve du Roi à cause du Château d'Angers. On remarque au milieu d'Ingrande une grosse pierre qui fait la séparation de l'Anjou, & de la Bretagne.

Ancenis, *Andenesium*, sur la rive droite de la Loire, à six lieues audessus de Nantes, est une petite Ville avec titre de Marquisat, qui étoit autrefois de la Province d'Anjou, mais qui depuis assez longtems en a été distraite, pour être attribuée à la Bretagne. Cette Seigneurie a été successivement possedée par les maisons d'Ancenis, de Rochefort, de Rieux, de Lorraine Elbeuf, & de Lorraine Mercœur. Le Duc de Mercœur l'acheta du Duc d'Elbeuf en 1599, pour la somme de six cens mille livres. Aujourd'hui elle appartient à la Maison de Bethune Charrost. C'est dans la forêt qui est aux environs d'Ancenis que furent construits les vaisseaux *la Nonpareille*, *le grand Caraquon*, & *le grand Henri* : le premier sous François I. & les deux autres sous Henri II.

Nantes, *Condivicnum, Civitas Namnetum, Civitas Namnetica, Namnetes, Namneta*, est sur la Loire, & sur l'Ardre, & très-heureusement située pour le commerce ; aussi en fait-elle un des plus considerables du Royaume. Quelques-uns disent que *Namnes* Roi des Gaules la fit bâtir vers l'an du monde 2715. mais il faut être bien effronté pour l'assûrer, & bien bon pour le croire. Tout ce que je puis dire, c'est qu'elle est fort ancienne, & que Strabon, César, Pline, & Ptolemée en font mention. Nantes est une assez grande Ville entourée de remparts qui ont des fossez très-profonds, & quelques fortifications.

Alain, dit Barbe torte, fit bâtir le Château qui est sur le bord de la riviere, & flanqué de grosses tours rondes du côté de la Ville, & de quelques demi-lunes du côté du faubourg S. Clément.

L'Eglise Cathédrale est dédiée à saint Pierre. L'on voit dans les Actes de S. Felix, que du tems de Constantin on éleva à Nantes une Eglise composée de trois voûtes qui subsisterent jusqu'au tems de Clotaire fils de Clovis. Pour lors Eumelius Evêque de cette Ville, jetta les fondemens d'une plus grande Eglise, & mourut avant qu'elle fut achevée. S. Felix son successeur conduisit ce saint édifice jusqu'à sa perfection, & le fit benir en 568. avec beaucoup de solemnité. Cette Eglise étoit couverte d'étain, & la grande Nef étoit flanquée de deux autres nefs, & au-dessus s'élevoit une tour quarrée, terminée en dôme, & soûtenue de plusieurs arcades. La décoration intérieure étoit somptueuse ; un grand nombre de colonnes, dont les chapiteaux étoient de marbre de diverses couleurs, soûtenoient cet édifice, & les Autels étoient enrichis des marbres les plus rares, de couronnes d'or, de vases d'argent, & d'autres ornemens précieux. S. Felix fit poser au milieu de l'Eglise sur une colonne de marbre un Crucifix d'argent, ceint d'un jupon d'or, enrichi de pierres précieuses, & attaché à la voûte principale par une chaîne d'argent. Tout le pavé étoit de différens marbres, & Felix avoit fait mettre sur une colonne aussi de marbre un gros rubis qui éclairoit l'Eglise pendant toute la nuit. Ce magnifique Temple fut détruit par les Normans ; & après que leur fureur fut apaisée, on bâtit dans la même partie de la Ville, une nouvelle Eglise que les Ducs de Bretagne avoient résolu d'agrandir. Jean V. posa la premiere pierre de la façade que l'on voit aujourd'hui, au mois d'Avril de l'an 1434. Elle est d'une architecture gothique, flanquée au dehors par deux tours quarrées & fort hautes, qui augmentent la façade, sur les ouvertures des grandes portes. On voit dans l'Eglise quelques anciens tombeaux des Ducs de Bretagne, entr'autres celui de Jean VI.

Dans l'Eglise Paroissiale de S. Nicolas, il y a au-dessus du Maître-Autel une vître d'une grandeur extraordinaire, & dont la peinture mérite l'attention des Curieux. Elle est fort belle, & représente cinquante-six miracles de Jesus-Christ. Les cinquante-six portraits de ce divin Maître se ressemblent tous, & sont conformes à ce qu'en ont dit quelques anciens Ecrivains.

Le tombeau de François II. Duc de Bretagne est dans l'Eglise des Carmes. Ce Duc, ses deux femmes, & deux de leurs enfans y ont été inhumez. Ce monument est de marbre, & estimé pour sa sculpture qui est de Michel Colombe.

La Maison de Ville est un bâtiment tout neuf, & assez bien entendu.

Il y a à Nantes Evêché, Chambre des Comptes, Présidial, & Université.

Les fauxbourgs sont beaucoup plus grands que la Ville, & sont au nombre de quatre, *S. Clément*, *le Marchi*, *la Fosse*, & *Pillemil*. Celui de la Fosse est près du port, & habité par de riches

Marchands. Il y a un grand *Quay* le long duquel on voit de belles maisons, & de grands magazins. C'est par ce faubourg que l'on passe pour aller à l'*Hermitage*, qui est situé sur un roc d'où l'on découvre la Ville, les fauxbourgs, & une grande étendue de pays le long de la Loire. Les Capucins qui habitent cet Hermitage, ont creusé dans le roc, & y ont pratiqué des jardins, & une fort jolie Eglise. Une partie de ce rocher est en pente, & d'un grand poli, ce qui n'empêche pas les enfans d'y danser avec beaucoup de hardiesse & d'adresse, lorsqu'on veut leur donner quelque argent, & voilà ce qu'on appelle *la Pierre Nantoise*.

Les Ponts de Nantes sur la Loire sont renommez pour leur longueur, qui est d'une petite lieue de France.

Ce fut à Nantes que le Roi Henri le Grand donna au mois d'Avril de l'an 1598. l'Edit fameux qui permettoit aux Calvinistes le libre exercice de leur Religion, & qui fut révoqué par Louis le Grand en 1685.

Jean Meschinot, Ecuyer, Sieur des Mortiers, dont le talent pour la poësie lui avoit mérité la bienveillance de la Reine Anne, étoit natif de Nantes, & étoit contemporain de Jean Marot, pere du fameux Clément Marot.

Pierre Abeillard célebre par son esprit, & par ses infortunes, étoit né dans la Paroisse du *Palet*, ou *Palais*, à trois ou quatre petites lieues de Nantes.

Le fameux la Noue bras de fer étoit né dans le Pays de Raiz. La terre dont il portoit le nom, est dans la Paroisse de Fresnay.

Pour aller de Paris à Nantes par la poste, on suit jusqu'à Blois la route que j'ai raportée dans le Voyage de Paris à S. Jean de Luz, puis de Blois l'on va à Chousi, poste & demie. Veuve p. & d. Haut chantier, p. Amboise, p. Lussaut, p. Montloïs, p. Tours, p. & d. Luines, p. & d. La Pile S. Marc, p. Langeais, p. les trois Volets, p. & d. Chousé, p. & d. Sainte Catherine de l'Isle Auger, p. Saumur, p. S. Martin de la Place, p. Les Rosiers, p. S. Mathurin, p. La Dagueniere, p. Angers, p. La Roche au Breuil, p. S. George sur Loire, p. Chantocé, p. Varade, p. & d. Ancenis, p. Oudon, p. Mauves, p. Nantes, p. & d.

Le Temple.	4. l.
Pont-Château.	6. l.
La Roche-Bernard.	4. l.
Mesuillac.	3. l.
Vannes	5. l.

La Roche-Bernard est un Bourg sur la riviere de Vilaine, à quatre lieues de son embouchûre dans la mer.

VANNES, *Dariorigum, Civitas Venetûm, Civitas Venetica*, Ville Episcopale qui remonte son ancienneté jusqu'aux premiers Gaulois. Nous pensons bien différemment M. Corneille & moi sur cette Ville, il dit que *César y demeura lorsqu'il fit ancrer son armée pour la commodité de son port*. César parle à la vérité du Pays des Venetes, vante leur puissance sur mer, & leur habileté dans la navigation, mais il ne dit pas un seul mot de leur Ville. Ce qui a trompé M. Corneille, c'est d'avoir pris le mot de *Civitas* dont César s'est servi, pour celui de *Ville*, au lieu que *Civitas* dans les Ecrits de ce grand Capitaine, signifie toujours un *Etat*, une *Contrée*, un *Pays*, un *Canton*, & jamais une *Ville*. Ce que le même Auteur ajoûte n'est pas mieux fondé. Les Latins, dit-il, l'ont nommée *Venetiæ*, à cause de plusieurs petites Isles qui sont devant, & qui ont quelque ressemblance avec celles sur lesquelles la Ville de Venise a été bâtie. Bien loin que Vannes ait pris son nom de la Ville de Venise, quelques anciens Géographes ont cru que cette derniere Ville avoit pris son nom des Venetes, Strabon l'a dit aussi, mais il ajoûte en même tems qu'*il ne donnoit pas cela pour certain, mais que dans ces matieres il falloit se contenter de la probabilité.*

Vannes est à vingt-deux lieues de Nantes, & à deux de la mer qui y a son flux & reflux par un canal dit Morbihan, & qui est une baye assez grande. La Ville est petite, & entre le grand faubourg du Marché, & celui de S. Paterne. Le premier est plus grand que la Ville même, de laquelle il est séparé par les murailles & par un grand fossé. On voit dans ce faubourg plusieurs Eglises & Couvens. Le College des Jesuites est beau, & l'Eglise dédiée à S. Joseph. Il y a aussi un assez beau Mail dans ce faubourg. Le grand Hôpital & le Coûvent des Dominiquains sont dans le faubourg de S. Paterne, qui est séparé de la Ville par la riviere qui coule dans les fossez, jusqu'à ce qu'étant proche du Château de *l'Hermine*, elle y entre. Ce Château que l'Auteur du Voyage de France, imprimé chez Saugrain, appelle mal-à-propos *du Lys*, est presque abandonné, cependant son donjon, & quelques grosses tours qui restent, font connoître qu'il étoit assez fort. Le Couvent des Ursulines est magnifique. Au reste la Ville de Vannes n'est composée que de petites rues étroites, à la réserve de celle qui va de la porte de la mer, à la Maison de Ville ; & de celle qui conduit à l'Eglise Cathédrale. Cette Ville fut érigée en Comté par ses anciens Souverains, & réünie à leur domaine par Alain le Grand. Aujourd'hui l'Evêque est en partie Seigneur de Vannes.

Auray.	3. l.
Hennebon.	6. l.
Quimperlé.	5. l.
Respourden.	5. l.
Quimpercorentin.	4. l.
Châteaulin.	5. l.
Le Fou.	4. l.
Landernau.	4. l.
Brest.	4. l.

On fait la route ci-dessus lorsqu'on peut disposer de sa voiture, & qu'on craint la mer. Autrement on va de Quimper à Locornan qui en est à trois lieues, & de Locornan à Lanvau qui en est à cinq, & ici l'on s'embarque pour traverser la rade qui n'a que trois lieues de trajet qu'on fait en cinq quarts d'heure lorsque le vent est favorable. L'on trouve toujours à Lanvau des bateaux tout prêts pour ce trajet.

Auray est une petite Ville, & un petit port

port de mer, où il n'y a, à proprement parler, qu'une belle rue, & un grand quay. Elle eſt connue par ſon commerce, & par la bataille qui s'y donna le 24. de Septembre de l'an 1364. entre Jean Comte de Montfort, & Charles de Blois. Jean IV. Duc de Bretagne, fonda une Chapelle dédiée à S. Michel, dans le champ où s'étoit donnée cette bataille, & le Duc François II. pria le Pape Sixte IV. de changer cette Egliſe Collégiale en un Couvent de Chartreux, ce qui fut fait le 21. d'Octobre 1480. & ce Monaſtere eſt aujourd'hui une des belles maiſons de cet Ordre.

Hennebon eſt une petite Ville ſur la riviere de Blavet, à deux lieues de ſon embouchûre dans la mer. On la diviſe en Ville neuve, Ville murée, & Ville vieille. L'Egliſe de Nôtre-Dame du Chef eſt Paroiſſiale, & ornée d'un aſſez beau clocher de pierre. On trouve dans cette Ville des Marchands fort riches, & des gens de condition de très-bonne compagnie.

Quimperlé eſt une petite Ville ſituée entre des montagnes dans une Preſqu'Iſle formée par la jonction de deux petites rivieres nommées *Iſole* & *Elle*, qui font ici un port capable de recevoir les plus groſſes barques, parce qu'il n'eſt éloigné de la pleine mer que d'une lieue, & qu'il y a un reflux de plus de six pieds. Le quay est bordé de plusieurs beaux magazins. Les Eglises les plus remarquables sont celle de l'Abbaye de Sainte Croix; celle de S. Sauveur qui est sur la grande Place, & celle de Nôtre-Dame. Au reste cette petite Ville est très-peuplée.

QUIMPERCORENTIN, *Civitas Curiosolitûm*, est une jolie Ville située au confluent de l'Oder, & d'une autre petite riviere nommée Benaudet. Le nom qu'elle porte aujourd'hui, vient de ses murailles; car *Quimper* en Breton signifie *entouré de murailles*, & de Corentin son premier Evêque. L'Eglise Cathédrale est une des plus grandes de la Province. Les Jésuites ont dans cette Ville un beau College, & l'Evêque un assez beau Palais. Ce dernier est Seigneur de la Ville. Le Pere Jean Hardouin, Jésuite d'un esprit & d'un sçavoir qui font honneur à nôtre siecle, est né à Quimper.

Landernau est le chef-lieu de la Baronie de Léon. Cette Ville se sert avec avantage de la riviere qui l'arrose, & qui va se rendre dans la rade de Brest. La Baronie de Léon est une des plus anciennes & des plus distinguées de Bretagne. Elle donne à celui qui la possede, le droit de présider à l'Ordre de la Noblesse, alternativement avec le Baron de Vitré.

Les Voyageurs qui auront du tems, pourront s'arrêter à Plougaſtel entre Landernau & Breſt, & voir dans l'Hôtellerie de ce lieu, un puits dont l'eau monte quand la mer qui eſt fort proche, deſcend, & au contraire deſcend quand la mer monte. L'on voit une explication de ce phenomene dans l'Hiſtoire de l'Académie Royale des Sciences, année mil ſept cens dix-ſept, page 9.

BREST, *Brivates portus*, un des plus beaux ports de mer qu'il y ait au monde. Cette Ville eſt petite, & ſes rues ſont étroites. Le Château eſt ſur un rocher eſcarpé du côté de la mer, & qui du côté de la terre eſt défendu par un large foſſé, & par quelques fortifications.

Quelque petite que ſoit cette Ville, elle l'étoit encore davantage avant l'an 1686. car cette année-là on réſolut de l'agrandir, & l'on commença à exécuter ce deſſein.

L'Egliſe de Nôtre-Dame étoit la ſeule Paroiſſe qu'il y eut dans Breſt, & comme elle fut compriſe, lors de l'agrandiſſement de la Ville, dans les fortifications du Château, les habitans furent obligez de ſe réduire à l'Egliſe ſuccurſale des *ſept Saints*, laquelle ſe trouvant trop petite pour un Peuple auſſi nombreux,

E ij

ils en demanderent une plus grande ; & il fut arrêté que les habitans contribueroient soixante & quinze mille livres, & le Roi vingt-cinq mille livres, pour être ces deux sommes employées aux bâtimens de l'Eglise Paroissiale. Les besoins de l'Etat empêcherent que les vingt-cinq mille livres promises par le Roi, ne fussent fournies ; & pour y suppléer, Sa Majesté permit aux habitans de Brest par ses Lettres Patentes du 26. Fevrier 1686. de lever un droit d'entrée de huit livres sur chaque tonneau de vin, & de quatre livres sur chaque tonneau de cidre ou de bierre. C'est avec le secours de cette imposition que les habitans ont fait bâtir une fort belle Eglise sous l'invocation de S. Louis, & qui a coûté plus de trois cens mille livres.

Les Jésuites ont ici une fort belle maison, & un beau jardin. C'est un Séminaire où ces Peres entretiennent un certain nombre d'Ecclésiastiques toujours prêts à s'embarquer sur les vaisseaux pour y servir d'Aumôniers. Ce Séminaire avoit été d'abord établi dans l'Eglise Collégiale de Falgouet, mais il fut ensuite transferé à Brest pour être plus à portée de fournir des Aumôniers aux armemens qui s'y font.

Les Carmes Déchaussez ont ici un

Couvent qui eſt ſitué fort près du Château. Le port eſt entre la Ville, & le faubourg de Recouvrance qui eſt auſſi grand que la moitié de la Ville.

Une tour qui eſt à l'oppoſite du Château, défend de ce côté-là l'entrée du port. L'Egliſe de Nôtre-Dame de Recouvrance eſt belle, & toujours fort frequentée. Le port eſt revêtu de deux beaux quais, & entouré de magazins où l'on trouve tout ce qui eſt neceſſaire pour les armemens. La rade eſt magnifique, & capable de contenir cinq cens vaiſſeaux de guerre : mais l'entrée en eſt difficile à cauſe des roches cachées ſous l'eau, & que d'ailleurs elle eſt fort étroite ; ce qui lui a fait donner le nom de *Goulet*

Breſt eſt dans le Dioceſe de *S. Paul de Leon.* Les rues de cette Ville ſont étroites, & mal tournées. Son aſſiéte ſur une colline qui ne lui permet pas de s'étendre le long de la mer, eſt cauſe qu'elles vont toutes en deſcendant. La grande rue, & celle de *Siam* ſous les plus belles.

Je dois avertir ici les Voyageurs que la diſtance des lieux qu'on trouve depuis Nantes juſqu'à Breſt, eſt très-infidelement marquée dans le Voyage de France qui fut imprimé chez Saugrain en 1720. On n'y compte que deux lieues de Nantes à Pontchâteau, quoiqu'il y en ait dix grandes. Deux lieues de Pontchâteau à la Roche-Bernard, & deux lieues de la Roche-Bernard à Vannes : ainsi selon cet habile Geographe il n'y a que six lieues de Nantes à Vannes, au lieu qu'il y en a vingt-deux.

Voyage de Paris à Nantes, en passant par le Perche, le Maine, & l'Anjou.

EN partant de Paris pour aller à Chartres, on peut passer par Versailles, ou par le Bourg-la-Reine, mais ces deux routes s'unissent à Bonelle, ou à Chartes, & de là à Nantes ; c'est toujours le même chemin. Voici l'un & l'autre de ces Itineraires.

Le Bourg-la-Reine.	2. l.	Versailles.	4. l.
Antoni.	1. l.	Trapes.	1. l.
Palaiseau.	1. l.	Cogneres.	2. l.
Bonelle.	4. l.	Les Essarts.	1. l.
S. Arnou.	2. l.	Fargis.	1. l.
Le Gué de Loré.	4. l.	Le Peré.	1. l.
Chartres.	6. l.	Rambouillet.	1. l.
		Maintenon.	5. l.
		Chartres.	4. l.

Palaiseau est un Bourg qui a pris son nom d'une petite Maison Royale qu'il y

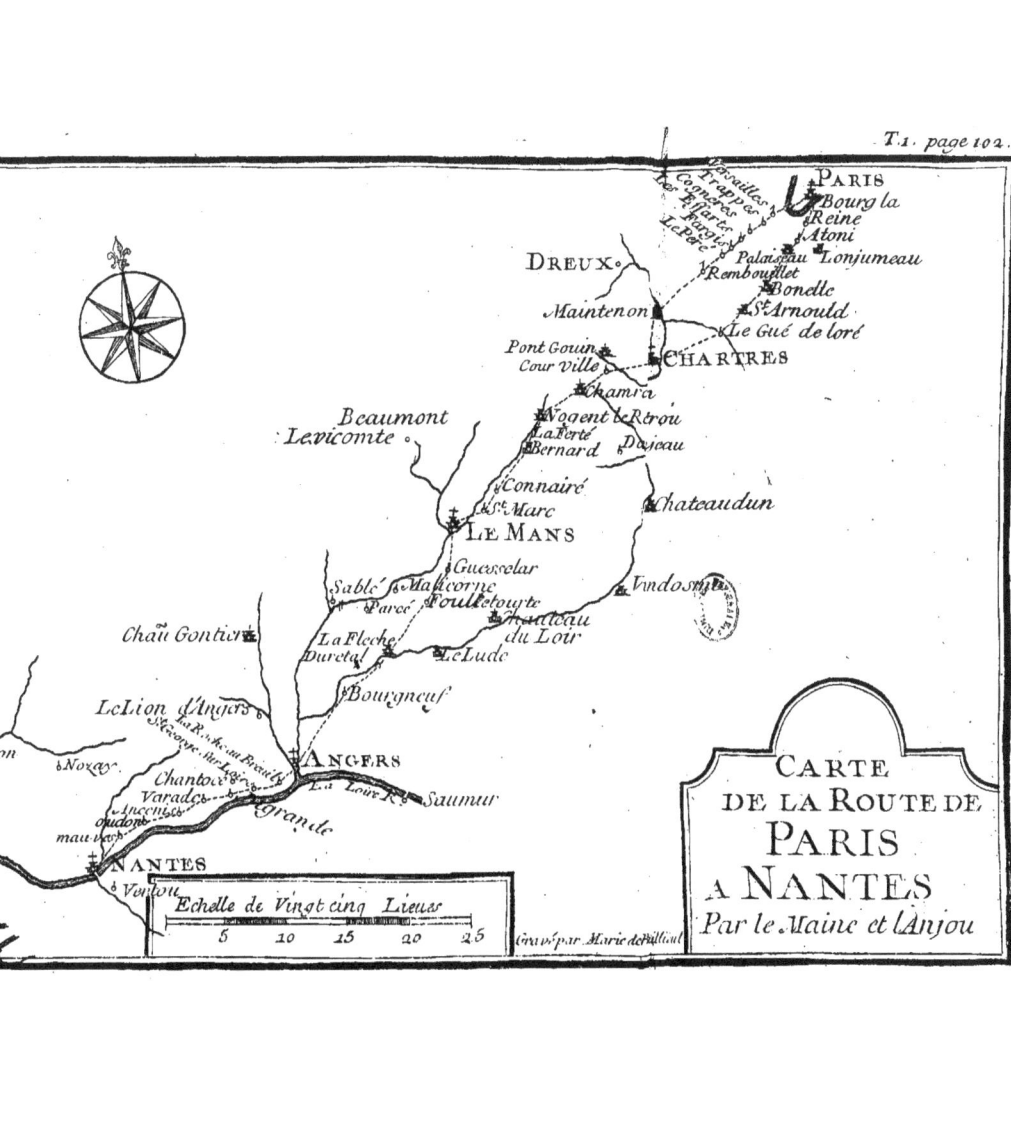

avoit autrefois, *Palatiolum.* Nous trouvons dans l'Histoire que S. Vandregesile Abbé, alla trouver le Roi Clothaire à Palaiseau où il demeuroit. Ce Bourg a aujourd'hui le titre de Marquisat, & a passé de la Maison d'Harville dans celle d'Arnaud Pomponne par le mariage de N. d'Harville Palaiseau avec Nicolas Simon Arnaud Marquis de Pomponne.

S. *Arnou.* Il y a eu plusieurs saints de ce nom, mais celui qui l'a donné à ce lieu-cy, étoit un homme marié qui fut tué au sixiéme siécle dans la forêt d'*Jveline*, & que sa femme *sainte Scariberge* inhuma elle même. On fait la Fête de ce saint le 18. Juillet. Au reste il ne faut pas confondre ce saint avec *saint Arnold*, Joueur de violon, qui étoit d'*Arnsviler* près de Duren au pays de Juliers, dont la Fête tombe aussi le 18. de Juillet.

RAMBOUILLET, *Rumbelittum*, *Ramboletum*, *Ramboliɛtum*, *Rambolettum*, *Rambuletum*, en Hurepois, est un Château superbe qui appartient à S. A. S. Monseigneur le Duc de Penthiévre Amiral de France. Je vais dire un mot du Village avant que de faire la description de cette magnifique maison. Le Village n'a qu'une rue, une Eglise & un beau Marché. Le chenil & la maison du Bailli sont des bâtimens neufs que S. A. S.

E iiij

Monseigneur le Comte de Toulouse a fait bâtir.

La situation du Château est assez triste, il est dans un fond au milieu des eaux & des bois. On y arrive par une fort longue avenue qui est en face du Château. À gauche regne un bâtiment neuf de cent vingt toises de long, & qui est décoré de trois avantcorps. C'est dans ce bâtiment que sont la Capitainerie, les cuisines, les offices, & les écuries. Au dessus il y a cinquante-quatre appartemens de Maîtres tous également bien meublez, & commodes.

La principale des écuries est pour cent deux chevaux, & est ornée de deux cens quatre têtes de cerfs, sculptées avec soin, & coloriées par des Portés. Les bois sont naturels.

Le Château est un bâtiment à l'antique, tout de brique, & flanqué de cinq grosses tours. La cour en est petite & fermée du côté de l'avenue par une trèsbelle grille de fer. L'appartement du Roi est grand, commode, & magnifiquement meublé. La premiere piece dont il est composé est une grande salle de cinquante pieds de long sur environ trente de large. Cette piece est toute lambrissée, & ornée des portraits de Louis XIV. de Monseigneur le Dauphin, de

M. le Dauphin son petit-fils, de Madame la Dauphine morte en 1712, du Roi d'Espagne & de feue la Reine d'Espagne. Une grande carte du Duché de Rambouillet peinte sur toile, & ornée d'une belle bordure, occupe un espace de vingt-sept pieds de long, sur douze de large. C'est un morceau magnifique dans son genre, & qui a coûté dix mille écus. Les autres appartemens au nombre de vingt-deux, sont tous différemment meublez & ne se ressemblent que par la propreté & la richesse des meubles. Les appartemens bas sont au rez-de-chaussée du jardin, & tous aussi-bien éclairez que ceux d'en-haut. Il y a une grande salle à manger qui est toute incrustée de marbre, & qui seroit une piece parfaite si elle n'étoit un peu basse. En face du Château du côté des jardins, est une grande piece d'eau de 180. toises de long qui en cet endroit communique avec un beau canal qui regne tout le long du jardin, & qui sans compter le retour qu'il a du côté de la futaye & du côté de l'abrevoir, a environ 380. toises de long, sur vingt de large.

Le jardin est fort grand, & est pour ainsi dire partagé en deux par le Château. D'un côté c'est un spacieux quinconce de tilleuls nouvellement plantez, & de l'au-

E v

tre ce font plufieurs compartimens de gazons & de fleurs, &c. parmi lefquels il y a une grande & belle piece d'eau. Le jardin de ce même côté, eft bordé par deux longues allées de tilleuls. Depuis quelques années Son Alteffe a fait faire une magnifique piece d'eau entre ce jardin & le grand chemin de Chartres. Elle a quatre-vingt-dix toifes de long fur quarante cinq de l'arge.

Le Parc contient deux mille quatre cens arpens, en y comprenant les agrandiffemens que le Prince y a fait faire en 1712. & 1713.

La foret, ou les bois qui appartiennent à Son Alteffe Sereniffime, confiftent en trente mille arpens, dans lefquels on a tracé plus de trois cens lieues de routes pour le plaifir de la chaffe.

Le Marquifat de Rambouillet paffa de la Maifon d'Angennes dans celle de Sainte Maure Montauzier ; de celle-ci dans celle d'Uzès. Elle fut enfuite vendue à M. d'Armenonville, qui la vendit à S. A. S. Monfeigneur le Comte de Touloufe. Jufqu'alors ce n'étoit qu'une Terre d'environ dix mille livres de rente; mais le grand Prince à qui elle appartient a fait depuis de fi grandes acquifitions, que cette Terre a aujourd'hui trente ou trente-cinq lieues de pourtour, & rapporte plus de trois cens mille livres de rente. Au reste elle a été érigée en Duché-Pairie l'an 1711. Les Historiens nous apprennent que François Premier mourut dans le Château de Rambouillet, & que son cœur fut porté dans l'Eglise des Religieuses de haute Bruyere où il est sous un pillier de marbre.

La forêt & le Château de S. Leger sont aujourd'hui de la dépendance du Duché & de la Terre de Rambouillet, depuis que S. A. S. Monseigneur le Comte de Toulouse a acquis la forêt de Montfort, que Sa Majesté avoit donnée au dernier Duc de Chevreuse en échange du Duché, & de la petite Ville de ce nom, l'an mil six cens quatre-vingt douze.

MAINTENON, *Mesteno*, de ce mot latin l'on a fait *Mestenon*, & enfin *Maintenon*. Cette petite Ville qui ne renferme qu'environ deux cens maisons, est à quatorze lieues de Paris, & à quatre de Chartres, & est située sur la riviere d'Eure dans une vallée très-fertile. La plus ancienne Eglise de cette petite Ville est le Prieuré de sainte Marie qui fut fondé vers l'an 900. par les Seigneurs de Maintenon pour des Moines Bénédictins qu'ils y firent venir de Marmoutier. Il paroît par des titres que dès l'an 1500. les calamitez publiques aufquelles fe joignit felon la tradition un incendie confidérable qui en détruifit les bâtimens, obligerent les Moines qui l'occupoient de fe retirer; & comme ils n'ont pas jugé à propos d'y revenir depuis, ce n'eft aujourd'hui qu'un Prieuré Commendataire qui eft à la nomination de l'Abbé de Marmoutier. L'Eglife de S. Nicolas fut fondée par les anciens Seigneurs de Maintenon pour fervir de Paroiffe au Château ; mais la modicité du revenu l'ayant fait abandonner, Jean Cottereau Seigneur Baron de Maintenon, & qui avoit été à la tête de la Finance fous Louis XII. fit reparer cette Eglife comme on la voit à préfent, & y mit des Chanoines. Les Lettres de fondation & dotation font du mois de Fevrier 1521. & ont été confirmées par le Pape Clement VII. le 9. de Novembre 1526. Ce Chapitre eft compofé de fix Chanoines qui ont un Doyen à leur tête qui eft Curé du Château, & des maifons qui font aux environs. L'Eglife de S. Pierre eft la principale Paroiffe de cette Ville. Elle eft affez belle, & a été bâtie pendant les travaux que Louis XIV. y fit faire en 1687. La place où fe tient le marché eft belle, & a des halles bâties fur le modele de celles de Paris. Cette place fert auffi d'avenue au Château qui n'eft confiderable que par son antiquité. L'on ne trouve rien des anciens Seigneurs de cette Ville jusques à Jean Cottereau, dont j'ai parlé, qui aquit cette Terre, comme il paroît par le titre de fondation du Chapitre de S. Nicolas. Ce Ministre avoit épousé Marie Turine de Blois, & géra les Finances avec beaucoup de fidelité sous les Rois Louis XI. Charles VIII. Louis XII. & François I. desquels il fut fort aimé & estimé, surtout de Louis XII. pour lequel il avoit eu un attachement particulier dès le tems même qu'il n'étoit que Duc d'Orléans. Marot dans son Livre intitulé *le Cimetiere*, fait l'éloge de ce Ministre qu'il dit avoir été *trop honnête homme pour un Financier*. Après la mort de Louis XII. Cottereau se retira dans son Château de Maintenon qu'il fit rebâtir dans la forme où l'on le voit présentement, à quelques changemens près, qui ont été faits depuis, pour la régularité des dedans. Il ne laissa que des filles, par le mariage de l'une desquelles la Terre de Maintenon passa dans la Maison d'Angennes, où elle est demeurée jusqu'en mil six cens soixante & quinze, qu'elle fut achetée par Françoise d'Aubigné si fameuse sous le Regne de Louis XIV. en 1690. Cette Terre fut augmentée de celles de S. Piat, Grongneul, &c.

& fut érigée en Marquifat Pairie relevant directement au Parlement. Après la mort de Françoife d'Aubigné, le Marquifat de Maintenon a paffé dans la Maifon de Noailles, à caufe de Françoife d'Aubigné niéce de feue Madame de Maintenon, laquelle époufa le premier d'Avril 1698. Adrien Maurice, aujourd'hui Duc de Noailles.

CHARTRES *Autricum*, *Civitas Carnutûm*; M. de Valois croit qu'on lui a donné le nom d'*Autricum*, de la riviere d'*Eure* fur laquelle elle eft fituée, & que les Latins nomment *Autura*. La Ville de Chartres eft une des plus anciennes du Royaume; & fi l'on en croit la tradition du pays, elle remonte fon antiquité jufques dans des tems fort voifins du déluge. Elle eft féparée en deux par la riviere d'Eure. La plus confiderable eft élevée fur une colline, & fes rues font fort étroites, ce qui marque fon ancienneté. La Tour du Roi fert de Palais pour rendre la Juftice. Les Halles font la plus belle Place qu'il y ait à Chartres. Cette Ville a neuf portes dont il y en a trois de murées. Elles ont toutes fur le haut l'Image de Nôtre-Dame, ancienne Patrone de la Ville. Si l'on pouvoit ajoûter foi à la tradition, l'antiquité de l'Eglife Cathédrale, qui eft fous l'invocation de la

Vierge, ne seroit gueres moins reculée que celle de la Ville, puisqu'elle veut que ce fut autrefois un Temple des Druides, dédié à la Vierge, qui devoit enfanter, *Virgini paritura*. Ce qu'il y a de certain c'est que cette Eglise fut consumée par le feu du Ciel l'an 1020. & qu'elle fut rétablie aussitôt sur les anciens fondemens en l'état qu'on la voit aujourd'hui, par les soins de Fulbert qui en étoit pour lors Evêque. D'autres disent que ce fut par Yves de Chartres qui la fit faire de pierre, au lieu qu'elle n'étoit auparavant que de bois : *Ex lignea lapideam, ex vili reddidit pretiosam.* Aujourd'hui son Chœur, son Eglise souterraine, & ses deux clochers, la rendent une des plus belles du Royaume. Au pourtour du Chœur on voit tous les mystères de la Vie de J. C. sculptez en pierre, que les connoisseurs regardent comme un ouvrage parfait. Le Séminaire est un assez beau bâtiment qui a été élevé sous l'Episcopat de M. de Neuville-Villeroi. Il est sous la direction de Messieurs de la Mission, & on y observe une discipline fort réguliere. Il y a à Chartres plusieurs Paroisses, plusieurs Maisons Religieuses, un Hôpital général établi en 1556. & la Maison de six vingts Aveugles fondée en 1294. par Renaud Barbou, Bailli de Rouen.

A une lieuë de Chartres dans la Paroiſſe de *Sours*, il y a un Hameau nommé *Bretigni*, qui eſt fameux dans nôtre Hiſtoire par le Traité de paix qui y fut conclu l'an 1360.

Courville.	4. l.
Champrond.	3. l.
Nogent-le-Rotrou.	6. l.
La Ferté-Bernard.	4. l.
Connairé.	1. l.
S. Marc.	2. l.
Le Mans.	3. l.
Gueſſelard.	3. l.
Foulletourte.	3. l.
La Fleche.	4. l.
Durtal.	2. l.
Bourneuf.	3. l.
Angers.	4. l.
Chantocé.	3. l.
Ingrande.	3. l.
Ancenis.	4. l.
Oudon.	2. l.
Mauves.	2. l.
Nantes.	3. l.

Nogent-le-Rotrou, *Novigentum Rotroci*, n'eſt qu'un Bourg, mais ſi grand & ſi peuplé, qu'il eſt plus conſiderable que Mortagne. Il eſt ſitué ſur la riviere d'Huine, & a pris ſon ſurnom de Rotrou Comte du Perche qui en étoit le Seigneur, & peut-être le Fondateur. Louis XIV. l'érigea en Duché-Pairie l'an 1651. en faveur de François de Bethune, qui obtint un Arrêt qui ordonne que le surnom de *Rotrou* soit supprimé, & qu'à l'avenir on appelle ce Bourg *Nogent-le-Bethune*. Ce nouvel usage n'a été observé que dans les Actes judiciaires ; car par tout ailleurs le Public s'est obstiné à dire toujours *Nogent-le-Rotrou*. Au reste cette Seigneurie étoit auparavant son érection en Duché, une Baronie qui fut acquise par Maximilien de Bethune Duc de Sully, par échange avec le Prince de Condé. Il la laissa avec clause de substitution à la branche de Bethune Orval, qui la possede encore. La Terre de Montigny y est jointe. Il y a cent Fiefs qui relevent de l'une & de l'autre, & plus de quarante Justices.

Le Mans, *Suindinum, Subdinnum, Civitas Cenomannorum, Civitas Cenomanorum, &c.* est une Ville Episcopale, & la Capitale de la Province du Maine. Sans adopter les fables que quelques Ecrivains ont débitées sur ses fondateurs, on peut assûrer qu'elle est fort ancienne. Sa situation est au Nord-ouest sur une colline qui s'éleve au dessus de la riviere de Sarte à main gauche. Le Mans passoit du tems de Charlemagne, pour une des plus grandes & des plus riches Villes du Royaume; mais les courses des Normans dans le neuviéme siecle, les guerres des Comtes d'Anjou & des Ducs de Normandie dans le douziéme, & les incendies qu'elle a soufferts en divers tems, l'ont beaucoup diminuée. Guillaume le Conquerant, Duc de Normandie & Roi d'Angleterre, y fit bâtir un Château qui fut démoli en 1617. par le Comte d'Auvergne, en consequence des ordres du Roi, qui appréhendoit que les Princes mécontens ne s'en rendissent les maîtres. Sans entrer dans les sieges, & les malheurs que cette Ville a essuyez presque dans chaque siecle, on sçait qu'elle embrassa le parti de la ligue sous Henri III. & Henri IV. Le Maréchal de Boisdauphin à la tête de cent Gentilshommes, & de vingt Compagnies d'Infanterie, se jetta dedans pour la défendre; mais après avoir employé vingt-cinq mille écus en fortifications aux dépens des habitans, après avoir brûlé pour cent mille écus de maisons, & ruiné le plat pays pour plus de six cens mille livres, il fut obligé de rendre la Ville par composition au Roi Henri IV. le 2. de Décembre 1589. Il y a dans cette Ville & dans ses fauxbourgs seize ou dix-sept paroisses, qui renferment trois mille deux cens feux, & environ quatorze ou quinze mille ames.

L'Eglise Cathédrale fut d'abord sous l'invocation de la Vierge, puis de S. Gervais, & en 1201. de *S. Julien*. On remarque à l'entrée une horloge d'une invention merveilleuse, que le Cardinal Philippe de Luxembourg fit faire pendant son Episcopat. On remarque aussi dans la même Eglise un monument plus instructif. C'est l'épitaphe en cuivre émaillé de Geoffroy le Bel Comte du Maine, fils de Foulques Comte d'Anjou & du Maine, qui mourut le 7. de Septembre de l'an 1150. Outre cette épitaphe, on remarque aussi dans la même Eglise, à droite, près le mur du Chœur, en dehors, un tombeau de marbre, & d'une architecture de très-bon goût. C'est le mausolée de Charles d'Anjou Comte du Maine, qui mourut le 10. d'Avril de l'an 1472.

Les Prêtres de l'Oratoire ont le College de cette Ville, qui fut fondé en 1624. au mois de Novembre.

Outre le Clergé, la Ville du Mans ne manque pas de Communautés Religieuses, parmi lesquelles les Abbayes de S. Vincent & de la Couture, l'une & l'autre de l'Ordre de S. Benoît, tiennent le premier rang. Pierre Bellon, Docteur en Medecine ; François Grudé connu sous le nom de *la Croix du Maine*; Marin Mersenne, Marin Cureau de la Chambre, Medecin, & un des Quarante de l'Académie Françoise ; & Bernard Lamy, Prêtre de l'Oratoire, étoient nez dans cette Ville.

LA FLECHE, *Flecchia Castrum, Fissca, Fixa, Castrum Fissa, Castrum Fissa, Flexia*, sur le Loir, est une Ville fort agréable, située aux extrémités de l'Anjou vers le Maine, dans un grand & agréable vallon dont les côteaux sont couverts de vignes & de bocages. Il n'y a qu'une seule Paroisse dans cette Ville, qui est desservie par un Curé, un Vicaire, douze Habitués, & autant de Chantres. On compte dans la Fleche environ six mille habitans. Cette Ville est redevable au Roi Henri IV. de la consideration où elle est à présent C'est ce grand Prince qui y établit le Présidial, la Maréchaussée, & qui y fonda un magnifique College de Jésuites en 1603.

Il y avoit un ancien Château au milieu du pont, dans une petite Isle de la riviere, bâti par les anciens Seigneurs de la Fleche. Ce Château qui avoit soûtenu des sieges de six mois, est à présent démoli, & les Carmes ont bâti leur Couvent sur ses ruines. Françoise d'Alençon, femme de Charles I. Duc de Vendôme, & ayeule du Roi Henri le Grand, fit bâtir l'an 1540. un autre Château, de l'autre côté de la Ville, qui fut appellé *le Château neuf*, lequel fait aujourd'hui la face de la grand-cour, & un des corps de logis du College. On voit encore sur les vitraux de l'étage qui est au rez de chauffée, les armes de cette Duchesse, celles de François de Bourbon Comte de Vendôme, & de Marie de Luxembourg sa femme, pere & mere dudit Charles; celles de René Duc d'Alençon, & de Marguerite de Lorraine, pere & mere de la Duchesse Françoise; & celles de Jean Duc d'Alençon son ayeul, & de Marie d'Armagnac sa grand-mere.

Le Château du feu Marquis de la Varane est un des plus beaux ornemens de la Fleche. Henri IV. le fit bâtir pour Guillaume Fouquet de la Varane, son favori, qui étoit né dans cette Ville. C'est dans son espece la plus belle maison de Particulier qu'il y ait dans aucune Ville de France. Elle est bien bâtie, & accompagnée d'eaux, de jardins, de prairies, & d'un très-beau mail. Le Château & les jardins sont entourez de quatre grands canaux très-larges, dans lesquels coule la riviere du Loir. Les meubles répondoient à la magnificence de la maison, & étoient dignes du Roi Henri le Grand qui les donna. On y admiroit sur tout un magnifique service de vermeil doré, cizelé en perfection ; & une tapisserie qui représente l'histoire de Joseph, & est admirable pour le dessein & la vivacité des couleurs. J'ai vû aussi, dans un cabinet, les armes qu'avoit Henri le Grand à la journée de Fontaine Françoise.

Le College Royal de la Fleche a été fondé & donné aux Jésuites par le Roi Henri le Grand en l'année 1603. par Lettres expédiées à Rouen au mois de Septembre. Il donna pour cet établissement son Château neuf, avec son jardin & son parc ; mais pour faire les corps de logis tels qu'ils sont aujourd'hui, il falut acheter plus de trente maisons & jardins. C'étoit la même où le Présidial tenoit ses séances, & ce bâtiment ne fait que la face de la cour Royale ; tout le reste a été ajoûté par la libéralité de l'auguste Fondateur, secondée par celle du Roi son successeur, & des épargnes de la Maison.

On y voit trois grandes cours bordées de trois grands quarrés de corps de logis avec deux grandes basses-cours, & tout cela de suite & de plain pied. Il y a un canal d'eau vive qui vient de la riviere du Loir, & qui coule tout le long des bâtimens du côté du jardin.

La premiere cour que l'on trouve en entrant, est pour les Peres ; la seconde pour les classes, & la troisiéme pour les Pensionnaires.

L'Eglise de ce College est grande & belle. L'on y voit les cœurs du Roi Henri le Grand, & de la Reine Marie de Medicis sa femme. Ces deux dépôts sont tous les ans honorez le 4e jour du mois de Juin, par un Anniversaire solemnel, où l'on fait un panegyrique de ce grand Monarque. L'on voit contre le mur à gauche du grand-Autel, le buste de Guillaume Fouquet, Marquis de la Varane, accompagné de cette Epitaphe :

Cy gist Haut, & Puissant Seigneur Messire Guillaume Fouquet de la Varane, Seigneur & Marquis du Lieu : Gouverneur des Villes & Châteaux d'Angers & de la Fleche : Lieutenant Général pour le Roi en Anjou, qui ayant été chéri de son Roi, Henri le Grand, lui fit aussi aimer la Compagnie de Jesus, & par son crédit lui procura pour College cette Maison Royale.

A droite du grand-Autel, on voit un autre monument & une épitaphe, qui nous apprend qu'il a été érigé en l'honneur de Catherine Fouquet de la Varane, fille de Guillaume Fouquet dont je viens de parler, & femme de Claude de Bretagne, Comte de Vertus, &c. morte à Paris le 12. May de l'an 1670.

Le corps de logis qui répond à l'Eglise, contient une grande & nombreuse Bibliotheque, d'un côté ; & de l'autre, une salle magnifique, qui sert à la représentation des Actions publiques du College.

On y voit aussi une gallerie décorée de peintures qui représentent les principales actions de la vie d'Henri le Grand, & la suite généalogique de ses ancêtres depuis S. Louis. Les peintures d'en haut contiennent les noms, armes & alliances des Seigneurs de la Fleche depuis environ l'an 1070.

Durtal, *Durostallum*, *Durstallum*, sur la riviere du Loir, fut bâtie l'an 1040. par Foulque Nerra Comte d'Anjou. Cette Ville porte le titre de Comté, & appartient à la Maison de la Rochefoucaud. *Le Lude* relevoit autrefois de Durtal, & ce fut le Maréchal de Schomberg qui en remit la mouvance à Timoléon de Daillon Comte du Lude. Il y a deux Paroisses à Durtal, & l'on y compte deux cens quatre-vingt-deux feux.

ANGERS,

ANGERS, *Juliomagus Andicavorum, Andegavum*, est la capitale de l'Anjou, & est située un peu audessus de l'endroit où le Loir & la Sarte se perdent dans la Mayenne. Cette derniere riviere partage la Ville d'Angers presque également. La premiere enceinte de cette Ville fut faite par Jean Sans-terre Roi d'Angleterre, & Comte d'Anjou. Le Prince Louis, fils de Philippe-Auguste, & qui regna depuis sous le nom de Louis VIII. fit démolir les murs d'Angers; mais S. Louis son fils étant parvenu à la Couronne, les fit rétablir de la maniere qu'on les voit aujourd'hui. On employa quatre ans entiers à cet ouvrage, & il ne fut absolument achevé que l'an 1232. Cette Ville renferme neuf mille feux, & environ trente-six mille habitans. On y compte seize Paroisses, dont douze sont dans la Ville, & quatre dans les fauxbourgs. Elles sont toutes franches de taille, à l'exception d'une qui est en partie tailliable. Outre les Eglises Paroissiales il y a dans Angers huit Chapitres, & un grand nombre de Couvens d'hommes, ou de filles.

L'Eglise Cathédrale est remarquable par trois clochers fort hauts qui sont sur son portail, dont celui du milieu semble être suspendu en l'air, n'étant appuyé que sur les fondemens des deux autres. La voûte de cette Eglise est fort haute, & fort large, & d'autant plus hardie, qu'elle n'est soûtenue d'aucun pilier, ce qui rend la nef très-dégagée, & fort belle. Le Chœur est aussi fort beau ; & cette Eglise renferme un trésor que l'on ne montre que les grandes Fêtes. Le Jeudi Saint après la Messe, l'Evêque & le Doyen vont dans le Cloître laver les pieds à douze enfans de l'Hôpital, & cette cérémonie est particuliere en ce que l'Executeur de la haute Justice fait ici la fonction de Bedeau.

Le Séminaire est un assez beau bâtiment qui a été établi par le feu Evêque d'Angers, Michel le Pelletier, & il est associé à la Congrégation de S. Sulpice de Paris.

Dans le Cimetiere de l'Eglise Collégiale de S. Julien, l'on remarque une grosse urne de pierre qui sert de base à la Croix. Elle renfermoit les cendres d'une Dame Payenne, avec cette Inscription : *Uxori optima Tit. Flavius Aug. lib. Asiaticus.* Feu M. de Tillemont croyoit que ce Titus Flavius étoit l'un des affranchis de l'Empereur Vespasien, ou de Tite, ou de Domitien, ses enfans, qui avoient tous trois le nom de *Titus Flavius.*

L'Eglise Collégiale de S. Pierre est d'une haute antiquité, & mérite d'être visitée par les Curieux. Les statues de S. Pierre & de S. Paul, qui ornent le Maître-Autel, sont anciennes & parfaitement belles. La draperie sur-tout est admirable. Dans la nef l'on remarque deux cercueils de pierre fort anciens, & engagés dans le mur.

Le Sacre d'Angers, c'est-à-dire, la Procession du jour de la Fête-Dieu, est une des plus curieuses qui se fasse dans le monde chrétien, & attire ici un grand concours de peuple des Provinces voisines. Cette cérémonie a été principalement instituée pour être dans tous les siecles une réparation publique de l'hérésie de Berenger, Archidiacre d'Angers, qui a été le premier dogmatiseur contre la présence réelle.

Le Château d'Angers est sur un rocher, & entouré de fossez à fond de cuve, taillez dans le roc, qui est escarpé du côté de la riviere qui coule au pied, & de laquelle on éleve avec une machine très-commode toutes les munitions qui lui sont nécessaires. Ce Château a été bâti par le Roi S. Louis, à l'occasion des guerres que les Anglois & les Bretons faisoient à la France. Il est flanqué de plusieurs grosses tours rondes, & d'une demi-lune qui est à la porte du faubourg. Il y a au pied de ce Château une chaîne que l'on tend à la tour *Guillot*, lorsque l'on veut fermer l'entrée de la riviere.

L'Hôtel de Ville est un assez beau bâtiment qu'on dit avoir été élevé du tems que Pierre Poyet, frere aîné du Chancelier de ce nom, étoit Maire d'Angers. L'on remarque dans le jardin de cet Hôtel une statue de Louis XIV. laquelle fut érigée en 1685.

Au reste il y a dans cette Ville Evêché, Présidial, Prévôté, Hôtel des Monnoyes, Jurisdiction Consulaire, Election, Université, Académie de beaux esprits, Académie à monter à cheval, & pour les autres exercices; Grenier à sel, Traites Foraines, Bureau du Tabac, Maréchaussée, &c.

Quant aux descriptions de Chantocé, d'Ingrande, d'Ancenis, & de Nantes, le Lecteur peut les voir dans le Voyage précédent.

La route de Paris à Nantes par la poste, en passant par le Perche & le Maine, est de Paris à Versailles, deux postes. Trappes, p. Connieres, p. Rambouillet, p. & d. Maintenon, 2. p. & d. Chartres, 2. p. Courville, 2. p. La Loupe, p. & d. Nogent-le-Rotrou, 2. p. & d. La Ferté Bernard, 2. p. Conairé, 2. p. S. Marc,

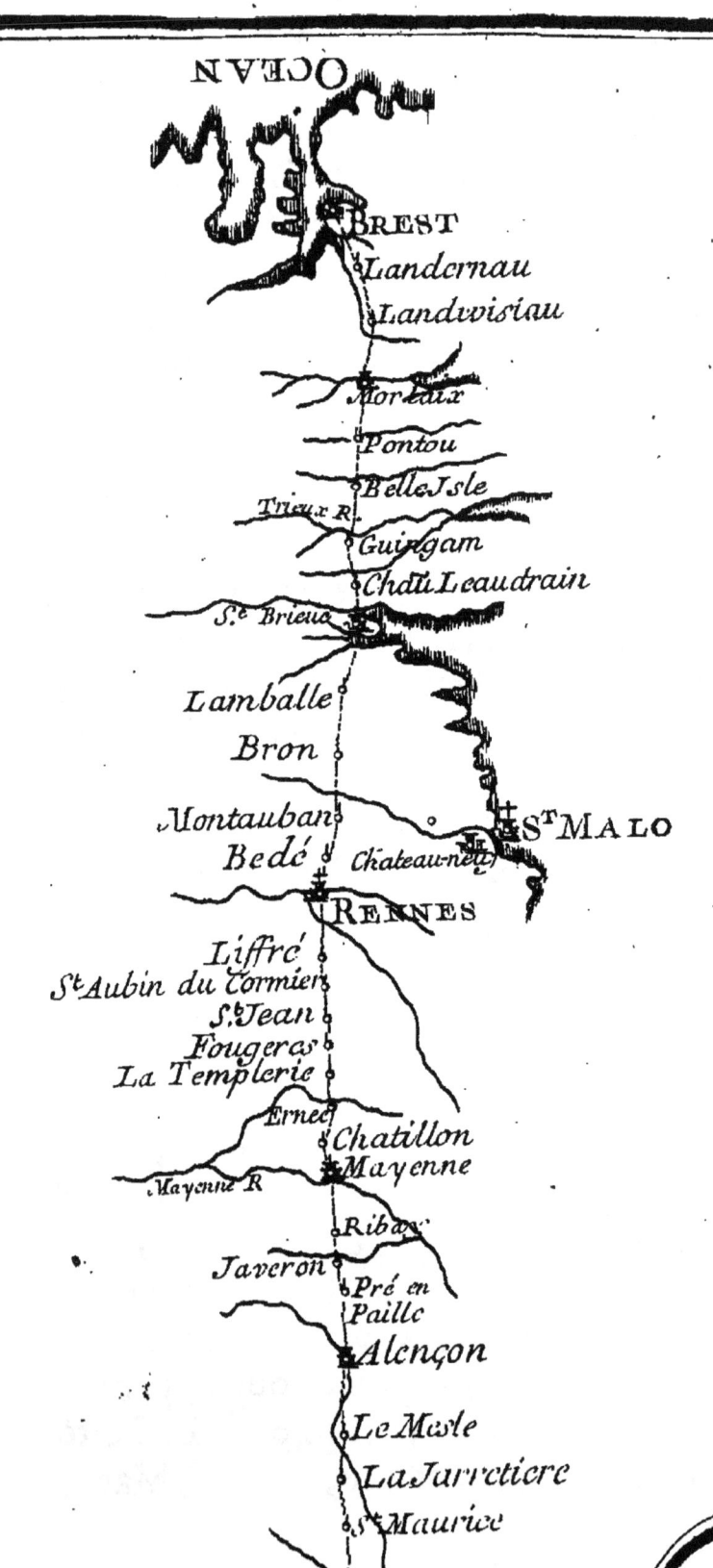

p. Le Mans, p. & d. Foulletourte, 3. p.
La Fleche, 2. p. Le Bourg neuf, 2. p.
& d. Angers, 2. p. & d. La Roche au
Breuil, p. Saint Georges, p. Chantocé,
p. Varade, p. & d. Ancenis, p. Oudon, p. Mauves, p. Nantes, p. & d.

Voyage de Paris à Brest par Alençon, & par Rennes.

EN partant de Paris l'on va à Séve, & à Versailles ou à S. Cloud, & à Villepreux. Chacun suit là-dessus ou son goût, ou la voiture qu'il a prise pour faire le voyage. Ces deux chemins differens se joignent à Neaufle-le-Châtel qui n'est qu'à huit lieues de Paris.

Séve.	2. l.	S. Cloud.	2. l.
Versailles.	2. l.	Vaucresson.	1. l.
S. Cyr.	1. l.	Roquencourt.	1. l.
		Villepreux.	2. l.
3. l.	Neaufle-le-Châtel.		2. l.
	La Queue.		2. l.
	Dreux.		6. l.
	Bressolle.		5. l.
	S. Maurice.		5. l.
	La Jarretiere.		3. l.
	Le Mesle.		3. l.
	Alençon.		5. l.

Séve, autrefois *Sevre*, est un Village à deux lieues de Paris, situé dans la gorge de deux montagnes, entre S. Cloud & Meudon, & au pied duquel passe la riviere de Seine. Ce Village a pris son nom d'un ruisseau qui coule dans toute sa longueur, & qui dans les Chartes & les Titres latins, est nommé *Marinellum*, *Savara*, *Savra*, & *Separa*, & est qualifié du nom de fleuve. Il en est fait mention dans des Lettres du Roi Childebert, & du Roi Charles le Chauve. *Forestam agnaticam*, dit le dernier, *à fluvio Savræ usque Cambreias Monachis S. Dionysii conferimus*. Il est parlé en mêmes termes de cette donation dans un vieux manuscrit de l'Abbaye de S. Denis, dans lequel il est dit en parlant de Charles le Chauve, *dedit forestam aquaticam, quæ à fluvio Savara est usque Cambreias*, c'est-à-dire, comme il est expliqué dans un procès verbal de l'an 1497. que feu M. de Valois avoit vû, *depuis le fleuve de Savre, dit autrement Marinel, près S. Cloud, jusques au Ru de Chambries, appellé Tancul, près le port-Aupec, au-dessous de S. Germain en Laye.*

Il faut ou que ce fleuve ait tari, ou qu'on ait gratifié de ce grand nom une rigole qu'on y voit encore, & qui mérite à peine le nom de ruisseau. Il y a deux ou trois belles maisons à Séve : mais les

Curieux y vont admirer un bâtiment, qui dans son espece est peut-être unique dans le monde, ce sont les caves que feu d'*Arboulin*, Marchand de Vin du Roi Louis XIV. a fait ouvrir dans la montagne, & qui peuvent contenir environ six mille pieces de vin. Comme d'Arboulin envoyoit tous les ans des vins aux différentes armées du Roi, il étoit obligé d'entretenir un grand nombre de chevaux qu'il employoit tous les hyvers aux travaux de cette cave, qui sans ce secours auroit coûté infiniment.

Roquencourt est un Village avec Château, à un quart de lieue de Versailles, qui a pris son nom d'un de ses anciens Seigneurs appellé Ruccon, ou Roccon, *Rocconis curtis.*

Villepreux, *Villa petrosa*, *Villapirorum*, *Villa puerorum*, petit Bourg, dont l'Eglise Paroissiale est sous l'invocation de S. Nicolas.

Neaufle-le-Châtel, autrefois Neaufle le Perreux, *Nidalfa Petrosa*, est un petit Bourg du Pays Chartrain, qui a été ainsi nommé par opposition à Neaufle l'Evieux, *Nidalfa aquosa*, c'est-à-dire, *Neaufle-l'arrosé*, car en gaulois *Eve* signifie de l'eau. Le Peuple qui n'approfondit rien, au lieu de dire *Neaufle l'Evieux*, dit Neaufle le vieux. *V.* M. de Valois.

DREUX, *Durocassis, Durocasis, Durocassæ, Durocasa, Drogas Castrum, Durcasinum Castrum*, à seize lieues de Paris, est sur la petite riviere de Blaise, au pied d'une montagne sur laquelle il y a un Château presque ruiné. Cette petite Ville passe pour être d'une antiquité gauloise, & avoir pris son nom des anciens Prêtres Gaulois appellés *Druides*, que les Peuples de ce pays avoient dans le tems du paganisme pour célébrer les mysteres de leur Religion. Elle a à présent une Eglise Collégiale qui est desservie par douze Chanoines, & deux Paroisses, dont celle qui porte le nom de S. Pierre est dans la Ville, & la plus considerable. Celle de S. Jean est dans le faubourg. Outre ces Eglises, il y a un Couvent de Capucins, un de Filles du S. Sacrement, & un Hôtel-Dieu. *Dreux* a titre de Comté que Charles V. réunit à la Couronne en 1377. Le Poëte *Rotrou*, & *Antoine Godeau* Evêque de Vence, ont fait honneur par leurs écrits à la Ville de Dreux où ils étoient nez. Ce fut dans la plaine qui est au-dessus de Dreux, entre les rivieres d'Eure & de Blaise, que se donna une fameuse bataille au mois de Décembre 1562. entre l'armée du Roi, & celle des Calvinistes rebelles.

Henri le Grand assiégea Dreux en

1593. & s'en rendit maître après un siége de 18. jours, pendant lesquels les assiégeans & les assiégés donnerent de grandes marques de valeur.

Quelquefois au lieu de passer à la Jarretiere, l'on va de S. Maurice à Mortagne, & de Mortagne à Mesle, mais pour lors la route est plus longue d'environ une lieue.

Mortagne, *Moritonium, Moritonia*, quoiqu'une petite Ville, est regardée comme la capitale du Perche, cependant cette primauté lui est disputée par la Ville de Bellesme.

Les Voyageurs qui cherchent l'édification, vont ordinairement d'ici à l'Abbaye de la Trappe, où feu Armand-Jean Bouthillier de Rancé a établi une réforme fameuse dans tout le monde chrétien.

LA TRAPPE, ou *Nôtre-Dame de la Maison-Dieu*, est une Abbaye de l'Ordre de Cîteaux, située dans le Diocèse de Séez, vers les confins de la Normandie & du Perche. Elle fut fondée l'an 1140. par Rotrou, Comte du Perche. Le relâchement où elle étoit tombée, porta Armand-Jean Bouthillier de Rancé qui en étoit Abbé Commendataire, à exhorter les Religieux à demander eux-mêmes qu'elle fut mise entre les mains des Peres de l'étroite Observance de l'Ordre de Cîteaux, pour y établir la premiere & véritable pratique de leur Regle ; ce qui fut fait par un Concordat passé avec l'Abbé & les anciens Religieux de la Trappe le 17. d'Août de l'an 1662. L'Abbé de Rancé qui s'étoit retiré du monde depuis quelque tems, obtint du Roi la permission de tenir cette Abbaye en regle, & prit l'habit régulier en 1663. dans le Couvent de Perseigne, ou après l'année du noviciat il fit profession le 26. de Juin de l'an 1664. Lorsqu'il eut reçu de Rome ses expéditions pour tenir en regle l'Abbaye de la Trappe, il s'y rendit le 14. de Juillet suivant, & ne songea plus qu'à inspirer par son exemple aux Religieux dont il étoit devenu le pere, le désir de reprendre des austérités & des pénitences qui seroient au-dessus des forces humaines, si ceux qui les pratiquent, n'étoient soûtenus par la grace de Dieu. Cette sainte troupe commença par s'abstenir de boire du vin, de manger des œufs & du poisson, & ajoûta à ces mortifications le travail des mains pendant trois heures chaque jour.

L'Eglise n'a rien de remarquable pour l'architecture, ni les ornemens. Elle a vingt-deux toises de long, sur neuf de large ou environ. Le Maître-Autel est fort simple, & il n'y a qu'un petit Crucifix d'ébene. Au-deſſus eſt une Image de la Vierge tenant ſon Fils ſur le bras gauche, & de la main droite la ſuſpenſion de l'Euchariſtie. Le Chœur des Religieux eſt garni de trente-ſix chaiſes hautes, & de trente baſſes. A l'*Agnus Dei* de la grand'Meſſe, les Religieux s'embraſſent par un ſaint baiſer de paix.

Ces ſaints Anachoretes ſe couchent à huit heures en êté, & à ſept en hiver. Ils ſe levent la nuit à deux heures pour aller à Matines qui durent ordinairement juſqu'à quatre heures & demie, parce que, outre le grand Office, ils diſent auſſi celui de la Vierge, & entre les deux ils font une méditation de demi-heure. Au ſortir de Matines, ſi c'eſt en êté, ils peuvent s'aller repoſer dans leurs cellules juſqu'à Primes ; mais l'hiver ils vont dans une chambre commune où chacun lit en ſon particulier. Les Prêtres prennent ordinairement ce tems pour dire la Meſſe. A cinq heures & demie ils diſent Primes, & vont enſuite au Chapitre où ils ne demeurent qu'environ demi-heure, excepté certains jours où ils y demeurent plus longtems à cauſe des prédications que leur fait l'Abbé, ou le Prieur. Sur les ſept heures ils vont travailler, les uns à labourer la terre, les autres à la cribler, d'autres à porter des pierres, &c. Lorsque le tems ne permet pas de sortir, ils nettoyent l'Eglise, balayent les Cloîtres, écurent la vaisselle, font la lescive, épluchent des légumes, ratissent des racines, & le tout sans jamais se parler. Il y a aussi des lieux destinez à travailler à couvert, où plusieurs Religieux s'occupent, les uns à écrire des Livres d'Eglise, les autres à en relier; quelques-uns à la menuiserie, & d'autres à des ouvrages de tour. Quand ils ont travaillé une heure & demie, ils vont à l'Office qui commence à huit heures & demie. On dit Tierces, & ensuite la Messe, & Sextes, après quoi ils se retirent dans leurs cellules où ils s'appliquent à quelque lecture édifiante. Cela fait, ils vont chanter Nones, si ce n'est aux jours de jeûne de l'Eglise que l'Office est retardé, & qu'on ne dit Nones qu'un peu avant midi. De-là ils se rendent au Refectoir qui est fort grand. Il y a un long rang de tables de chaque côté. Celle de l'Abbé est en face au milieu des autres, & peut contenir six ou sept personnes. Il se met à l'un des bouts, & a auprès de lui & à sa main gauche le Pere Prieur, & à sa droite les étrangers qui mangent au Refectoir, ce qui arrive très-rarement. Ces tables sont sans nappes, mais d'ailleurs d'une grande propreté. Chaque Religieux a sa serviette, sa tasse de fayence, son coûteau, sa cuilliere & sa fourchette de buis. Ils ont devant eux du pain, un peu d'eau, un autre pot d'environ chopine de Paris, un peu plus qu'à moitié, plein de cidre, parce qu'on réserve pour la collation ce qu'il faudroit pour achever de le remplir. Leur pain est fort bis, à cause qu'on ne sasse point la farine, & que la plus grande partie du son y demeure. On leur sert un potage quelquefois avec des herbes, & d'autrefois aux légumes, mais toujours sans beurre & sans huile, avec deux petites portions aux jours de jeûnes, sçavoir un petit plat de lentilles, & un autre d'épinars, ou de féves, ou de gruau, ou de bouillie. Leurs sauces ordinaires sont faites avec du sel, & de l'eau épaissie ou avec un peu de lait, ou avec un peu de gruau. Au dessert on leur donne deux pommes, ou deux poires. Après le repas ils rendent graces à Dieu, & vont achever leurs prieres à l'Eglise, au sortir de laquelle ils vont dans leur cellule où ils s'appliquent à la lecture, ou à la contemplation. A une heure ils retournent au travail qui dure encore une heure & demie, & quelquefois deux heures. La fin du travail étant sonnée, chacun s'en va dans sa cellule, où il lit ou médite jusqu'à Vêpres qu'on dit à quatre heures. A cinq heures l'on va au Refectoir où chaque Religieux trouve pour sa collation un morceau de pain de quatre onces, le reste de sa chopine de cidre, avec deux poires, ou deux pommes, ou quelques noix aux jeûnes de la Regle; mais aux jeûnes de l'Eglise ils n'ont que deux onces de pain, & une fois à boire. Les jours qu'ils ne jeûnent pas, on leur donne pour leur souper le reste de leur cidre, une portion de racines, & du pain comme à dîner, avec quelques pommes ou poires, au dessert, mais aussi ces jours-là ils n'ont à dîner qu'une portion de légumes, avec leur potage. Ils se rendent ensuite dans le Chapitre où l'on fait la lecture de quelque Livre de piété jusqu'à six heures que l'on dit Complies; ensuite on fait une méditation de demi-heure. Au sortir de l'Eglise on entre au dortoir, après avoir reçû de l'eau-benîte des mains de l'Abbé. A sept heures on sonne la retraite afin que chacun se couche, ce qu'ils font tout vêtus sur des ais où il y a une paillasse piquée, un oreiller de paille, & une couverture. Quand ils sont à l'Infirmerie, leurs paillasses ne sont point piquées, & ils mangent des œufs, & de la viande de boucherie, mais jamais de volaille, ni de choses sucrées. Lorsqu'un malade est en danger de mort, l'Infirmier prépare de la paille & de la cendre, sur lesquelles on met le mourant quand il est prêt d'expirer, suivant l'ancien usage de l'Eglise, & la pratique des Chartreux encore aujourd'hui. Feu Santeul en parlant d'une vie aussi active & aussi pénitente, a eu raison de dire que c'étoit *longo supplicio mori*.

Les Voyageurs qui vont visiter ce saint lieu, y sont reçûs avec beaucoup d'humanité & de charité. Les murailles de l'appartement des hôtes sont chargées d'Inscriptions édifiantes, ou qui instruisent de la maniere dont il faut se comporter dans ce saint lieu. On sert la table des étrangers à peu de chose près comme celle des Religieux; un potage, deux ou trois plats de légumes, & un plat d'œufs qui est la portion extraordinaire des étrangers, car on ne leur sert jamais de poisson. On y mange d'ailleurs du pain, & l'on y boit du cidre comme au Refectoir.

Alençon, *Alentio*, que nos Historiens Latins appellent par corruption *Alencio*, *Alenco*, & *Alenconium*, est sur la riviere de Sarte qui y reçoit la Briante, après que cette derniere a formé dans la Ville une petite Isle autour du

Couvent de Sainte Claire. Cette Ville est environnée de bonnes murailles flanquées de tours d'espace en espace. Le Château étoit autrefois une Place de conséquence, & pour peu qu'on parcoure nos Chroniques, on y lira en plus d'un endroit qu'il a soûtenu des siéges considerables. Elle n'a qu'une seule Paroisse qui est sous l'invocation de la Vierge, & renferme les tombeaux des Ducs d'Alençon. Le grand portail est estimé pour sa hardiesse. S. Leonard est une Succursale où l'on fait l'Office, mais où l'on ne bâtise, ni ne marie personne. Les Jésuites ont un College dans cette Ville, & parmi les Couvens de Filles on remarque celui de Sainte Claire. Le faubourg de Montfort est de l'autre côté de la Sarte, & du Diocèse du Mans, au lieu qu'Alençon est de celui de Séez. La Paroisse porte le nom de S. Pierre. La Ville d'Alençon est décorée d'un Bailliage Royal, d'un Présidial, d'une Vicomté, d'une Généralité, d'une Election, d'un Grenier à sel, d'une Maîtrise des Eaux & Forêts, &c.

Saint Denis.	2. l. & d.
Pré en Paille.	2. l. & d.
Javeron.	2. l. & d.
Ribay.	1. l. & d.
Mayenne.	4. l.

Chastillon.	2. l.
Ernée.	3. l.
La Templerie.	2. l.
Fougeres.	2. l.
S. Jean.	2. l.
S. Aubin de Cormier.	2. l.
Liffré.	2. l.
Rennes.	4. l.

Mayenne la Juhée, ou *la Juhel*, *Meduana Juchelli*, sur la riviere de Mayenne, a pris son surnom de Juhel, premier du nom, Seigneur de Mayenne, qui fit bâtir le Château de cette Ville, Place autrefois considerable. Ce Juhel est appellé en latin, *Juhellus, Juchellus, Joshelus, Gihelius, Joshellus*, & Judicaël qui est le vrai nom dont *Juhel* est la contraction. Cette Ville étoit autrefois si considerable par ses fortifications, & par l'assiette de son Château sur la croupe d'un roc, qu'elle étoit regardée comme imprenable. Elle se défendit en 1424. durant trois mois contre l'armée Angloise commandée par le Comte de Salisbury, & après avoir soûtenu quatre assauts, elle se rendit par composition. La Ville & le faubourg sont fort peuplés. Il y a deux Paroisses desservies par un nombre considerable de Prêtres habitués ; plusieurs Couvens, & quelques Maisons de piété. On y trouvera divers Tribunaux, la Barre Ducale, l'Election, le Grenier à sel, la Maîtrise des Eaux & Forêts, & l'Hôtel de Ville. La Terre & Seigneurie de Mayenne, étoit une Baronie à laquelle Claude de Lorraine premier Duc de Guise, ayant joint Sablé & la Ferté-Bernard, elle fut érigée en Marquisat par François I. l'an 1544. L'an 1573. elle fut érigée en Duché-Pairie en faveur de Charles de Lorraine, qui fut dans la suite chef de la ligue. Cette érection fut faite pour lui & ses successeurs, tant mâles que femelles. Cette Terre ayant passé depuis dans la Maison de Gonzague-Mantoue, Charles de Gonzague, second du nom, Duc de Mantoue, la vendit en 1654. au Cardinal Mazarin. Elle est actuellement possédée par Paul Jules de la Porte Duc de Mazarin, fils d'Armand Charles de la Porte Duc de Mazarin, & d'Hortence Mancini, niéce du Cardinal Mazarin.

Ernée est une petite Ville située sur la riviere du même nom, & est un membre dépendant du Duché de Mayenne. On tient qu'elle a pris le nom d'une sainte fille qui vivoit sous le Regne de Clotaire, & qui fut inhumée en ce lieu. Outre la Paroisse, qui contient cinq cens quarante feux, il y a un Couvent de Bénédictines, & un Hôpital fondé en 1297. par Richard Morin Prêtre, qui lui donna tous ses biens. Il est gouverné par un Administrateur électif, & par quarante Hospitalieres. On trouve à Ernée Jurisdiction, Grenier à sel, & Hôtel de Ville.

La Templerie n'est remarquable que parce que c'est ici la séparation du Maine & de la Bretagne.

Fougeres, *Feliceria*, sur la riviere de Coesnon, vers les frontieres de Normandie. Ce fut Raoul de Fougeres qui la fortifia, & y fit bâtir un Château fort considerable pour ce tems-là, qui a aujourd'hui un Gouverneur particulier sans garnison. Jean II. Duc d'Alençon, ayant été fait prisonnier par les Anglois à la bataille de Verneuil, fut obligé de vendre cette Ville à Jean V. Duc de Bretagne, pour payer sa rançon au Duc de Bethfort. Il faloit que cette petite Ville fût autrefois bien riche, puisque Mezeray rapporte sur l'an 1448. qu'un Capitaine Anglois, nommé François de Surienne, la surprit sur le Duc de Bretagne, & qu'il y fit un butin de plus de seize cens mille écus. C'est ici la Patrie de René le Païs, Auteur du Livre intitulé, *Amitiez, Amours, & Amourettes*, qui est le Rudiment ordinaire des jeunes Amoureux de Province. C'est-là qu'ils puisent leurs sentimens & leurs expressions.

S. Aubin de Cormier est une petite Ville qui fut bâtie vers l'an 1222. par Pierre Mauclerc Duc de Bretagne. Deux raisons porterent ce Prince à bâtir une Ville en cet endroit. La premiere, parce qu'il s'y plaisoit beaucoup à cause de la commodité de la chasse, & l'autre pour fermer l'entrée de la Bretagne du côté du Maine. Cette Ville fut assiégée, & prise par les François en 1487. mais elle est principalement connue par la bataille qui s'y donna le 28. de Juillet 1488. dans laquelle le Duc d'Orléans & le Prince d'Orange qui étoient du côté des Bretons, furent faits prisonniers par les François.

Rennes, *Condate, Civitas Redonum, Redona.* Cette Ville qui est la Capitale de la Bretagne, est sur la riviere de Vilaine, dans laquelle vient ici se perdre celle de l'Isle. Cette Ville est ancienne, & le siége d'un Evêque, & d'un Parlement qui la rend fort peuplée, & une des plus considerables de tout le Royaume. La Vilaine est navigable jusqu'à Redon, & la mer, par le moyen des écluses qui y ont été construites, ce qui sert à porter à Rennes le vin, le bois, l'ardoife, & la pierre à bâtir. Cette riviere partage la Ville en deux. L'Hiftoire raporte que le Comte de Richemont étant à Rennes, il examina les fortifications de cette Ville qu'il trouva trop petite, & les fauxbourgs trop grands. Il propofa au Duc Jean fon frere, d'augmenter l'enceinte des murs. Le Duc s'en raporta entierement au Comte, qui trouva les habitans fi difpofez à exécuter fon plan, qu'en huit mois il y eut de très-beaux foffez faits, qui furent enfuite fortifiez de tours, de murs & de bons remparts, tels qu'on les voit aujourd'hui.

L'Eglife de S. Pierre qui eft la Cathédrale, & fes hautes tours, font ce qui fe préfente aux premiers regards. La grand-Place eft décorée par le Palais où le Parlement tient fes féances. Cet édifice confifte en une grande cour bordée de galeries, & de boutiques de Marchands, & en quatre gros pavillons. Le grand efcalier eft eftimé.

La maifon où le Préfidial tient fes féances, eft dans le grand marché de la Ville que l'on appelle *le Champ Jaquet*. C'eft un ancien bâtiment qui fervoit autrefois de Palais aux Gouverneurs. Une tour qui étoit anciennement un Temple de fauffes divinités, fervoit en dernier lieu à soûtenir l'horloge de la Ville, dont la cloche avoit six pieds de haut, & huit de large. C'est dans la Place que l'on appelle *la grande Cohue*, que se font les exécutions des criminels. La Place de *la Pompe* a pris son nom d'une fontaine qui est au milieu. Les rues de Rennes sont toujours mal propres, parce qu'elles sont étroites, & les maisons fort hautes qui empêchent le soleil de les secher; ainsi Marbodus avoit raison de dire que cette Ville étoit *sine lumine solis*.

L'on passe ici la Vilaine sur trois ponts, dont le plus beau se nomme *le Pont-neuf*, & communique la Ville haute à la basse. Le College des Jésuites est dans cette derniere. C'est une très-belle maison qui fut fondée en 1603. par la Ville. L'Eglise est à l'Italienne, & un édifice digne de la curiosité des Voyageurs. Les fauxbourgs de Rennes sont plus grands que la Ville, sur-tout depuis qu'elle a été désolée par un incendie d'une vivacité & d'une rapidité surprenante. La nuit du 22. Décembre 1720. un Menuisier yvre ayant mis le feu dans sa boutique au milieu de la rue *Tristin*, les flâmes gagnerent bientôt les maisons voisines. Elles gagnerent la charpente de l'horloge, qui tomba le 23. à deux heures apres minuit avec un bruit extraordinaire. Le feu continua jufqu'au 29. & confuma, à ce qu'on dit, huit cens cinquante maifons dans l'étendue d'environ 21600. toifes quarrées.

Bedé.	3. l.
Montauban.	3. l.
Broon.	4. l.
Lamballe.	5. l.
S. Brieuc.	4. l.
Chaftelaudren.	3. l.
Guingamp.	3. l.
Belle-Ifle.	4. l.
Pontou.	3. l.
Morlaix.	4. l.
Landivifiau.	4. l.
Landernau.	3. l.
Breft.	4. l.

Lamballe étoit anciennement la Capitale des *Ambiliates* dont parle Cefar. Elle eft divifée en haute & baffe Ville. Dans la premiere il y a une grande place, avec un marché couvert ; & dans la baffe une grande rue habitée par des Tanneurs & des Teinturiers. Cette petite Ville eft regardée comme le chef-lieu du Duché de Penthiévre, puifque c'eft ici que font le Château, les archives, & les principaux Officiers de ce Duché. Le fameux François de la Noue Bras-de-fer fut tué au siége de Lamballe l'an 1591.

Saint Brieuc, *Briocum, Fanum sancti Brioci*, porte le nom de son premier Evêque. Elle est située auprès de l'embouchure de la riviere de *Gouat* dans un fond environné de montagnes qui lui ôtent la vûe de la mer, quoiqu'elle n'en soit éloignée que d'une demi-lieue, & qu'elle y forme même un petit port. Les Eglises, les rues, & les Places de Saint Brieuc sont assez belles. Cette Ville étant sans fossez & sans murailles, elle est jointe à ses fauxbourgs, hormis du côté des Cordeliers, où l'on en a élevé environ cinquante toises. L'Eglise de S. Michel dans le faubourg du même nom, est la plus grande Paroisse de la Ville. Le Couvent des Cordeliers est bien bâti, & leur jardin est spacieux. Le College en est fort proche, & est entretenu par la Ville. S. Brieuc a produit un Jurisconsulte d'un grand nom, qui est *François Duaren*, Professeur de Droit à Bourges où il mourut en 1559. âgé d'environ cinquante ans.

Guingamp est la Ville la plus considerable du Duché de Penthiévre, & appartient au Prince de ce nom. Cette grande terre est composée de quatre membres principaux, Guingamp, dans l'Evêché de Treguier, Lamballe, Montcontour, &
la

la Rochefuaid, dans celui de S. Brieuc.

Morlaix, *Mons relaxus*, est une Ville située sur une petite riviere dont l'entrée est défendue par le Château de *Toro*, & est considerable par le commerce qui s'y fait. L'Eglise de Nôtre-Dame du mur est la plus remarquable. Elle est très-ancienne & d'une structure particuliere. Les rues des *Nobles* & du Bouvet sont les plus grandes. Le faubourg du Viniec est aussi grand que la Ville. Il est adossé contre des montagnes qui regnent le long de la riviere jusqu'à son embouchure dans la mer. Cette riviere fait ici un port capable de recevoir des navires de plus de 100. tonneaux, & qui est bordé des deux côtez par un quay revêtu de pierres de taille, qui est la plus belle promenade de la Ville. L'on remarque dans ce faubourg le Couvent des Freres Prêcheurs, celui des Capucins, & un Hôpital qui est un des plus superbes bâtimens de la Province. La rade qui est au-devant de la riviere de Morlaix est grande, & un bon mouillage pour les vaisseaux.

J'ai donné les descriptions de Landernau & de Brest dans le Voyage précédent, où le Lecteur peut avoir recours.

On peut aussi aller en poste de Paris à Rennes, & voici la route qu'on suit pour lors. Versailles, deux postes. Neauphle, 2. p. La Queue, p. Houdan, p. & d. Dreux, 2. p. Nonancourt, p. & d. Verneuil, 2. p. S. Maurice, p. & d. Tourouvre, p. Mortagne, p. Mesle sur Sarte, p. & d. Le Menil Brou, p. Alençon, p. & d. Prez en Pail, 2 p. & d. Ribay, 2. p. Mayenne, 2. p. Martigny, 2. p. Laval, 2. p. La Gravelle, 2. p. & d. Vitré, p. & d. Rennes, 4. p.

Voyage de Paris à Saint-Malo Port de mer, en Bretagne.

Il faut suivre la route que je viens de prescrire dans le Voyage précédent, jusqu'à Rennes ; & de là on peut aller à Saint-Malo par une des deux routes que voici, dont l'une est plus longue que l'autre, d'une lieue.

Hedé.	5. l.	La Chapelle-Saussay.	6. l.
S. Pierre.	4. l.	Dinan.	4. l.
Châteauneuf.	3. l.	Châteauneuf.	3. l.
S. Malo.	2. l.	S. Malo.	2. l.

Dinan est située sur une montagne escarpée de tous côtez, & est défendue par des murailles si épaisses, qu'un carosse pourroit facilement rouler dessus. L'on remarque dans cette Ville un Château qui est assez fort ; un Couvent de Dominicains ; un de Cordeliers, &c. Il s'y tient tous les ans une foire célebre, la premiere semaine de Carême ; c'est un grand abord de Marchands, & de marchandises de tout le Royaume.

A deux lieues de Dinan vers l'ouest, il y a un Village appellé *Corseuls*, qui pourroit bien être des restes de l'ancienne Ville des *Curiosolites*. L'analogie du nom, & les indices d'une grande Ville que l'on trouve ici & aux environs, rendent ce sentiment fort vraisemblable.

Châteauneuf est un gros Bourg, avec titre de Marquisat, qui appartient à M. le Marquis de Beringhem premier Ecuyer du Roi.

SAINT-MALO est une des Villes du Royaume la plus avantageusement située pour le commerce. Elle n'est pas ancienne, car ce n'étoit qu'une Abbaye où l'on transfera l'Evêché d'*Alet*, lorsque cette Ville fut ruinée en 1172. La Reine, Anne de Bretagne, donna ses soins afin qu'on l'accrut & qu'on en fît une Ville. On la nomme en latin *Maclovium*, *Maclopolis*, en françois S. Malo, du nom du premier Evêque d'Alet nommé *Ma-*

cutus, *Maclovius*. Cette Ville est sur un rocher, au milieu de la mer, dans la petite Isle de S. Aaron que l'on a jointe à la terre ferme par le moyen d'une langue de terre qu'on appelle le *Sillon*, à la tête de laquelle est un fort Château flanqué de grosses tours, & accompagné de fossez & d'un grand bastion qui est l'un des quatre que l'on remarque aux quatre coins de la Ville. Comme cette Place est d'une grande importance, on y tient une bonne garnison, & l'on ferme ses portes à six heures du soir, à l'exception de celle de S. Thomas que l'on ne ferme qu'à neuf heures. Toutes les portes étant fermées, on lâche un certain nombre de dogues qui font une bonne patrouille, & empêcheroient qu'on ne fût surpris par les ennemis ; ce qui a fait dire à quelques Ecrivains que la Ville de Saint-Malo étoit gardée par des chiens. L'Eglise Cathédrale, sous l'invocation de S. Vincent, est sur la place qui porte son nom, & qui sert de marché. La Maison de Ville, & le Palais de l'Evêque sont aussi sur cette même place. Celle *de la grande Cohue* est bordée de belles maisons qui ont été rebâties depuis le bombardement. Il y a encore quelques autres Places moins remarquables. Quant aux rues, on peut dire qu'à deux ou trois près, les autres

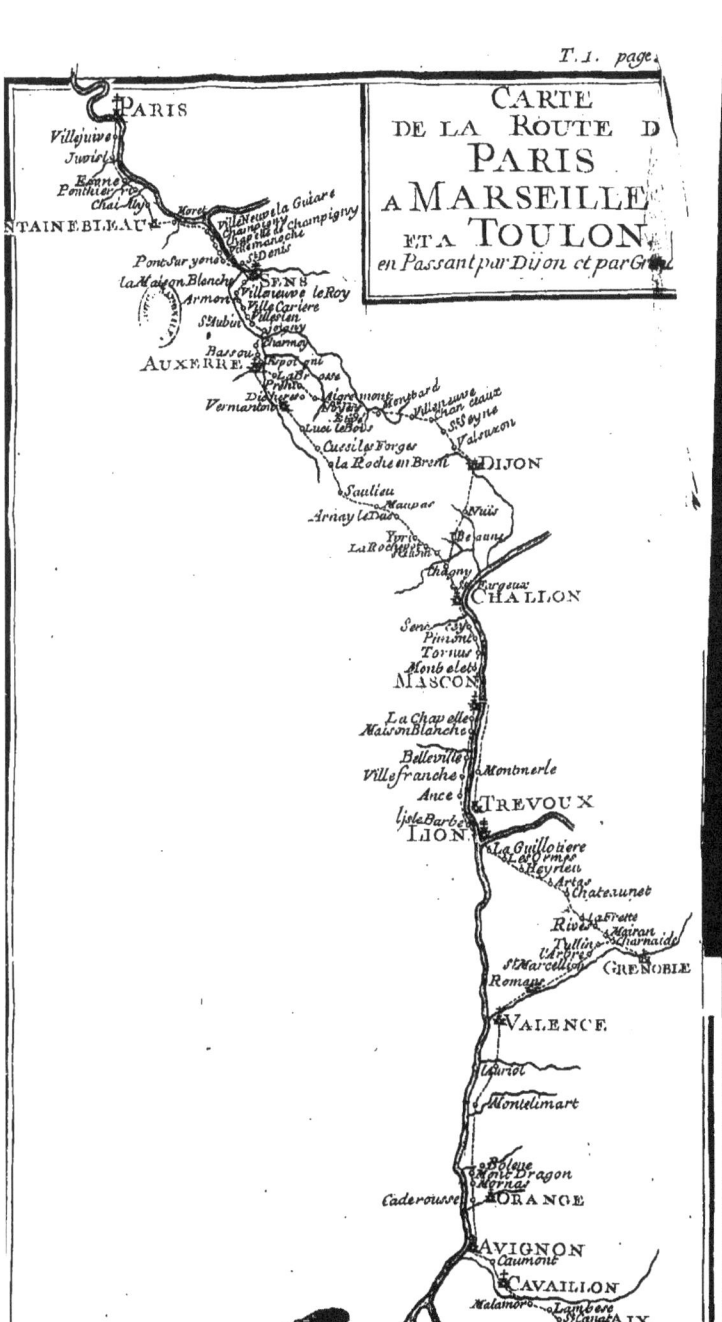

sont fort étroites. Le port est un des meilleurs du Royaume, & des plus fréquentés par les Négocians. Jaques Quartier qui en 1534. découvrit le Canada, étoit de Saint-Malo.

Voyage de Paris à Toulon, & à Marseille, en passant par la Bourgogne, & par Grenoble.

CE Voyage est le plus long & un des plus curieux qu'on puisse faire en France. On peut aller de Paris à Lyon par deux routes différentes, ou par la Bourgogne, ou par le Nivernois, & le Bourbonnois. Je suivrai ici ces deux routes l'une après l'autre.

Premiere Route de Paris à Lyon par la Bourgogne.

Villejuive.	2. l.
Juvisi.	2. l.
Essone.	2. l.
Ponthierry.	3. l.
Chailly.	3. l.
Fontainebleau.	2. l.

Essone, *Exona, Axona,* Bourg fort

ancien fur la riviere de *Juine*, qui quitte ici ce nom pour prendre celui d'Eſſone. Ce lieu ſubſiſtoit déja du tems de Clovis, puiſque Fortunat contemporain de Grégoire de Tours, en fait mention dans la Vie de S. Germain Evêque de Paris. Il appartenoit au Fiſque, ou Domaine du Roi, & l'on y battoit monnoye avec cette legende, *Exona*, ou *Axſona Fici*. Un titre du Roi Pepin, daté de la xve. année de ſon Regne, confirme la donation que Clotaire III. avoit faite d'Eſſone à l'Abbaye de S. Denis, *Villa cognomine Exona, ſita ſuper fluvium Exona in Pago Pariſiaco*. Voy. M. de Valois dans ſa notice des Gaules, & M. le Blanc dans ſon Traité hiſtorique des Monnoyes, p. 48. de l'édition de Hollande.

Fontainebleau eſt un Bourg, avec une Maiſon Royale, ſitué dans le Gatinois, au milieu d'une forêt qu'on appelloit anciennement la forêt *de Biere*, & qui à préſent porte le nom que l'on a donné au Château, à cauſe de la beauté de ſes eaux.

Moret.	2. l.
Fauſſart.	2. l.
Villeneuve la Guiart.	2. l.
Champigni.	1. l. & 1. q.
La Chapelle Champigni.	1. d. l.

Villemanoche.	1. d. l.
Pont sur Yonne.	1. d. l.
S. Denis.	2. l.
Sens.	1. l.

MORET, *Murittum, Muritum, Moretum*, petite Ville sur le Loin, avec titre de Comté. L'an 850. on y tint un Concile, & c'est au nom de cette Assemblée que Loup Abbé de Ferrieres, écrivit la 115e. de ses Epîtres. Henri le Grand donna le Domaine de Moret à Jaqueline de Bueil son amie, qui le porta dans la maison des Marquis de Vardes, de laquelle il a passé dans celle de Chabot-Rohan par Madame la Duchesse de Rohan, fille unique du dernier Marquis de Vardes. Depuis quelques années Moret appartenoit par engagement à M. de Caumartin. Il y a un Château fort ancien, qui n'est presque qu'un donjon couvert d'une terrasse. La principale Eglise est sous l'invocation de Nôtre-Dame; elle est grande, assez bien bâtie, & proche du marché. Il y a aussi dans cette petite Ville un Couvent de Religieuses.

Pont-sur-Yonne, *Pons ad Icaunam*, est une petite Ville sur la droite de cette riviere, & à deux lieues de Sens. Elle est moderne, & très-peu de chose.

Sens, *Agedincum Senonûm, Senones*, Ville Archiépiscopale sur la riviere d'Yonne que l'on y passe sur un beau pont de pierre, est à quatorze lieues d'Auxerre, à quinze de Troyes, & à vingt-six de Paris. L'Eglise Cathédrale est sous l'invocation de S. Etienne, & est grande, puisqu'on assûre qu'elle égale en grandeur celle de Nôtre-Dame de Paris. L'on vante fort un soûbassement du Maître-Autel qu'on ne montre qu'aux grandes Fêtes. C'est une table d'or couverte de pierreries, & ornée de bas-reliefs. C'est un ouvrage gothique, mais d'un grand prix pour la matiere. Dans le Chœur sont les tombeaux des derniers Archevêques, parmi lesquels l'on remarque principalement ceux du Chancelier du Prat, & du Cardinal du Perron. L'on fait encore remarquer dans cette Eglise le lieu où S. Louis épousa Marguerite de Provence. Les vitres de cette Eglise attirent aussi les regards des Connoisseurs, & ont été peintes par Jean Cousin, Peintre fameux pour ces sortes d'ouvrages, & qui étoit né à *Soucy* près de Sens.

Après la Cathédrale, l'Eglise de saint Pierre le Vif est la plus considerable. Elle a été bâtie dans le premier cimetiere que les Chrétiens ayent eu dans cette Ville. Un grand nombre de Martyrs, sainte Theodecilde, & quarante Archevêques y ont été enterrez. On compte seize Paroisses dans Sens, cependant cette Ville n'est pas si peuplée qu'elle est grande. La petite riviere de Vanne remplit d'eau ses fossez, & fournit à presque toutes les rues de petits ruisseaux qui les lavent, & servent aux habitans pour différens usages. Il s'est tenu plusieurs Conciles à Sens. Un des plus célébres est celui de l'an 1140. auquel Louis le Jeune assista, & où saint Bernard fit condamner Abeillard, qui en appella au Pape. La Ville de Sens porte pour armes d'azur à la tour d'argent, accompagnée de six fleurs de lys d'or, trois, deux, & une.

La Maison blanche.	1. l.
Villeneuve-le-Roy.	1. l. 1. q.
Armont ou Armaux.	1. l.
Villecarriere.	1. q. de l.
Villesien.	1. q. de l.
S. Aubin.	1. l.
Joigny.	1. l.
Charmoy.	2. l.
Bassou.	1. l. & d.
Epoigny.	1. l. & d.
Auxerre.	1. l.

Villeneuve-le-Roy est une petite Ville du Senonois, située dans une plaine, & sur la riviere d'Yonne qu'on y passe sur un pont de pierre. Elle a été ainsi nommée à cause du Roi Louis VII. son Fondateur. Ce Prince avoit d'abord donné le fond sur lequel elle est à l'Abbaye de S. Marien d'Auxerre, à la priere de S. Bernard : mais ensuite ayant conçu le dessein d'y bâtir une Ville, il donna à cette Abbaye d'autres biens dans le voisinage. L'édifice de l'Eglise Paroissiale, à la réserve du *Portail* & de la *Tour*, paroît être du treiziéme siécle. Cette remarque est tirée d'un Livre intitulé, *Histoire de la prise d'Auxerre par les Huguenots, & de la délivrance de la même Ville, les années* 1567. & 1568. &c. par le sieur le Beuf Soûchantre, & Chanoine de l'Eglise de cette Ville. Ce Livre est presque aussi peu connu que s'il n'avoit jamais été imprimé, cependant il renferme quelques petites notes historiques assez bonnes. Les armes de cette petite Ville sont d'azur à trois fleurs de lys d'or, 2. & 1. & trois tours de même, aussi deux, & une.

Joigny, *Joviniacum*, sur la riviere d'Yonne, entre Sens & Auxerre, & à six lieues, ou environ, de l'une & de l'autre de ces deux Villes. Cette petite

Ville que quelques-uns prétendent avoir pris son nom de Flave-Jovin Général de la Cavalerie, dont on voit le tombeau dans l'Eglise de S. Nicaise de Reims, est le premier Comté de Champagne, & a trois Paroisses. Ses armes sont d'argent, & à la face de gueules.

AUXERRE, ou AUSSERRE, *Autessiodurum*, ou *Autissiodurum*, est une Ville Episcopale, située sur le penchant d'un côteau près de la riviere d'Yonne, qui baigne même une partie de ses murailles. Sa figure est presque ronde, car elle a onze cens pas de long sur mille de largeur. Il n'y a que deux Places publiques dans cette Ville, dont l'une est au-devant de l'Eglise Cathédrale, & l'autre est appellée *la Place des fontaines*.

L'Eglise Cathédrale n'a rien d'extraordinaire, mais le Palais Episcopal est un des beaux qu'il y ait en France. L'Abbaye de S. Germain est un lieu où l'on compte jusqu'à soixante corps saints, & une quantité prodigieuse de Reliques, ce sont les Papes Nicolas I. Jean VIII. & Jean IX. qui ont enrichi cette Eglise de ces précieux restes, qui sont dans des grotes que Conrad frere de l'Imperatrice Judith, & Abbé de S. Germain, fit bâtir en 850. M. Seguier Evêque d'Auxerre fit ouvrir tous les tombeaux en

1636. & fit un procès verbal de l'état où il avoit trouvé les corps saints. L'on conduit d'abord les Curieux au tombeau de saint Héribalde, Prince de la Maison de Baviere, qui sous Charlemagne, Louis le Débonnaire, & Charles le Chauve, eut beaucoup de part au Gouvernement de l'Etat. Il fut Moine, puis Abbé de ce Monastere, & enfin Evêque d'Auxerre, & Archichapelain, c'est-à-dire, grand Aumônier de France. Le tombeau de S. Fraterne, aussi Evêque d'Auxerre, vient ensuite. Il fut martyrisé l'an 481. le 29ᵉ. jour de Septembre. S. Abbon, frere de S. Héribalde, Religieux dans ce Monastere, & successeur de son frere dans l'Evêché de cette Ville. M. Seguier rapporte qu'il trouva son corps revêtu d'un cilice, d'un habit religieux, & de ses ornemens Pontificaux. Il ajoûte que son habit est fait de la même maniere que celui des Benedictins d'aujourd'hui, mais que la couleur en est d'un noir naturel, & non pas de teinture. S. Censure Evêque dont le corps fut trouvé avec une châsse remplie de Reliques. Le pilier qui est attenant l'Autel de S. Benoît, porte cette inscription: *Polyandrion.* Il est profond de dix pieds, & est fait comme celui qui est près de S. Pierre de Rome. M. Seguier y trouva trente corps saints,

& les instrumens de leur pénitence, & de leur martyre. S. Romain y est peint, non seulement parce qu'il a été le pere nourricier de S. Benoît, mais aussi parce qu'il y a ici plusieurs de ses Reliques. Près du tombeau de S. Héribalde on voit aussi la figure de S. Gregoire, parce que son corps y a reposé jusqu'en 1370. qu'il fut transporté dans la nef où il est à présent.

A la fenêtre de S. Benoît sont les Reliques qui furent trouvées avec le corps de S. Censure. Dans la Chapelle de sainte Maxime sont les corps de sainte Maxime Dame Italienne, venue en France à la suite du corps de S. Germain lorsqu'on le transporta ici de Ravenne où ce Saint mourut; de S. Optat Evêque d'Auxerre; de S. Santin; & de S. Mémorien, Prêtre.

S. Geran Religieux de l'Abbaye de Soissons, ensuite Evêque d'Auxerre; S. Marrien, Prêtre & Religieux de l'Abbaye qui porte aujourd'hui son nom; S. Aunaire Prince de la premiere race de nos Rois, Religieux & Abbé de ce Monastere, puis Evêque d'Auxerre; & S. Desiré parent de la Reine Brunehaut, ont aussi leur sépulture dans cette Eglise.

Le corps de S. Martin Archevêque de Tours a reposé pendant trente & un ans dans la Chapelle de cette Eglife, qui eft fous l'invocation de ce Saint. Les corps de S. Batton, de S. Allode, de S. Urfe Evêque d'Auxerre, repofent ici. Cette Chapelle eft d'ailleurs remplie de Reliques.

Le corps de S. Germain fut porté ici de Ravenne. Il avoit été mis dans une châffe d'or enrichie de pierreries d'un prix ineftimable, mais elle a été enlevée par les Calviniftes, & les Reliques ont été diffipées, de forte qu'il ne refte plus dans ce tombeau que de la cendre du Saint, & quelques petits offemens. Cette Chapelle de S. Germain eft comme le centre de la fainteté de l'Eglife de cette Abbaye. Il n'y a point de lieu plus rempli de corps faints, & de faintes Reliques. Du côté de l'Epître font deux corps faints, & de l'autre il y en a trois. Le fond de la Chapelle en eft rempli. On y remarque principalement les tombeaux de S. Theodore & de S. Romain, Evêques; celui de S. Loup, Evêque. Quelques-uns ont crû qu'il étoit Archevêque de Befançon, d'autres Evêque de Laufane, mais on ne trouve fon nom dans aucun catalogue des Evêques de ces Eglifes. Il y a beaucoup d'apparence que c'étoit un Evêque Regionaire ou Corévêque, fans titre d'aucune Eglife, felon l'usage du cinquiéme siécle. Ce qu'il y a de certain, c'est qu'il fut le Directeur de la Princesse Clotilde à laquelle nous devons la conversion de Clovis, & celle des François. Outre les Chapitres & les Abbayes qui sont dans Auxerre, on voit huit Paroisses, & plusieurs Couvens de l'un, ou de l'autre sexe; un College de Jésuites établi en 1618. l'Hôpital de la Madeleine fondé pour les malades & pour les enfans exposez; l'Hôpital général fondé par *Nicolas Colbert* Evêque de cette Ville. Il y a aussi dans Auxerre un Présidial, une Prévôté Royale, une Jurisdiction Consulaire, un Grenier à sel, & une Maitrise particuliere des Eaux & Forêts. Auxerre porte d'azur, billeté d'or, au lion rempant d'or, armé, & lampassé de gueules.

D'Auxerre on va à Châlons sur Saône par deux routes differentes, l'une par Saulieu, & Arnay-le-Duc, & l'autre par Dijon, & par Beaune.

Route par Saulieu.

Vermanton.	5. l.
Luci-le-Bois.	4. l.
Cussi les Forges.	3. l.
La Roche en Breni.	3. l.

Saulieu.	3. l.
Maupas.	3. l.
Arnay-le-Duc.	3. l.
Yvri.	3. l.
La Rochepot.	2. l.
S. Aubin.	1. l.
Chagni.	1. l.
S. Fargeux.	2. l.
Châlons.	1. l.

Vermenton est une petite Ville dont il est parlé dans une Charte de Charles le Simple de l'an 900. ou environ, qui est rapportée dans le premier Tome de la grande Collection du P. Martene. L'Eglise de ce lieu est une des plus anciennes du Diocèse, du moins quant au Portail, qui ressemble assez à celui de saint Germain des Prez, & à celui de Néelle la Reposte.

Luci-le-Bois est un Village qui a pris son nom de *Lucius*, parce qu'il est situé dans un pays tout couvert de Bois. Ceux qui lui ont donné le surnom de *le Bois*, ont ignoré apparemment l'origine de son nom, car s'ils l'avoient sçue, ils auroient évité le pléonasme. Il y a plusieurs autres lieux en Bourgogne qui portent le nom de *Luci*.

SAULIEU, *Sidoleucum, Sedelaucum,*

est une petite Ville située sur une élévation, fermée de murailles, & environnée de fossez pleins d'eau. Sa longueur est de cinq cens pas, sa largeur de trois cens cinquante, & son circuit de seize cens. Elle a deux portes, & cinq fauxbourgs dans lesquels il y a un plus grand nombre d'habitans que dans la Ville. L'Eglise Collégiale de S. Andoche est la principale, & celle de S. Saturnin la seule Paroisse qu'il y ait. Elle est à l'extremité du faubourg du même nom. Celle de S. Nicolas n'est qu'une annexe. Dans le faubourg S. Jaques il y a un petit Hôpital pour sept lits. Le College, ou plûtôt l'Ecole publique de la Ville, est dirigée par un Recteur qui a sous lui un Régent, & un Maître à écrire. L'Evêque d'Autun est Seigneur de Saulieu, & la Justice lui appartient tant dans la Ville, que dans les fauxbourgs & banlieue. Les appellations des jugemens de ses Officiers se relevent au Bailliage Royal de Saulieu, qui fut établi au mois de May de l'an 1694. & de là au Parlement de Dijon. Il y a aussi un Grenier à sel à Saulieu.

Arnay-le-Duc est situé dans un vallon, sur la riviere d'Aroux, presque au milieu de la Province. Il y a eu autrefois un Château qui passoit pour fort, mais il n'en reste qu'une tour qui sert d'Hôtel de Ville. L'Eglise Paroissiale a été bâtie dans l'enceinte de ce Château. La Ville a trois portes, & un petit faubourg à chacune. Elle a quatre cens cinquante pas de longueur, sur environ trois cens cinquante de largeur, & quatorze cens de circuit. On voit à l'extrémité du faubourg S. Jaques un petit Prieuré de l'Ordre de S. Benoît, dont l'Eglise est ancienne. Le Prieur a Justice dans toute la petite Ville d'Arnay deux fois l'année. C'est depuis midi de la veille des Fêtes de S. Jacques & de S. Blaise, jusqu'au midi du lendemain. Il n'y a qu'une seule Eglise Paroissiale, tant pour la Ville que pour les fauxbourgs : elle est sous l'invocation de saint Laurent. L'Hôpital a quelque apparence. Le College est à la charge des Jésuites d'Autun, qui sont obligez d'y entretenir deux Maîtres pour y enseigner les basses Classes. Il y a dans cette petite Ville un *Siége particulier* du Bailliage d'Auxois, un Grenier à sel, & une Justice Seigneuriale qui appartient à M. le Prince de Lambesc, Seigneur & Baron d'Arnay-le-Duc.

Yvri est à trois lieues d'Arnay-le-Duc, & je n'en parle ici une seconde fois, qu'à cause qu'on découvrit, il y a quelques années, dans un pré des environs, une colonne antique que l'on croit avoir été érigée en mémoire de la victoire que César remporta sur les Suisses. Cette colonne appartient à M. de S. Micault.

Route d'Auxerre à Châlons par Dijon.

Cette Route est plus longue que l'autre, car elle est de quarante-deux lieues & demie, au lieu que la premiere n'est que de trente-quatre, mais la Ville de Dijon fait qu'elle est beaucoup plus curieuse. C'est aussi celle-ci que tinrent les Princes enfans de France à leur retour de la frontiere d'Espagne en 1701.

La Brosse.	1. l.
Préhi.	2. l.
Dichere.	1. l.
Aigremont.	1. l.
Noyers.	2. l.
Etivé.	3. l. & d.
Montbard.	3. l. & d.

Préhi *Pratelis, Pradillum, Pradilis.*

NOYERS est situé dans un vallon entouré de montagnes de tous côtez. Cette petite Ville a six cens pas de longueur, & trois cens pas dans sa plus grande largeur. Elle est ceinte de murailles fort anciennes, avec vingt-deux tours bâties de pierre de taille. Elle a deux portes, l'une au midi, & l'autre au nord. La riviere de *Sezin*, ou *Serin*, l'environne de tous côtez, hormis du côté du septentrion. Le College a été fondé en y unissant quelques Chapelles, outre lesquelles la Ville donne trois cens livres à des Peres de la Doctrine Chrétienne qui y enseignent les basses classes. Il y a deux petits Hôpitaux, l'un dans la Ville, & l'autre dans le faubourg. La Justice appartient au Seigneur qui la fait exercer par un Baillif, un Lieutenant, un Procureur Fiscal, &c. Ce Bailliage est *ad instar* des Royaux, & en a les privileges. L'appel des Sentences se releve au Présidial de Semur. Il y a aussi un Grenier à sel à Noyers. Cette Ville porte pour armes de sable, à la Vierge drapée d'azur, & de gueules, tenant son Fils.

MONTBARD, *Mons barrus*, *Mons barri*, est situé sur le penchant d'une petite montagne, sur la gauche de la petite riviere de Brenne. Cette petite Ville qui de loin paroit quelque chose, n'a que sept cens pas de longueur, deux cens cinquante de largeur, & deux mille quatre cens de circuit, en y comprenant le Château. Elle n'a d'autres fortifications que ses murailles, & quelques tours à moitié ruinées. Le Château est un vieux bâtiment fermé par de fortes murailles, & de grosses tours. L'Eglise qui lui servoit de Chapelle est présentement Paroissiale, & est desservie par un Curé qui n'est à proprement parler que le Vicaire perpetuel du Prieur de Courtangi qui est primitif; & par six Prêtres qui ont chacun deux cens livres de revenu. Les Chapelles de saint Jean & de saint Thomas sont encore dans cette Ville. L'Hôpital n'a que quatre ou cinq lits, & ne se soûtient que par les aumônes. La Justice & la Police sont exercées par le Maire dans la Ville, & par le Châtelain au Château. Quoique cette Ville soit du Diocese de Langres, elle est néanmoins du Bailliage de Semur, Il y a un Grenier à sel, & on fait des gans de peau de chiens qui ont quelque réputation. Montbard porte d'azur à deux bards adossez d'argent, & une fleur de lys d'or en chef.

Villeneuve.   4. l.
Chanceaux.   3. l.
S. Seine. 3. petites lieues.
Valsuzon.   2. p. l.
Dijon.   3. l.
Nuis.   4. l.
Beaune.   3. l.
Chagni.   3. l.

Châlon. 3. l. & d.

Chanceaux est un petit Bourg dont l'Abbé de Flavigny est Seigneur. A trois quarts de lieues de ce Bourg, & à environ cinquante pas du chemin de Paris est la source de la riviere de Seine.

S. Seine est une petite Ville dont une Abbaye de Bénédictins est le plus grand ornement.

Dijon, *Divio*, *Dibio*, *Divionense Castrum*, est la Capitale de la Bourgogne. Un Ecrivain * judicieux, & zelé pour sa patrie, croit que les huit légions que César envoya pour réprimer le soulevement des Belges, & pour soûtenir la fidelité des Eduens, furent postées dans l'endroit où est Dijon, & que ce camp fut fermé de murailles, & bâti en forme de Ville, ce qui lui fit donner le nom de *Castrum*, qu'il portoit encore du tems de Gregoire de Tours. La Franche-Comté se souleva du tems de Marc-Aurele, & cet Empereur fit construire à Dijon de nouveaux murs & de nouvelles fortifications. On voit dans les Actes du martyre de S. Benigne que cet Empereur vint à Dijon *ut videret novos muros quos construxerant*. Ces murs ne renfermoient

* M. Baudot.

que l'ancien Dijon qui étoit peu étendu. L'Abbaye de S. Benigne fondée hors de cette enceinte, fut cause qu'on bâtit auprès plusieurs maisons qui formerent à la fin un faubourg où étoient les Paroisses de S. Jean & de S. Philibert. Il se forma ailleurs quelques autres fauxbourgs avec les Paroisses de Nôtre-Dame, de S. Nicolas, de S. Michel, & de S. Pierre.

L'an 1137. la Ville de Dijon fut presque détruite par un incendie. Elle se releva insensiblement, & deux cens ans après cet accident, on l'entoura de nouveaux murs dans lesquels on enferma le Bourg de S. Benigne, & la plus grande partie des autres fauxbourgs.

Cette Ville telle qu'elle est aujourd'hui, forme un ovale presque parfait, & son enceinte est d'une heure de chemin. Gregoire de Tours dans la description qu'il fait de Dijon, remarque que deux petites rivieres baignent ses murs, l'une du côté du midi, qui est l'Ouche; & le Suson du côté du septentrion. Cette derniere entre dans l'Ouche à la sortie des fossez de cette Ville.

Ses fortifications sont un fossé qui est à fond de cuve, accompagné de douze bastions, & d'un fer à cheval qui défend la porte qui est du côté du midi. Les murs sont beaux, & garnis de tours rondes à l'antique. Ils ne font interrompus que par le Château qui eft de figure quarrée, & qui a aux quatre angles quatre groffes tours rondes, & à l'antique. Il eft flanqué de deux fers à cheval, l'un au nord qui eft affez grand, & l'autre plus petit, du côté du midi qui regarde la Ville.

L'on entre dans Dijon par quatre portes, dont les avenues font riantes & commodes, particulierement celle de la porte d'Ouche, où il y a une chauffée de près d'un quart de lieue de long, bordée de chaque côté d'un rang d'ormes. Les trois autres font la porte de S. Nicolas, qui eft la plus remarquable; la porte Guillaume qui eft la plus fréquentée, car c'eft par là que les courriers, les meffagers, & les autres voitures qui viennent de Paris, entrent dans Dijon. Il y en avoit une cinquiéme qui étoit appellée la porte au fermeau, mais elle eft murée.

L'Eglife de l'Abbaye de S. Benigne eft la premiere que l'on trouve en entrant par la porte Guillaume. C'eft un bâtiment gothique qui n'a rien de trop beau. Derriere le Chœur de cette Eglife eft une rotonde ancienne, compofée de trois voûtes l'une fur l'autre, foûtenues par cent quatre colonnes dont le fuft eft d'une feule pierre. Ce bâtiment que
quel-

quelques-uns croyent avoir été un temple de faux dieux, est vuide dans le milieu, & ne reçoit de jour que par une ouverture d'en haut. Il est aujourd'hui consacré par plusieurs Chapelles qu'on y a pratiquées, par la dévotion qu'on a à un Crucifix qui a autrefois parlé, selon une vieille tradition. L'on voit aussi en ce même lieu plusieurs tombeaux qu'on croit être des premiers Chrétiens.

Près de là sont les deux Paroisses de S. Philibert & de S. Jean. La premiere est la Paroisse des Vignerons qui font un corps très-considerable dans Dijon, & qui étoit autrefois très-redoutable dans cette Ville. L'Eglise de S. Jean est remarquable par l'étendue & la hardiesse de sa voûte qui n'est soûtenue d'aucuns piliers.

La Place de Morimont n'est pas loin de l'Eglise de S. Jean. C'est là que se font les executions. Cette Place a pris le nom de *Morimont*, parce qu'elle est dans sa dépendance.

La Place des Cordeliers est assez grande & réguliere, mais toujours assez mal propre à cause des boues. Les Cordeliers sont bien logez, & leur Eglise est spacieuse & belle. L'on y remarque la statue de la Dame de Saillant qui y est représentée à genoux sur une espece de console faite en forme de gaine. C'est dans ce Couvent que s'assemblent les trois ordres des Etats de Bourgogne; chaque ordre y a sa salle particuliere.

La Place qui est devant l'Eglise Collégiale de S. Etienne, est une des promenades de la Ville.

La Sainte Chapelle a été fondée en 1172. par Hugues III. Duc de Bourgogne. Le Chœur n'est orné que des armoiries des Chevaliers de la Toison d'or que Philippe le Bon Duc de Bourgogne y assembla pour un Chapitre qu'il tint à la naissance de Charles Comte de Charolois son fils. Ce qu'on remarque dans cette Eglise de plus précieux, c'est le présent que lui fit Philippe le Bon de l'*Hostie* miraculeuse que le Pape Eugene IV. lui avoit envoyée à Lisle en Flandre, en reconnoissance du secours que ce Prince lui avoit donné contre les ennemis de son exhaltation. On voit sur cette Hostie plusieurs taches du sang qui en sortit par autant de coups de couteau, qui, selon la tradition, lui furent donnez par un Juif. Ce précieux trésor qui subsiste sans alteration depuis si longtems, est gardé dans un coffre d'or qui fut donné par le Duc d'Epernon, dans le tems qu'il étoit Gouverneur de Bourgogne. Lorsqu'on expose cette Hostie aux yeux des Fideles, on la met dans un vaisseau d'or du poids de cinquante-un marcs, garni de pierreries, & de la couronne d'or que Louis XI. porta le jour de son Sacre, & dont il fit présent à la sainte Hostie. Dans une Chapelle qui est du côté de l'Evangile, est le tombeau de Gaspard de Saulx Seigneur de Tavannes, Maréchal de France, mort en 1570. Dans la Nef l'on voit contre un pilier à main gauche une figure de pierre qui représente un homme à genoux, vêtu d'une longue robe, ayant une ceinture de laquelle pend une grosse bourse quarrée. C'est la figure d'un Marchand Génois nommé *Digue Sponde*, qui prêta une somme considerable à un Duc de Bourgogne qui alloit faire la guerre aux Infideles. Ce Marchand ayant ensuite fait don de cette somme au Duc, celui-ci par reconnoissance fit ériger ce monument à sa mémoire.

Il n'y a que sept Paroisses dans Dijon, & Corneille étoit fort mal instruit lorsqu'il a écrit qu'il y en avoit seize. Celle de Nôtre-Dame est la plus considerable. Celle de S. Michel, celle de S. Nicolas, celle de S. Jean, celle de S. Pierre, celle de S. Médard, qui a été transferée dans l'Eglise Collégiale de saint Etienne, & celle de S. Philibert. L'Eglise

H ij

de *Nôtre-Dame* a pris son nom d'une Image de la Vierge, qui en 1513. délivra cette Ville de la fureur des Suisses, qui après la victoire de Novarre assiégerent Dijon, & en avoient déja pillé & brûlé les fauxbourgs. En mémoire de cette délivrance il se fait tous les ans une Procession générale.

Le Portail de l'Eglise de S. Michel mérite d'être remarqué pour la beauté de l'architecture & de la sculpture, & à cause de ses deux tours couvertes en dôme.

L'Hôpital du S. Esprit dans le faubourg d'Ouche, fut fondé par Eudes III. Duc de Bourgogne de la premiere race, pour retirer les pelerins, nourrir & élever les enfans exposez, qui sont ici gouvernez par des Sœurs hospitalieres de l'Ordre du S. Esprit de Montpellier. Celui de Nôtre-Dame de la Charité est aussi dans le faubourg d'Ouche, & fut commencé en 1502. L'on y retire plus de cinq cens pauvres de tout âge & de tout sexe, qui sont servis par une Communauté de vingt Religieuses. Cet Hôpital est administré par un Président & deux Conseillers du Parlement, dont l'administration ne dure que deux ans; par deux Maîtres des Comptes, par un Trésorier de France, & par les Maire

& Echevins. Outre ces Hôpitaux, il y en a un troisiéme qui est dans la Ville sur la Paroisse de S. Philibert. Il porte le nom de sainte Anne, & est destiné pour l'éducation des pauvres orphelines. C'est Pierre Odebert Président au Parlement de cette Ville, & Odette Maillard sa femme, qui en sont les fondateurs.

La Chartreuse est à l'extrémité de ce faubourg, & à l'occident. Elle fut fondée en 1383. par Philippe le Hardi Duc de Bourgogne. C'est dans cette Eglise que sont inhumez les corps des derniers Ducs de Bourgogne, ceux des Duchesses leurs femmes, & des Princes & Princesses leurs enfans : mais on ne voit les représentations que de Philippe le Hardi, de Jean sans peur, avec Marguerite de Baviere sa femme. Ces deux tombeaux sont d'une grande beauté, & une des principales curiosités qu'on montre aux Voyageurs.

Le Couvent des Dominiquains a été fondé par Alix de Vergy Duchesse de Bourgogne, en 1237. A l'entrée de leur maison il y a une grande salle où les habitans de cette Ville s'assemblent pour l'élection du Maire.

La Maison des Jésuites est une des plus belles qu'il y ait en France. Elle doit son établissement à Odinet Gaudran Président au Parlement de cette Ville, lequel en 1581. fonda ce College pour toutes les Claſſes juſqu'à la Théologie. Pierre Odebert autre Préſident du même Parlement, ajoûta à cette fondation en 1684. celle de quatre Régens de Théologie. Cette Maiſon poſſede la Bibliotheque de Charles Fevret Conſeiller-Clerc au Parlement de Bourgogne, qui la donna aux Jéſuites, à condition qu'elle ſeroit publique. Outre ces Maiſons Religieuſes, il y en a pluſieurs autres. Le Couvent des Urſulines eſt riche de plus de quarante mille livres de rente, & ſa Communauté eſt fort nombreuſe.

Le Logis du Roi étoit le Château des Ducs de Bourgogne. Il eſt magnifique, & bien logeable. Salle des Gardes, grands appartemens, rien n'y manque. La piece que l'on appelle la ſalle des Etats, eſt deſtinée à faire l'ouverture de ces Aſſemblées, & a été bâtie ſous le gouvernement du dernier Prince de Condé. Ce Palais eſt ſitué ſur *la Place Royale* qui eſt ornée d'une ſtatue équeſtre de Louis le Grand, qui a été faite à Paris par le Hongre. Cette Place eſt percée en pluſieurs endroits qui répondent à autant de rues, dont l'une conduit au Palais. C'eſt ici qu'on fait les réjouiſſances publiques.

Le Palais est un grand bâtiment à l'antique. Au frontispice est un vestibule soûtenu par quatre colonnes, & élevé sur un perron de plusieurs marches. Charles IX. fit bâtir la grande salle qui a des boutiques de chaque côté, où l'on vend de toutes sortes de marchandises. La grand'Chambre est pour les Audiences. Plafond, dorures & peintures, rien n'y est épargné, aussi est-ce Louis XII. qui la fit bâtir.

Le bâtiment de l'Hôtel de Ville est peu de chose. Le Maire est élû tous les deux ans, au mois de Juin, par les habitans des sept Paroisses. Il prend la qualité de *Vicomte-Mayeur*, c'est-à-dire, de Vicomte-Maire. Robert II. Duc de Bourgogne acquit au mois de Novembre de l'an 1276. la Vicomté de Dijon de Guillaume de Chanlite Seigneur de Pontallier, & au mois de Décembre de l'an 1284. il la remit aux Maire & Echevins de Dijon par transaction qui fut confirmée par Philippe le Hardi.

Le Maire est chef des armes, & en cette qualité il a sous lui les sept Capitaines des sept quartiers de la Ville, sept Lieutenans, & sept Enseignes.

La Ville de Dijon a produit un grand nombre de gens de lettres, parmi lesquels Claude Saumaise, Etienne Perard,

H iiij

Charles Fevret, Benigne Bossuet Evêque de Meaux, & une des plus grandes lumieres de l'Eglise Gallicane, & Bernard de la Monnoye grand Poëte, & grand Critique, sont ceux dont le mérite a paru avec plus d'éclat.

Cette Ville a trois fauxbourgs, celui de la porte d'Ouche, celui de S. Nicolas, & celui de S. Pierre. Toutes les avenues en sont riantes, & plantées d'arbres qui forment autant de cours.

Le plus beau est sur la droite du chemin de Dijon à Auxonne. Il a un quart de lieüe de long, & est planté de trois allées de tilleuls. Ces allées sont interrompues dans le milieu de leur longueur, par un rond grand & spacieux bordé de rangs d'arbres dans le même ordre que les allées. Ce cours se termine par un grand parc fermé de murailles de trois côtez. Il est très-bien planté, & terminé par la riviere d'Ouche. On le nomme *le Parc de la Colombiere*, du nom d'une maison qui est au-delà de la riviere. Il appartient à M. le Duc de Bourbon.

Un autre cours est sur le chemin d'Auxonne & parallele à celui dont je viens de parler.

Un troisiéme est sur le chemin de Beaune.

Le quatriéme conduit depuis le faubourg d'Ouche jusqu'aux Chartreux.

Le cinquiéme a été planté en 1716. a 350. toises de long, & regne sur le rempart depuis la porte S. Pierre jusqu'au bastion de la porte d'Ouche.

La Ville de Dijon porte pour armes de gueules, au chef chargé des deux écus de Bourgogne, dont l'un est bandé d'or & d'azur, de six pieces, à la bordure de gueules, qui sont les armes que prit le Duc Robert; & l'autre est d'azur semé de fleurs de lys d'or sans nombre, à la bordure componée d'argent & de gueules, que prit Philippe le Hardi fils du Roi Jean, & qu'il mit au premier quartier de son écu.

Nuys, est une petite Ville sur un ruisseau appellé le Muzin, & située au bas d'une montagne. Son enceinte n'est que d'onze cens pas, dans lequel espace sont enfermées cent trente maisons fort serrées. Elle est fermée de murailles garnies de six tours, cinq rondes, & une quarrée. Il y a encore quelques restes de fortifications, & deux portes, l'une au midi, & l'autre au septentrion. On ne peut rien dire de certain de l'ancienneté de cette petite Ville qui tient cependant le troisiéme rang aux Etats de Bourgogne. La Seigneurie de Nuys appartient à M. le Prince de Conty, comme Engagiste,

& en cette qualité il a toujours nommé le Gouverneur, qui sur sa présentation obtient des provisions du Roi. La principale Eglise est la Collégiale de S. Denis, qui fut cedée à ce Chapitre, lorsqu'il y fut transferé du Château de Vergy en 1609. après que le Roi Henri le Grand l'eut fait démolir. L'Eglise Paroissiale est sous le titre de S. Symphorien. Les Chanoines de S. Denis en sont les Curés primitifs, & nomment un d'entre eux pour faire les fonctions curiales. Il y a aussi un Couvent de Capucins, un d'Ursulines, un Hôpital, un Bailliage, une Prévôté Royale, & un Grenier à sel.

BEAUNE, *Belnum*, *Belna*, sur là riviere de Bougeoise qui prend sa source à cinq cens pas de cette Ville. Quelques Auteurs ont crû que c'étoit la *Bibracte* dont parle César, mais M. de Valois dit que c'est sans raison, Beaune étant une petite Ville que l'on ne découvre que dans les chroniques des Monasteres de Bourgogne. La figure de cette Ville est presque ovale. Elle a deux cens douze toises de long, cent quatre-vingt-quinze de large, & sept cens quatre-vingt de circuit. Les fossez en sont beaux, & les murs assez bons. Les parapets en sont ruinez en plusieurs endroits. Elle est fortifiée par quatre bastions, deux ravelins, & six boulevarts revêtus d'un mur dont les pierres font taillées en pointes de diamants. Trois des boulevarts font presque ruinez. L'on entre dans la Ville par quatre portes, qui font nommées de S. Nicolas, de S. Martin, de la Bretonnerie, & de la Madeleine. Il y a une Collégiale dont j'ai parlé ailleurs ; deux Paroisses sans compter les trois qui sont dans les fauxbourgs, & deux Hôpitaux. Celui qui est pour les malades a été fondé par Nicolas Rollin Chancelier de Philippe Duc de Bourgogne en 1443. Ce bâtiment est vaste, & magnifique pour le tems de sa construction. Il y a cinq salles pour les malades du commun, & quatre chambres pour les personnes de distinction qui s'y font porter, & qui y sont servies en payant. Il est desservi par des Religieuses, & ses revenus sont administrez par des Maîtres qui n'exercent que pendant trois ans, & qui sont nommez par le Marquis d'Epinac qui en est le Patron, étant descendu par femmes du Chancelier Rollin.

L'autre Hôpital est général pour des orphelins & des orphelines. On les y occupe à carder & à filer de la laine. Le nombre n'en est pas fixe. Outre ces Hôpitaux, il y a encore une chambre des pauvres, dont le Bureau est composé du Maire qui y préside, de deux Chanoines, de deux Officiers Royaux, de deux Echevins, & de quatre Bourgeois. Ils font changez tous les trois ans. Les revenus font employez à faire subsister de pauvres honteux, & à faire apprendre des métiers aux enfans de l'un ou de l'autre sexe.

Il y a aussi un fort beau Collége où les PP. de l'Oratoire enseignent toutes les classes jusqu'à la Philosophie inclusivement.

Quoique cette Ville n'ait que quatre portes, elle a néanmoins cinq fauxbourgs, dans l'un desquels il y a une Chartreuse fondée en 1328. par Eudes IV. Duc de Bourgogne. Les habitans de Dijon & ceux de Beaune sont en possession de se railler les uns les autres. Lorsque ceux de Dijon parlent d'un *Niais*, ils ont coutume de dire qu'il est de Beaune, ou qu'il faut l'y envoyer. Au reste cette Ville est du Diocese d'Autun, & elle porte pour armes d'argent, à une Nôtre-Dame de carnation, habillée de gueules, le manteau d'azur, portant le petit Jesus aussi de carnation, tenant un pampre de sinople avec un raisin de sable.

CHALON, *Cabilonum*, est sur les bords de la riviere de Saône, dans une plaine vaste & fertile. Ce que l'on peut dire de plus certain sur son ancienneté, c'est que le Roi Gontran en fit la capitale de son Royaume après la mort du Roi Clotaire I. son pere. Cette Ville étoit autrefois d'une très-petite étendue, mais on l'a agrandie en enfermant les fauxbourgs de S. Jean de Maizel & de S. André dans ses nouveaux murs. La citadelle fut bâtie en 1563. sur une hauteur qui étoit dans le faubourg S. André. Elle a cinq bastions, & en 1671. & 1672. on y ajoûta quelques dehors. On n'a point touché aux fauxbourgs de sainte Marie & de saint Laurent.

Ce dernier est au-delà de la riviere, & a sa communication avec la Ville par un pont de pierre. L'Hôtel-Dieu est dans ce dernier faubourg sur la riviere de Saône, & dans une très-belle situation. Le bâtiment n'est pas fort grand, mais il est bien entendu. L'Hôpital général sous le nom de Charité, est établi depuis quarante ans. L'on y nourrit & éleve cinquante-quatre enfans. Il y a dans cette Ville plusieurs Couvents de l'un & de l'autre sexe ; & elle est très-marchande. Il y a aussi un Présidial & un Grenier à sel. Elle porte pour armes d'azur à trois anneaux d'or, deux & un.

A un petit quart de lieue de Châlon est le Prieuré Conventuel de S. Marcel possedé par des Religieux réformez de

Cluni. C'étoit autrefois une Abbaye fondée par le Roi Gontran qui voulut y être enterré. S. Defiré & S. Sylveftre Evêques de Châlon, ont auſſi été inhumez dans cette Egliſe. Le fameux Pierre Abeillard mourut dans ce Monaſtere, & fut inhumé dans la Chapelle de l'Infirmerie. Son corps fut enſuite tranſporté au Paraclet, & la Chapelle dont je viens de parler, ayant été détruite, & les Religieux voulant conſerver ce cenotaphe, le firent mettre dans l'Egliſe, où l'on le voit encore.

L'on va de Châlon à Lion par eau, ſur la riviere de Saône, ou par terre ; mais la route qu'on fait par eau, eſt la plus douce, & la plus commode. Voici l'une & l'autre de ces routes.

Route par eau.

Tournus.	5. l.
Mâcon.	5. l.
Montmerle.	6. l.
Trevoux.	6. l.
L'Iſle Barbe.	3. l.
Lion.	1. d. l.

TOURNUS, *Tinurcium*, ſur la Saône, dépend du Bailliage de Mâcon, quoiqu'elle ſoit du Dioceſe de Châlon. Là longueur de cette Ville est de mille pas, sa largeur de trois cens quatre-vingt, & son circuit de trois mille cent pas, en y comprenant l'Abbaye. L'Abbé est Seigneur haut Justicier de cette Ville. La Justice se rend dans l'enclos de l'Abbaye, & les appellations sont portées au Bailliage, & Siege Présidial de Mâcon. On prétend que les Abbés de Tournus faisoient autrefois battre monnoye, & que c'est de là que la tour de la Monnoye a pris son nom. L'Hôpital n'entretient que seize lits, & le College, ou *Séminaire* n'est composé que de deux Ecclésiastiques. Il n'y a rien de remarquable dans Tournus que l'Abbaye, où il y a une Eglise soûterraine qui est vénérable par son ancienneté, & dans laquelle l'on voit le tombeau de S. Valerien, qu'on prétend avoir annoncé le premier la Foi Chrétienne à Tournus. On trouve aux environs de cette Ville une carriere de pierre dure & jaspée qui approche fort du marbre, & dont on fait des cheminées très-propres. Tournus porte de gueules à trois tours d'argent, au chef de France.

MACON, *Matisco Æduorum*, est située sur le penchant d'un côteau, & sur la riviere de Saône qui la sépare de la Bresse, avec laquelle elle communique par le moyen d'un pont qui a trois cens pas de long sur six de large, & treize arches. L'enceinte de Mâcon forme à peu près un demi cercle, & a environ treize cens pas de long, six cens quarante de large, & trois mille de circuit. Les rues y sont étroites, & mal percées, & il n'y a presque point de places publiques. L'on compte dans cette Ville environ six mille personnes. L'entrée de Galas à la tête d'une armée allarma toute la Bourgogne, & on commença à Mâcon de nouvelles fortifications qui n'ont point été achevées. On n'a fait que deux bastions du côté de la porte S. Antoine, dont le plus grand est joignant la riviere de Saône, & n'est pas terrassé. L'Eglise Cathédrale est sous l'invocation de saint Vincent. Elle est étroite & sombre, & ses voûtes sont assez exhaussées. La sonnerie de ses cloches passe pour être une des plus harmonieuses du Royaume. La Collégiale de S. Pierre n'est remarquable que par la noblesse de son Chapitre. Il y a des Cordeliers observantins à Mâcon, des Jacobins, des Capucins, des Minimes, un College de Jésuites, & une Maison de Prêtres de l'Oratoire. Il y a aussi des Couvens de Filles de la Visitation, d'Ursulines, de Carmelites, & d'Hospitalieres qui desservent l'Hôtel-Dieu qui a quarante-huit lits, & environ six mille livres de rente. La Maison de la Charité n'a qu'environ quinze cens livres de rente, & nourrit néanmoins ordinairement cent vingt personnes. Mâcon a un Gouverneur particulier, & un Lieutenant de Roi. Pour la Justice & les Finances, il y a un Présidial, une Election, un Grenier à sel, une Jurisdiction des Traites Foraines, &c.

La Saône forme une Presqu'isle au-dessous du pont de Mâcon, qui est toute entourée d'arbrisseaux. Au milieu est une petite prairie fort propre pour donner des fêtes & des réjouissances publiques.

Mâcon porte de gueules à trois besans d'argent, deux, & un.

Montmerle est une très-petite Ville sur le bord de la Saône, de la Principauté souveraine de Dombes. Les Minimes ont un Couvent sur une éminence d'où l'on voit sans lunettes six Provinces, six Villes, & plus de deux cens Villages. Les Provinces sont le Mâconnois, le Forets, le Beaujolois, le Lionnois, la Bresse, la Principauté de Dombes. Les Villes sont Villefranche, Beaujeu, Belleville, Mâcon, Trevoux, & Toissei. En suivant le cours de la Saône, on compte deux lieues de Montmerle à Trevoux, mais par terre il n'y a que trois quarts de lieue.

TREVOUX, *Trivortium*, a pris ce nom pour avoir été bâtie dans l'endroit où l'un des grands chemins qu'Agrippa avoit fait faire dans les Gaules, se partageoit en trois, & que pour cette raison on appelloit *tres viæ*, *Trivium*. Cette Ville est la Capitale de la Principauté souveraine de Dombes, & est située sur une colline qui s'abaisse jusqu'au bord de la Saône. Le Pape Clement VII. y établit un Chapitre en 1523. Il est composé d'un Doyen qui est Conseiller-né du Parlement, d'un Chantre, d'un Sacristain, & de dix Chanoines, tous Concurés de la Ville. Le Doyenné est à la nomination du Souverain. On voit aussi à Trevoux un Couvent de Religieux du Tiers-Ordre de S. François, un de Carmelites, un d'Ursulines, un Hôpital bâti, & fondé par feue Anne-Marie-Louise d'Orleans, Souveraine de Dombes. *Il n'est pas vrai que les Jésuites ayent ici un Couvent, ni qu'ils y composent & impriment tous les mois le Journal des Sciences & des beaux Arts*, comme le dit l'Auteur d'un Voyage de France imprimé chez Saugrain en 1720. Tout le monde sçait que les P P. Jésuites qui travaillent à ce Journal, demeurent à Paris, & que le Journal dont ils sont les Auteurs, s'est imprimé à Trevoux pendant fort longtems, mais depuis quelques années il s'imprime à Paris. Le Parlement tenoit ses séances à Lion, mais en 1696. Monseigneur le Duc du Maine le transfera à Trevoux, où il fit bâtir un beau Palais pour le Siege de la Justice. Ce Parlement est composé de trois Présidens, d'un Chevalier d'honneur, de douze Conseillers, dont il y en a deux de Clercs, de trois Maîtres des Requêtes, d'un Procureur Général, de deux Avocats Généraux, & de quatre Secretaires. Ce même Prince a fait établir une Imprimerie dans la même Ville, & a fait tracer le plan d'un beau College. La Chambre du Trésor, l'Hôtel de la Monnoye, & le Palais du Gouverneur sont les autres édifices les plus remarquables de Trevoux.

L'Isle Barbe est au milieu de la riviere de Saône, entre le Village de Cuires, & celui de S. Rambert. Comme ce n'étoit qu'un écueil sterile & sauvage, on le nomma d'abord l'Isle-Barbare, & ensuite par contraction l'*Isle-Barbe*. Elle fut d'abord habitée par des Chrétiens qui fuyoient la persécution de l'Empereur Severe. Longin Gentilhomme du pays bâtit un Monastere à la pointe septentrionale de cette Isle, vers l'an 240. Ce Monastere subsista jusqu'à ce qu'il fut entierement ruiné par les Wifigoths. L'Empereur Charlemagne en fit bâtir un nouveau, & y assembla quatre-vingt-dix Religieux qu'il avoit fait venir du Mont Caffin, & des plus fameux Monasteres de son Royaume. Cet édifice fut encore saccagé & ruiné par les Calvinistes. Cette Abbaye fut sécularisée en 1549. Les Seigneurs du nom de *Montdor* ont donné des Seigneuries considerables à ce Monastere où ils avoient par là acquis une maison, & droit de sépulture. Comme les *Montdor* prétendent descendre du fameux Paladin Rolland, les Seigneurs d'Hoirieu qui étoient les aînés de la Maison de Montdor étoient en possession de venir tous les ans à l'Isle-Barbe le jour de l'Ascension pour exposer au Peuple parmi les Reliques de cette Abbaye, le cor de chasse d'yvoire de ce Preux. Outre l'Eglise Collégiale, il y a une petite Paroisse dans l'Isle-Barbe.

Route de Châlon à Lion, par terre.

Senecey.	3. l.
Pimont.	1. l.
Tournus.	1. l.
Montbelet.	2. l.
Mâcon.	3. l.

La Chapelle.	2. l.
La Maison Blanche.	1. l.
Belleville.	2. l.
Villefranche.	2. l.
Anse.	1. l.
Lion.	4. l.

Belleville est une petite Ville du Beaujolois située sur la riviere d'Ardiere. On y remarque une Abbaye de l'Ordre de S. Augustin, qui fut fondée l'an 1160. par Humbert de Beaujeu.

Villefranche, sur le Morgon, est aujourd'hui la Capitale du Beaujolois, & comme elle est dans une plaine fort fertile, cela a fait dire que *la lieue d'Anse à Villefranche est la meilleure du Royaume*. Cette petite Ville fut fondée par Humbert IVe. du nom, Sire de Beaujeu, vers le commencement du douziéme siecle. Ce Seigneur donna le terrein sur lequel elle est bâtie sous la redevance de trois deniers par toise ; & entre les privileges qu'il accorda afin d'y attirer des habitans, il y en avoit un qui permettoit aux maris de battre leurs femmes jusques à effusion de sang, sans être repris, pourvû que la mort ne s'ensuivit pas. Il y a encore dans la banlieue de Villefranche un usage fort singulier. Lorsque le petit peuple croit que les grains font mûrs, il va les couper fans la permiſſion du proprietaire; il les lie, & fe paye de fa peine, en emportant la dixiéme gerbe. Cette maniere de moiſſonner s'appelle *la cherpille*, & a toujours fort déplu aux proprietaires, mais jufqu'à préfent ç'a été envain. Au refte Villefranche ne confifte prefque qu'en une très-belle rue qui va d'un bout de la Ville à l'autre. Il y a dans cette petite Ville une Election, un Grenier à fel, & une Académie de beaux Efprits qui y fut établie en 1679.

LION, *Lugdunum*, *Lugudunum*, *Lucdunum*, *Lygdunum*, *Lugdunum Seguſianorum*. Polype & Tite-Live donnent le nom d'*Iſle* au pays qui eſt enfermé entre le Rhône, la Saône, & les Alpes, & dont la figure triangulaire le fait reſſembler au *Delta* d'Egypte, avec néanmoins cette différence qu'en ce lieu de l'Egypte, c'eſt la mer qui fait la baſe du triangle, & qu'ici ce font les montagnes. C'eſt dans cette petite Iſle, au confluent du Rhône & de la Saône, que la Ville de Lion eſt fituée. Sa fondation eſt fi ancienne que le tems en eſt fort incertain. Annius de Viterbe l'attribue à *Lugdus* quatorziéme Roi des Celtes, mais ce fentiment n'a été fuivi que par Jean le Maire, & par un petit nombre d'autres

Ecrivains particulierement dévoués à l'erreur & à la fable. D'autres prétendent que cette Ville a été fondée vers l'an de Rome 364. par deux freres nommés *Momorus*, & *Atepomarus*, Princes Gaulois qui regnoient dans la Ville de *Céferon*, aujourd'hui nommée *S. Tuberi*, proche la Ville d'Agde en Languedoc, lesquels ayant été chassez de leur Royaume par des Peuples voisins, remonterent le Rhône jusqu'à l'endroit où la Saône se joint à ce fleuve; & que là ils furent avertis par un oracle d'y bâtir une Ville qu'ils appellerent *Lugdunum*, parce que *Lugos* en leur langue signifioit un *corbeau*, & qu'aussitôt qu'ils avoient jetté les fondemens de cette Ville, ils virent paroître tout d'un coup des corbeaux qui couvroient de leurs aîles tous les arbres des environs.

Le silence de César qui ne parle en aucune façon de cette Ville, & plus encore celui de Polybe, de Tite-Live & de Plutarque, qui ont décrit avec tant de soin la marche d'Annihal, ne laisse aucune réponse raisonnable à ceux qui soûtiennent ce sentiment.

La troisiéme opinion est la plus vraisemblable, & aussi la plus universellement suivie. Elle attribue la fondation de Lion à *Lucius Munatius Plancus*,

Conful Romain, qui vers l'an 709. de Rome, bâtit cette Ville aux habitans de Vienne alliez du Peuple Romain, lefquels s'étoient réfugiez au confluent du Rhône, & de la Saône, après avoir été chaffez de leur Ville par les Allobroges, & y conduifit une colonie de Romains pour achever de la peupler.

Le P. Meneftrier eft Auteur d'un quatriéme fentiment qui eft une conciliation du fecond & du troifiéme, que je viens de rapporter. Il prétend que *Momorus* & *Atepomarus*, bâtirent une Ville fur la montagne de Fourviere, & que trois ou quatre fiecles après, *Plancus* en bâtit une autre au-deffous de l'ancienne, dans la plaine qui eft au confluent du Rhône & de la Saône. On fit au P. Meneftrier plufieurs obfervations très-folides aufquelles il répondit de fon mieux, mais je ne fçai fi fa grande érudition lui permit de fentir toute la force des raifons qu'on lui objectoit. M. Broffette dans fon Hiftoire de Lion, a propofé une difficulté qu'on n'avoit jamais faite au P. Meneftrier, & laquelle cependant me paroît encore plus forte que les autres.

Les Etymologiftes ne font pas moins partagez fur le nom de *Lugdunum*, que les Hiftoriens le font fur le tems de la fondation de cette Ville. Les uns veulent

lent que Momore la nomma *Lugdunum* à cause des corbeaux qu'il y avoit vûs, & que *Lugu* en Langue Celtique signifioit un corbeau. D'autres prétendent que *Lugdus* son fondateur lui donna son nom. D'autres, qu'elle a été appellée *Lucdunum* de *Lucius Munatius Plancus*, comme qui diroit la colline de *Lucius*. D'autres enfin soûtiennent qu'elle a été ainsi nommée pour marquer sa situation au soleil levant, *Lucis dunum*, &c.

Valois, le P. *Hardouin*, & nos plus judicieux Critiques rejettent toutes ces étymologies, & disent qu'afin qu'elles pussent être admises, il faudroit que toutes les Villes de France qui portent le nom de *Lugdunum*, ou l'eussent pris des corbeaux qu'on y vit, ou eussent été fondées par *Lugdus* Roi des Gaules, ou rebâties par *Lucius Munatius Plancus*, ou eussent été enfin bâties sur des montagnes exposées au soleil levant; ce qui est ridicule. *Lugdunum* a donc été formé de deux mots Celtiques *Lut*, & *dun*, dont le premier signifie en cette langue *peuple*, & le second *montagne*, comme qui diroit *le peuple*, ou *les habitans de la montagne*.

La situation de Lion la rend l'entrepôt d'un très-grand commerce. Il n'y eut rien de plus célèbre dans les Gaules, après que les Romains les eurent conquifes, que le temple que foixante peuples des Gaules firent bâtir en l'honneur de la Ville *de Rome*, & *d'Augufte*. Ces peuples donnerent autant de ftatues, avec leurs infcriptions, pour orner l'Autel qu'ils y avoient fait ériger à ce Prince. Caligula ayant reçû l'honneur de fon troifiéme Confulat, pendant qu'il étoit à Lion, ajoûta toutes fortes de jeux, & établit cette fameufe Académie qui s'affembloit devant l'Autel d'Augufte, où les plus excellens Orateurs alloient difputer le prix de l'éloquence, & fe foumettoient à la rigueur des loix qu'il avoit faites à ce fujet. Ce Temple & cet Autel étoient dans l'endroit où eft l'Abbaye d'*Aifnay*, qu'on a ainfi appellée d'*Athenæum*, nom que l'on donnoit à cette Académie.

La Ville de Lion fut confumée en une nuit par le feu du Ciel, & Seneque* dit avec beaucoup d'efprit en parlant de cet embrafement, qu'il n'y eut qu'une nuit entre une grande Ville & une Ville qui n'étoit plus: *Inter magnam Urbem & nullam, nox una interfuit*. Neron y envoya une fomme confiderable d'argent pour rétablir cette Ville, & cette fomme fut fi fidelement & fi utilement employée, qu'en moins de vingt ans, Lion fe trouva en état de faire tête à la

* Epitre 91.

Ville de Vienne, qui fuivoit le parti de Galba contre Vitellius.

On voit encore à Lion des restes des ouvrages magnifiques dont les Romains avoient décoré cette Ville. Le Théatre où le peuple s'assembloit pour voir les spectacles, étoit sur la montagne de S. Juft, dans le terrein qui est occupé par le Couvent & les vignes des Minimes. Il ne reste plus de ce monument que quelques arcades presque ruinées, & un amas de pierres.

Ils avoient fait construire des aqueducs pour conduire de l'eau du Rhône dans la Ville, & même pour y en faire venir de la riviere de Furan en Forez. Ces derniers avoient sept ou huit lieues, & venoient aboutir au même quartier de S. Juft. L'on en voit encore plusieurs arcades près de *Fourviere*, & dans les Villages de *Sainte-Foy* & de *Champonoft*. Les réservoirs qui recevoient ces eaux se remarquent en plusieurs quartiers de la Ville, mais principalement dans le jardin du Monastere de la Deferte, & dans une vigne des Ursulines sur la montagne de S. Juft, où l'on voit un de ces réservoirs tout entier, nommé *la grotte Berelle*.

Le Palais des Gouverneurs & des Empereurs lorsqu'ils étoient à Lion, étoit sur le penchant de la même montagne dans le terrein qu'occupe aujourd'hui le Monastere des Religieuses de la Visitation, nommé à cause de ce monument *le Couvent de l'Antiquaille.*

Lion est la seconde Ville de France, & ne cede qu'à Paris. Elle est comme au centre de l'Europe, & par le moyen de ses deux rivieres, elle a fait un commerce très-florissant. On tient qu'il y a dans cette Ville quatre mille maisons, & cent mille ames. On y compte cinq Eglises Collégiales, treize Paroisses, quatre Abbayes, quatre Prieurés, environ cinquante Maisons Religieuses, deux Hôpitaux, six portes, & quatre fauxbourgs; celui de Vaise sur la route de Paris; celui de la Croix-rousse vers la Bresse; celui de la Guillotiere vers le Dauphiné; & celui de S. Just, ou de S. Irenée, sur le chemin de Montbrisson.

La Ville de Lion est partagée en trente-six quartiers nommez *Pononages*; parcourons ce qu'il y a de plus remarquable dans ces quartiers.

L'Eglise Archiépiscopale & Primatiale est célebre par son ancienneté & par sa dignité. Elle porta d'abord le nom de S. Etienne, qu'elle quitta dans la suite pour prendre celui de S. Jean. Elle est grande & mal éclairée pour un bâtiment aussi vaste. Le grand Autel est au milieu du Chœur, & la disposition des formes des Chanoines a un air de vénérable antiquité. On remarquera la fameuse horloge qui est à côté du Chœur. C'est à présent un morceau bien dérangé. Elle fut faite par *Nicolas Lippius*, de Bâle, l'an 1598. & rétablie en 1660. par *Guillaume Nourriſſon*, habile horlogeur de Lion, natif d'Ambert en Auvergne.

S. Etienne est une Eglise tout-auprès de celle de S. Jean. Elle a la forme des anciennes Eglises bâties en croix, & dont l'Autel est tourné du côté de l'Orient. On y conserve entre autres Reliques, les chefs de S. Etienne & de S. Irenée.

On va voir par curiosité la grosse cloche de l'Eglise de S. Jean. Lorsque la *S. Jean* concourt avec la *Fête-Dieu*, on célebre dans cette Eglise une espece de Jubilé, qui est une cérémonie bien singuliere. Le concours de ces deux fêtes arriva l'an 1666. que la célébration de ce Jubilé fut continuée pendant trois jours & trois nuits. Le saint Sacrement fut exposé durant tout ce tems-là au Jubé qui est au-dessus de l'Autel. Le Chapitre fit fraper des médailles de bronze pour en conserver la mémoire, & l'on publia plusieurs écrits dans lesquels on n'allegua en faveur de ce Jubilé qu'un usage observé depuis plusieurs siécles, toutes les fois que ces deux fêtes se sont rencontrées le même jour.

S. Nizier est une Eglise Paroissiale & Collégiale, qui est située presque au milieu de la Ville, & qui n'est guéres moins belle que celle de S. Jean. Son portail est d'ordre dorique, & du dessein de Philibert de Lorme célébre Architecte, mais il n'est pas achevé. La crypte qui est sous la Chapelle de la Vierge a servi de dépôt aux Reliques de S. Photin, premier Evêque, & de quarante-huit Martyrs de Lion. Le Chœur est rempli de grands tableaux qui représentent la Vie de Jesus-Christ. Ils sont, hormis quatre, de Thomas Blanchet. Celui de la Fragellation est du vieux Palme.

L'Eglise Collégiale de S. Just avoit été bâtie par S. Patient Archevêque de Lion, avec beaucoup de magnificence, comme il paroît par la description qu'en a donné Sidoine Apollinaire, mais elle fut détruite par les Calvinistes en 1562. Environ cent ans après on employa une partie des materiaux à bâtir le Chœur de la nouvelle Eglise de S. Just qui est dans la Ville, au lieu que l'ancienne étoit hors des portes. En 1703. les Chanoines ont fait bâtir la nef & la façade de leur Eglise sur les desseins du sieur de la Monce, avec beaucoup de goût & de régularité.

L'Eglise de S. Irenée est une des plus anciennes, & étoit une des plus magnifiques avant l'an 1562. qu'elle éprouva la fureur des Calvinistes, & fut détruite en partie. Par Lettres Patentes de l'an 1702. cette Eglise & les places Canoniales ont été unies & incorporées à la Congrégation des Chanoines Réguliers de sainte Genevieve. L'on montre ici une partie de la Colonne que l'on dit être celle à laquelle Jesus-Christ fut attaché pendant qu'on le flagelloit ; le sépulcre de S. Irenée, & l'Autel de S. Polycarpe.

L'Eglise de S. Paul est une Collégiale, auprès de laquelle est l'Eglise Paroissiale de S. Laurent que Messieurs Mascrany firent relever de ses ruines l'an 1639. L'on remarque dans l'Eglise de S. Laurent, proche la chaire du Prédicateur, le tombeau & l'épitaphe du fameux Jean Charlier, connu sous le nom de *Gerson*, qui étoit celui du Village où il étoit né. Il étoit Chancelier de l'Université de Paris, & mourut à Lion en 1429.

Les Jésuites ont deux Colleges dans cette Ville.

Le grand est l'un des plus magnifiques du Royaume, & a été bâti sur les desseins de Martel-Ange, Frere Jésuite de Lion. Il est sous l'invocation de la très-sainte Trinité, & voici l'Inscription qu'on y lit :

Collegium Lugdunense Societatis Jesu. Sanctissimæ Trinitati sacrum Templum hoc gentibus apertum omnibus. Increatæ Sapientiæ D. D. ut scientias omnes illi faciat vectigales.

Quatre ordres d'architecture ont été peints dans la cour de ce College. Le Toscan sert de base aux autres ; sa frize n'a point d'autre ornement que l'Inscription Latine que l'on vient de lire. L'ordre Dorique avec tous ses ornemens est placé audessus du Toscan. L'ionique est le troisiéme ; & l'on a mis dans les entrecolonnes de cet ordre les figures symboliques des Sciences que l'on enseigne dans ce College, & que l'on a divisées en trois classes. Les Sciences sacrées composent la premiere ; les humaines la seconde ; & les Arts sçavans la troisiéme. L'ordre Corinthien fait enfin le couronnement de cette peinture, dont l'élévation n'étant point égale en toutes ses faces, a obligé de jetter des termes & des ornemens d'ordre Composite dans les faces qui sont plus élevées. La Bibliotheque de cette Maison est une des plus belles qu'il y ait dans le Royaume, étant composée d'environ quarante mille volumes. Le Vaisseau en est assez vaste, & des mieux situés qu'il y ait en Europe pour la vûe. L'on a élevé sur la façade, & sur une partie de la voûte de l'Eglise, un *Observatoire* ou bâtiment destiné aux observations astronomiques, qui a été bâti sur les desseins, & par les soins du P. Jean de S. Bonnet.

Le petit College a été fondé en 1630. par Gabrielle de Gadagne de Chevrieres. Ses revenus ont été augmentez par plusieurs donations qu'on lui a faites depuis, & par l'union du Prieuré de S. Romain en Jarêts. L'on remarque dans l'Eglise un grand & excellent tableau de Stella, qui représente J. C. dans le désert.

Outre ces deux Colleges, les Jésuites ont à Lion *la Maison de S. Joseph*, qui est destinée au troisiéme an de Noviciat. Elle a été fondée par le P. François de Canillac, & a reçû des bienfaits du Roi Louis XIII. & de plusieurs Particuliers.

La Maison des Prêtres de l'Oratoire est belle, & bien bâtie. Elle est située sur la colline de la Croix rousse.

A la Place *Confort* l'on voit une pyramide érigée en l'honneur du Roi Henri IV. & sur laquelle les noms de *Dieu* sont gravez en vingt-quatre langues.

Le Couvent des F. F. Prêcheurs est

situé sur cette Place. Le Chœur de leur Eglise est enrichi de marbre. La Chapelle de S. Thomas est superbe par ses colonnes & par ses autres ornemens. On y remarque un tableau qui représente saint Thomas, convaincu à la vûe de J. C. ressuscité. Ce tableau qui est du *Salviati*, est d'un si grand prix, qu'on dit qu'Anne d'Autriche Reine de France, offrit de le payer avec autant de louis d'or qu'il en faudroit pour le couvrir. Les Princes Jaques, & Pierre de Bourbon, pere, & fils, qui furent tuez à la bataille de Brignais, ont leur tombeau dans le Chœur de cette Eglise, au côté droit du Sanctuaire. Leurs épitaphes disent que cette bataille se donna l'an 1362.

Les Cordeliers ont le chef de S. Bonaventure dans un beau buste d'argent. On y voit encore sa chambre changée en Chapelle, & peinte par le vieux Stella. Elle est soûtenue par quatre colonnes de marbre gris, & le tableau de l'Autel est un S. François de *Vannius*, qui est fort estimé par les Connoisseurs. Cette belle Chapelle & ce beau tableau sont à l'autre extrémité de la Ville, au Couvent de l'Observance. L'une & l'autre sont excellens pour la peinture, & pour l'architecture.

Les Célestins possedent les cœurs de

Louis Duc de Savoye, & du Cardinal d'Amboise.

Les Filles de la Visitation de Sainte Marie possedent celui de S. François de Sales leur fondateur, qui mourut dans la petite maison du Jardinier de ce Monastere l'an 1622. Outre ce Couvent qui est auprès de la Place de *Louis le Grand*, ces Religieuses en ont deux autres dans Lion, celui de l'*Antiquaille*, & celui de *Sainte Marie des Chaines*.

Sainte Elisabeth est un grand Monastere. On y voit un fort beau tableau de Stella, & un autre à l'aiguille fait par les Religieuses, & qui est dans son espece un ouvrage parfait.

Saint Pierre est une Abbaye de Filles, & un magnifique bâtiment moderne à trois grandes faces, dont la principale regne sur la Place des Terreaux. Il est décoré en dehors des ordres Dorique, & Composite à pilastres. Au pourtour du jardin regne un grand portique audessus duquel est une terrasse découverte. L'Eglise est un ancien édifice qu'on a embelli par tous les ornemens modernes dont il a été susceptible. L'argenterie de l'Autel est d'un prix très-considerable, & mérite d'être vûe.

Le Couvent des Recolets est situé à mi-côte, audessus de sainte Croix. On y remarque une voûte aſſez hardie qui ſoûtient la façade de l'Egliſe. On vante fort à Lion ce morceau d'architecture qui a été fait en 1648. par le Frere Valerien Religieux du même Ordre.

Le Couvent des Carmelites a été fondé par la Maiſon de Villeroy, & on peut dire que c'eſt une dépenſe Royale. Le Maître-Autel de leur Egliſe eſt ſurtout d'une grande richeſſe. On ne ſçait ce qu'on y admire le plus, on l'habileté des ouvriers, ou la magnificence des différentes pieces qui le compoſent. Le tableau eſt une deſcente de Croix copiée d'après le Brun. Le tabernacle a été fait à Rome. Les marbres des petites colonnes de ce tabernacle ſont rares & remarquables. La Chapelle des Fondateurs eſt un chef-d'œuvre de ſculpture, & les différens mauſolées qu'elle renferme, ne ſont pas des pieces moins parfaites. Le tableau de cette Chapelle eſt excellent. C'eſt une Nativité, & le plus beau qu'ait fait *Hoüaſſe*.

Le grand Hôtel-Dieu de Nôtre Dame de Pitié fut fondé vers le milieu du ſixiéme ſiecle par le Roi Childebert, & la Reine Ultrogothe ſa femme. Ce bâtiment a pluſieurs fois changé de forme. La grande Infirmerie eſt ſur le deſſein de celle du grand Hôpital de Milan. Elle a

560. pieds de long, & est disposée en forme de Croix Greque. Au milieu de cette vaste croisée, s'éleve un dôme de trente-six pieds de diametre, sous lequel est un Autel isolé à quatre faces, qui peut être vû des rangs de lits les plus éloignés. L'Eglise répond à la magnificence de cet édifice; & le portail de cette maison est du Sieur de la Monce qui a emploŷé ici l'ordre Dorique avec goût & élégance. Cette maison est administrée par quatorze Citoyens qui servent pendant deux années. De ces quatorze Administrateurs il y en a deux qui président, dont l'un est Officier de la Cour des Monnoyes de Lion, & l'autre est un des plus fameux Avocats.

L'Hôpital de la Charité a été fondé des libéralités de M. de Marquemont Archevêque de Lion, des Chanoines Comtes de S. Jean, de M. d'Alincourt, Gouverneur, & de plusieurs autres Citoyens. Il est d'une grande étendue, & composé de neuf cours, autour desquelles sont de grands corps de bâtimens destinés au logement des pauvres qui sont séparez suivant leur âge, & suivant leur sexe. Ceux qui sont en état de travailler, sont employez aux manufactures de soye, ou de laine, qu'on a établies dans cette maison. Les greniers à bled méritent d'être vûs. Au fond de l'Eglise l'on remarque deux tombeaux élevés à la mémoire de Jaques Moiron Lieutenant Général de la Sénéchauffée de Lion, & de Simon Fornier Marchand de Lion, qui laifferent leurs biens à cette maifon. La direction de cet Hôpital eft commife à feize Recteurs qui font deux ans en fonctions. Les Préfidens de ce Bureau font toujours un Chânoine Comte de S. Jean, un Tréforier de France, & un Avocat.

La Place de Bellecour a quitté ce nom pour en prendre un plus augufte, depuis le 27. de Décembre 1713. qu'on y éleva une ftatue équeftre de Louis le Grand, faite par des Jardins. Il fut ordonné dès lors qu'on appelleroit cette Place dans les difcours & dans les Actes, *La Place de Louis le Grand*.

La Place des Terreaux a auffi fa beauté. L'Hôtel de Ville, & l'Abbaye de S. Pierre en font le principal ornement.

L'Hôtel de Ville eft en ce genre un des plus beaux morceaux de l'Europe, & fut commencé en 1647. & entierement achevé en 1655. C'eft un grand bâtiment quarré-long, compofé de la façade qui regne fur la Place des Terreaux, & de deux aîles en retour qui ont foixante-dix toifes de longueur, & finiffent fur le jardin. La façade qui est sur la Place, est gâtée au milieu par une tour quarrée de très-mauvais goût, terminée en coupole, & aux angles décorée par deux grands pavillons en avant corps. La grande porte est ornée de deux colonnes ioniques de marbre, & elle conduit à un grand vestibule voûté où l'on remarque les bustes de Philippe le Bel, de Charles VIII. & de Henri IV. Le premier de ces Rois établit le Consulat à Lion : le second l'honora du privilege de la Noblesse : & le troisiéme le réduisit à un Prevôt des Marchands, & à quatre Echevins. L'on voit aussi dans ce vestibule une table antique de bronze partagée en deux, sur laquelle est gravée la harangue que l'Empereur Claude, n'étant encore que Censeur, fit au Sénat de Rome en faveur des Lionnois. Le hazard fit que cette table fut trouvée l'an 1528. en creusant dans la colline de S. Sebastien, pour chercher les eaux d'une fontaine.

Le grand escalier se fait remarquer non seulement par sa grandeur, & par sa belle disposition, mais aussi par les peintures dont *Thomas Blanchet* l'a enrichi. Ce Peintre a représenté ici l'embrasement de Lion, & pour traiter ce sujet d'une maniere plus pathétique, & moins confuse, il l'a divisé en quatre parties, ou tableaux *.

La Place du Change est moins fameuse par son étendue, que parce que les Marchands s'y assemblent tous les jours, & font en paroles & en papiers, presque tout le commerce du Royaume, & des pays étrangers. La loge du Change n'est pas fort grande.

On compte a Lion quatre ponts : un sur le Rhône, & trois sur la Saône.

Le pont du Rhône de Lion, est composé de vingt arches, & fut bâti par les soins du Pape Innocent IV. Il y a trois remarques singulieres à faire sur ce pont qui a cela de particulier, de même que celui du pont S. Esprit, & celui d'Avignon, que son plan n'est pas en droite ligne, & qu'il fait un angle, ou espece de courbure, dont la convexité s'oppose au courant des eaux. En second lieu, on l'avoit d'abord fait si étroit qu'il n'y pouvoir passer qu'une charrette à la fois. Pour remedier à cet inconvenient, on éleva un autre pont semblable tout joignant, & pour donner à ces deux ouvrages la solidité nécessaire, on fit passer d'un côté à l'autre de chaque arcade des barres de

* Ce Blanchet étoit Parisien, & a été un de nos grands Peintres. Le Brun l'appelloit toujours son frere en lui écrivant.

fer, avec des clefs à chaque bout. Troisiémement, comme les arcades n'en étoient pas fort grandes, il arrivoit souvent que celle du milieu se bouchoit; mais il y a environ soixante cinq ans qu'un Architecte plus hardi que les autres, fit couper la pile du milieu, & de deux arches, n'en fit qu'une. Il n'y a eu que le succès qui ait pû justifier cette entreprise.

Des trois ponts sur lesquels on passe la Saône à Lion, il y en a un de pierre, & deux de bois. Le premier est étroit, serré, peu solide, & difficile à monter pour les carrosses, & pour les voitures. Il est composé de quatre arches, auxquelles des rochers qui viennent audessus de l'eau, servent de fondement.

Le Pont de S. Vincent est de bois, & cependant assez estimé à cause de la hardiesse d'une seule arche de charpente qui le forme.

Le cabinet de feu Nicolas Grollier de Serviere est renommé dans toutes les parties de l'Europe, & il y a plus de soixante ans qu'il est l'objet de l'empressement des Voyageurs curieux qui passent par Lion. Les cabinets que l'on voit ailleurs, sont des monumens du goût, ou de la richesse de ceux qui les ont formez, mais celui-ci a cela de particulier, que tout ce qu'on y voit eſt l'ouvrage de l'eſprit inventif de M. de Serviere, & de l'adreſſe de ſes mains. L'on ne peut pas faire un plus magnifique éloge de ce cabinet que de remarquer que pendant le ſéjour que Louis le Grand fit à Lion, il l'honora deux jours de ſuite de ſa préſence. Un petit-fils de l'Auteur de ce merveilleux cabinet en a donné une deſcription exacte & élégante, qui inſtruit également ceux qui l'ont vû, & ceux à qui il eſt inconnu. Il l'a partagée en trois parties. Dans la premiere, il décrit les pieces de tour; dans la ſeconde, les horloges; & dans la troiſiéme, les machines de mechanique.

Outre les monumens d'antiquité dont j'ai déja parlé, l'on découvrit le 12. de Décembre de l'an 1704. en fouillant la terre ſur la montagne de Fourviere, un Autel antique, ou piedeſtal quarré, dont la hauteur eſt d'environ quatre pieds, en y comprenant ſa baze & ſa corniche, & la largeur de chacune des faces eſt d'environ un pied & demi. Sur la face de devant eſt une Inſcription au milieu de laquelle on voit en demi-relief la figure d'une tête de taureau. Sur la face droite eſt une tête de bélier, mais ſans inſcription. Les P P. Colonia, Daniel, Bonani, Jéſuites; & M. Gros de Boze ont publié de sçavantes Dissertations pour expliquer ce monument qui fut érigé pour conserver la mémoire d'un *Taurobole*, ou sacrifice du taureau à la déesse Cybele.

L'an 1707. au mois de Juin, Messieurs du Consulat de Lion firent démolir un monument ancien & célebre, appellé le *Tombeau des deux amans*, qui étoit dans le faubourg de Vaise. L'origine de ce tombeau, ou petit temple, a fort exercé les Sçavans. Comme il n'y restoit point d'inscription, & qu'aucun Auteur ancien n'en a parlé, plusieurs Ecrivains ont donné l'essort à leurs conjectures. Les uns ont dit que c'étoit le tombeau de deux amans qui moururent de joye en se revoyant après une longue absence. Les autres que c'étoit le tombeau d'Herode & d'Herodias, qui furent releguez à Lion par Caligula. D'autres croyent que ces deux amans étoient deux Chrétiens, mari & femme, qui avoient vécu ensemble en gardant la chasteté. M. Spon croyoit que c'étoit un Autel dédié à quelque divinité payenne qu'on adoroit à l'entrée de la Ville. Le P. Menestrier jugeoit que ce monument fut consacré à la mémoire de deux Prêtres du Temple d'Auguste, nommés l'un & l'autre *Amandus*, par un de leurs affranchis qu'ils avoient institué leur héritier. M. Brossette oppose quelques difficultés au sentiment de ce Jésuite, & en propose un nouveau avec beaucoup de modestie. Il conjecture que ce monument pourroit bien être le tombeau d'un *Amandus*, qui selon une inscription rapportée par M. Spon*, en érigea un à sa sœur bien aimée. Le même M. Brossette déplore avec raison que ce monument après avoir échappé à la fureur des peuples barbares, ait enfin péri par les mains de ceux mêmes qui devoient se faire une espece de religion de le conserver.

L'on a tenu deux Conciles généraux à Lion, l'un y fut assemblé par le Pape Innocent IV. en 1245. & l'autre par le Pape Grégoire X. l'an 1274.

Ceux qui cherchent les plus courts chemins, ou qui sont pressez par leurs affaires, s'embarquent à Lion sur le Rhône, pour aller en Provence, mais ceux qui ne voyagent que pour voir, & pour s'instruire, vont à Grenoble, & de là continuent leur voyage jusqu'à Marseille, & à Toulon. C'est la route que je vais suivre ici présentement, me réservant à parler de l'autre dans l'Itinéraire de Paris à Lion par le Nivernois, le Bourbonnois, &c.

* Antiquités de Lion, pag. 123.

Les Ormes.	2. l.
Heyrieu.	2. l.
Artas.	2. l. & d.
Chateaunet.	1. l. & d.
Champier.	1. l. & d.
La Frette.	1. l.
Rives.	2. l.
Charnaicle.	d. l.
Moirans.	d. l.
Grenoble.	3. l.

GRENOBLE, *Cularo, Gratianopolis*, après que l'Empereur Gratien l'eut fait rétablir, est sur l'Isere, & la Capitale du Dauphiné. Sur la montagne au pied de laquelle Grenoble est située, est un fort ou réduit assez négligé, appellé la *Bastille*. A mi-côte de cette même montagne, est la *Tour du Rabot* qui est présentement abandonnée. L'Isere coupe Grenoble en deux parties inégales. La moins considerable est fort serrée par le côteau, & s'appelle *S. Laurent* ou *la Perriere*. Elle ne consiste presque qu'en une grande rue. S. Laurent est la Paroisse de ce quartier. Audessus est un Couvent de Filles de la Visitation, appellé *Sainte Marie d'en haut*. Le quartier de *Boune* est le plus beau de Grenoble; les rues y sont grandes, belles & bien percées. Le

Palais où se tient le Parlement, la Chambre des Comptes, & le Bureau des Finances, est un ancien bâtiment, situé sur une Place presque ronde. La Place nommée *la Grenelle*, est grande & belle. A l'un des bouts est l'Hôtel de Ville, maison fort simple. *L'Hôtel de Lesdiguieres* est un assez grand bâtiment, composé de différens corps de logis joints les uns aux autres. Ils forment un tout qui n'a rien de beau pour l'extérieur, mais dont les dedans sont commodes & magnifiques. Le jardin consiste en un parterre accompagné d'une terrasse, & d'un petit bois. C'est la promenade de la Ville. L'Eglise Cathédrale n'a rien de remarquable, mais le Palais Episcopal est un beau bâtiment qui doit sa beauté au feu Cardinal le Camus Evêque de Grenoble. Les salles sont ornées de tableaux de prix, de la Vie & de la Passion de Jesus-Christ, & des portraits des Evêques de cette Ville. Le Séminaire a été fondé, & établi par ce même Cardinal, & est dirigé par des Prêtres de l'Oratoire. Cette Eminence y fonda aussi cinq places pour autant de pauvres Ecclésiastiques. L'Hôpital général est bien bâti, ayant quatre corps de logis, & des jardins d'une étendue suffisante. Tous les autres Hôpitaux de la Ville ne font qu'un même corps avec celui-ci, & font fous la même direction. L'Arfenal eſt une petite citadelle au milieu de la Ville. A Sainte Claire on peut voir les tombeaux de la Connêtable de Lefdiguieres, & de fa fille. Ils font de marbre, & eſtimez pour la ſculpture. Les draperies ſurtout en font parfaitement bien jettées. Le cours & le mail font d'agréables promenades. Les fortifications de Grenoble font du Chevalier de Ville. Il y a cinq portes à Grenoble, ſçavoir trois du côté de la Ville, & deux au-delà de la riviere, qui font celles de France, & de S. Laurent. On paſſe l'Iſere à Grenoble ſur deux ponts, dont l'un eſt de pierre, & l'autre de bois. Ce dernier eſt au-deſſous de l'autre, & près de l'Arfenal. La Ville de Grenoble porte pour armes, d'or à trois roſes épanouies de gueules, deux, & une.

Pendant qu'un Voyageur curieux eſt à Grenoble, il doit aller voir la prétendue fontaine brûlante, & la grande Chartreuſe.

La fontaine brûlante, ou pour parler plus juſte, *le terrain qui brûle*, eſt à trois lieues de Grenoble, & près du Village de S. Barthelemy. La ſurface de ce terrain a environ huit pieds de long ſur quatre de large. Il ne produit point d'herbe, mais vomit des flâmes rouges & bleues de la hauteur d'un demi pied.

Quand la pluye est forte, ou de longue durée, elle les éteint, mais aussitôt que la terre devient séche, elles renaissent insensiblement. Ces flâmes brûlent le papier, la paille, le bois, & généralement tout ce qu'on leur oppose, excepté la poudre à tirer qui n'y prend point feu quand on y en jette. Il s'exhale de cette terre une odeur de soufre mineral, qu'on sent à quinze cens pas de circonférence; & quoiqu'elle semble brûler, & qu'on ne puisse la toucher sans se brûler aussi, elle ne consume néanmoins rien de son volume. Il ne paroît point d'eau sur le terrain enflammé, mais il est sur le penchant d'un petit vallon où coule un ruisseau qui ne peut pas à présent aller jusqu'aux flammes, quoiqu'il y passât peut-être du tems de S. Augustin, & même du tems de Chorrier, & du Président Boissieux ; ce qui a été plus que suffisant pour leur faire prendre le change. Cependant ils ont parlé de la prétendue fontaine ardente avec des circonstances qui ne peuvent jamais avoir été vrayes. Le guide qui conduisoit l'observateur de qui je tiens cette description, lui dit que quelque tems avant la guerre qui finit par la paix de Riswic, ayant conduit des Allemans à ce terrain, ils le trouverent couvert de neige & de glace, & qu'ayant
voulu

voulu les faire fondre avec de la paille allumée, la glace creva tout d'un coup avec un bruit extraordinaire, & un tel éclat d'explosion, que sept ou huit Allemans, & le guide, furent culbutez au fond du ruisseau.

La grande Chartreuse est à trois bonnes lieues de Grenoble. L'on va à ce fameux Monastere par deux diférens chemins ; l'un appellé *le Sapey*, & l'autre *S. Laurent du pont*. Par le premier l'on passe au Sapey, on monte une montagne sur laquelle on trouve un bois de sapins ; de là l'on descend dans la vallée où est le Village de Chartreuse ; & après l'avoir traversé, l'on prend à main gauche pour se rendre à la porte du pont par lequel on entre dans l'enclos de la grande Chartreuse. Ce pont est sur une petite riviere appellée *le Guier-mort*, qui passe en cet endroit entre deux rochers qui sont fort près l'un de l'autre. Depuis ce pont, qui est éloigné du Monastere de près d'une lieue, l'on monte toujours, & en chemin on trouve la *Courrerie*, où Dom Courrier, c'est-à-dire le Procureur, & les Officiers qui ont quelque rapport à lui, demeurent le plus souvent. Il y a une Imprimerie dans cette maison, & l'on y tient aussi les jeunes gens par qui on fait filer la laine dont on fait les robes des Moines ; car tout ce qui se peut fabriquer dans l'interieur de la maison pour le nécessaire ou l'utile du Monastere, s'y travaille ; & tout cela avec un bel ordre, & beaucoup d'économie.

Le chemin de S. Laurent du pont a été élargi & rendu aussi pratiquable qu'il a été possible. On y a mis des gardes-fous, mais il ne laisse pas d'être encore plus dangereux que l'autre. Le désert de ce côté-là paroît plus affreux. Deux montagnes couvertes d'un bois de pins fort épais, se joignent presque l'une à l'autre, & ne laissent entre elles qu'un passage fort étroit au Guyer-mort, & ce torrent en passant dans tous ces défilez, fait un grand bruit qui augmente l'horreur du lieu. On y va par Vorepe & Pomiers, d'où on passe dans une plaine fort unie.

S. Laurent du pont dont je viens de parler, est une terre qui appartient aux Chartreux, & qui est d'un revenu considerable par les soins qu'ils ont d'y pratiquer des martinets & artifices à fer. Ils y ont aussi fait leurs réservoirs, leurs étangs, & plusieurs autres commoditez.

Les deux portes de l'enclos sont dans des endroits serrez & aisez à défendre. L'on se rend de là à la porte du Monastere qui n'a rien d'affreux que ce qui l'environne. La maison en elle-même est belle & bien entendue. Le Cloître est fort long, mais il va en pente, & ce défaut fait que l'on ne peut pas voir d'un bout à l'autre. On entre dans les cellules, & l'on en admire la propreté. Chacune a son jardin. La Bibliotheque est nombreuse & choisie. La salle du Chapitre général est belle, & ornée de peintures. Les Généraux de l'Ordre sont peints autour du plafond. L'on passe de là dans une galerie où sont représentez sur de grands tableaux les plans des Chartreuses les plus considérables de France & d'Italie. Les chambres où l'on met les étrangers sont petites, & les lits une espece de boëte fort couverte & fort étroite. Les fabriques qui sont autour de la maison méritent d'être vûes. On y trouve menuiserie, corderie, le four, les greniers & les caves où sont les provisions. Tout cela est bien entendu, & tout s'y trouve en abondance. L'Apoticairerie est bien fournie. On voit dans les greniers un tamis d'une invention singuliere, qui sépare quatre sortes de grains en même tems.

Le *spaciment* est l'endroit où les Religieux se promenent les jours de récréation. Ils passent la cour, la robe troussée, le bâton à la main, sans se dire un seul mot, mais dès qu'ils sont dans le *spaci-*

ment, ils s'embraſſent, ſe parlent, & vont ſe promener dans les bois & les rochers dont ils ſont dominez de toutes parts.

La Chapelle de S. Bruno eſt enfoncée dans le déſert, & à vingt pas de cette Chapelle, il y en a une autre qui eſt ſous l'invocation de la Vierge. Elles ſont fort propres & bien entretenues.

L'on retourne à Grenoble, & l'on reprend le chemin de la Provence qu'on avoit quitté pour voir la grande Chartreuſe. De Grenoble l'on va à

Moirans.	3. l.
Tulins.	1. l.
L'Arbre.	1. l.
S. Marcelin.	2. l.
Romans.	4. l.
Valence.	3. l.

ROMANS, *Romanum, Romanis*, eſt ſur l'Iſere, & du Dioceſe de Vienne, mais le faubourg du Péage qui eſt au delà de la riviere, eſt du Dioceſe de Valence. Cette Ville eſt aſſez marchande. Il y a une Egliſe Collégiale dont le bâtiment eſt fort ancien, & quelques Couvents. On y remarque un Calvaire modelé ſur celui de Jéruſalem par Romanet Boſſin, qui avoit fait le voyage de la Terre ſainté. François I. y mit la premiere pierre en 1520. Romans porte d'azur, au Château tourellé de gueules, ayant une *R* couronnée d'or sur le seuil de la porte.

VALENCE, *Valentia, Civitas Valentinorum*, dans la Notice des Provinces, est sur le Rhône, & la Capitale du Duché de Valentinois. Hofman dit qu'elle a été ainsi appellée à cause qu'elle étoit très-forte. *Valentia à viribus & robore.* Cette Ville est d'une grandeur médiocre. L'Eglise Cathédrale est assez jolie, & le Chœur en est plus élevé que la Nef. La Place des Clercs qui est vis-à-vis de cette Eglise est assez grande, mais les maisons qui l'environnent n'en sont pas belles. Il y a encore quelques autres Places dans la Ville, entre autres celle de *la pierre* où se tient le marché. L'Abbaye de S. Ruf est ancienne, & le bâtiment gothique. Le Palais Episcopal est une belle maison. Les vûes du jardin donnent sur le Rhône, & sont fort étendues. La Citadelle fut bâtie sous François I. & n'est qu'une partie de la Ville retranchée intérieurement par un front à orillons, & dont la courtine fait l'angle saillant. Tout y est en désordre, & il n'y a point de garnison. L'Université fut instituée & établie à Grenoble par le Dauphin Humbert II. l'an 1339. mais Louis XI.

la transfera à Valence en 1452. Dans le Cloître des Dominicains on voit la représentation d'un squelette de géant qui avoit quinze coudées de haut. Une Inscription Latine qu'on fit mettre au même endroit en 1648. nous apprend que ce géant se nommoit *Buardus*, & que c'étoit un Tyran du Vivaretz, dont les os ayant été découverts en 1456. furent enterrez dans ce Cloître. L'on a tenu trois Conciles à Valence ; le premier en 373. le second en 584. & le troisiéme en 855. Les armes de Valence sont de gueules à la Croix d'argent, chargée d'une tour d'azur.

Les environs de Valence sont très-agréables, & arrosez par des fontaines dont les eaux sont pures & belles. L'on monte sur un petit côteau qui fait un demi cercle autour de la Ville, & lui sert, pour ainsi dire, de Cirque naturel, aussi exactement fait que si c'étoit un ouvrage de l'Art.

Le Valentin est une Maison de campagne auprès de Valence, où il y a un très-beau parc, au milieu duquel le Château est situé. L'escalier est beau, & conduit dans un très-grand appartement dont les vûes sont charmantes.

Montelimart. 4. l.
Bolene. 4. l.
Montdragon. 1. l.
Mornart 1. d. l.
Orange. 1. l. & d.
Caderouſſe. 1. l.
Avignon. 3. l.

Montelimart, ſur le *Robiou*, petite Ville qui a pris ſon nom des Adhemars de Monteil, ſes anciens Seigneurs, *Montilium Ademari*. Elle eſt aſſez peuplée. Ses habitans furent des premiers à ſuivre les erreurs de Calvin, & ont marqué plus d'une fois leur attachement pour cette pernicieuſe doctrine; mais depuis la révocation de l'Edit de Nantes, ils ont été fideles à Dieu & au Roi. La Citadelle eſt ſur une éminence, & elle a un Gouverneur, Etat Major & garniſon. Au reſte le P. Labbé s'eſt trompé lorſqu'il dit que cette Ville étoit ſur le Rhône. Elle eſt ſur le Robiou, & à une lieu du Rhône. Les armes de Montelimart ſont de gueules au monde d'azur, bandé d'or, & ſurmonté d'une Croix de même, à la bordure d'azur.

Bolene eſt une très-petite Ville qui eſt ſur la riviere de Lez, & appartient au Pape. Elle avoit autrefois un Château assez fort qui ne subsiste plus. Il croît quantité de tabac aux environs, & il s'en débite à Bolene beaucoup de grené & à grand marché. Les armes de cette petite Ville sont d'azur, à deux tours d'argent jointes par un mur, & surmontées de deux clefs en sautoir, dont l'une est d'or, & l'autre d'argent, & qui sont nouées de gueules.

Montdragon est une autre petite Ville située aussi sur la riviere de Lez, mais elle appartient au Roi.

ORANGE, *Arausio Cavarum, Secundanorum Colonia*, est la Capitale de la Principauté de ce nom. C'est une Ville Episcopale où il y a Université, & qui est située dans une belle plaine arrosée par plusieurs petites rivieres, dont celle d'Eigues porte à cette Ville les denrées que ses habitans font venir des Provinces voisines, cette riviere n'en étant éloignée que d'un petit quart de lieue. La petite riviere de Maine lave outre cela les murailles d'Orange. Parmi les Monumens d'antiquité qu'on trouve dans cette Ville, il y a un Arc de Triomphe qui est un des plus beaux morceaux qui ait échappé aux injures du tems. Plusieurs Sçavans, comme M. de Peyresc, Pontanus, Gronovius, &c. ont crû qu'il avoit été érigé en l'honneur de Domitius Ænobarbus, &

de Quintus Fabius Maximus Æmilianus, après qu'ils eurent vaincu les Allobroges; & ce sentiment est appuyé sur le Chapitre 2. du IIIe. Livre de Florus. Mais on a des raisons encore plus pressantes pour croire que cet Arc de Triomphe a été élevé pour Caius Marius, & Luctatius Catulus, après qu'ils eurent vaincu les Teutons & les Cimbres. On lit sur quelques boucliers qui sont mêlez parmi les trophées d'armes qui sont dans la face méridionale de cet Arc, *Mario & Dacudo*, ce qui me paroît démonstratif pour l'opinion que j'embrasse, sans compter qu'il y a plusieurs représentations dans cet Arc, qui conviennent à Marius mieux qu'à tout autre ; & pour ne point quitter cette face, je dirai qu'on y voit la figure d'une femme qui est à une fenêtre, & qui selon toutes les apparences, représente Marthe la *Syrienne*, cette fameuse Devineresse que Marius consultoit avant que d'entreprendre quelque chose de conséquence. L'on voit encore à Orange un *Cirque* ; des *Arenes* qui sont à quatre cens pas de la Ville ; un *aqueduc*, & des bains publics qui en sont à deux cens pas. Quant au Cirque, l'égalité & les proportions qu'on remarque dans les Arcs, dans les soubassemens, dans les pilastres, &c. font voir que ce monu-

K v

ment étoit digne des Romains, & un des plus réguliers qui nous restent.

La Ville d'Orange est fameuse dans la Religion par trois Conciles qu'on y a tenus. Le premier y fut assemblé l'an 441. sous le Pontificat de Léon, premier du nom. Il étoit composé de dix-sept Evêques, & ce fut Hilaire Evêque d'Arles qui y présida. Le second s'y tint sous le Pape Felix IV. l'an 529. Il étoit composé de quinze Evêques assemblés contre les Semipélagiens, & ce fut Césaire Evêque d'Arles qui y présida. On y fit vingt-cinq Canons où la doctrine de la Grace, du Libre Arbitre & de la Prédestination, est expliquée par les paroles mêmes de S. Augustin. Le troisiéme y fut assemblé sous le Pape Honoré III. l'an 1228. à l'occasion de l'hérésie des Albigeois. Le Légat du Pape y assista, & il y avoit quatorze Evêques. Il y a des personnes qui prétendent qu'on y en a tenu un quatriéme, mais d'autres soûtiennent que ce ne fut qu'une continuation du troisiéme.

Sur la montagne il y avoit un Château que Maurice de Nassau Prince d'Orange fit fortifier d'onze bastions en 1622. mais le Roi fit démolir ces fortifications en 1660. & razer le Château en 1673. Orange porte d'or au cors d'azur, embouché, virollé, & enguiché de gueules.

Caderouſſe est une petite Ville du Comtat d'Avignon, mais du Diocèſe d'Orange, laquelle appartient à la Maiſon d'Anceſune.

AVIGNON, *Avenio Cavarûm*, est la Ville la plus conſiderable de ce petit Etat qu'on nomme le Comté, ou *Comtat* d'Avignon, qui appartient au Pape. Ce n'étoit autrefois qu'un Evêché ſous la Métropole de Vienne, puis ſous celle d'Arles ; mais enfin le Pape Sixte IV. l'érigea en Archevêché en 1475. & *Miraus* s'est trompé quand il a dit dans ſa Géographie Eccléſiaſtique que cette érection avoit été faite ſous Jules II. Les Evêchés qu'elle a pour Suffragans, ſont Cavaillon, Carpentras & Vaiſon, tous trois dans le Comté & Domaine du Pape. Il n'en est pas de même de toutes les Paroiſſes du Diocèſe d'Avignon, car il y en a vingt qui ſont en Provence & dans les Etats du Roi. Cette Ville est ſituée ſur la gauche du Rhône, & ceinte, à l'antique, de belles murailles flanquées de tours quarrées. Outre le Rhône, la Ville d'Avignon est arroſée par une branche de la riviere de Sorgue. Cette Ville est grande, renferme pluſieurs beaux édifices, & a été le ſéjour des Papes pendant plus de 70. ans : elle ſert actuellement de demeure au Vicelégat du Pape, qui y exerce une souveraine puissance pendant le tems de sa Légation qui est de trois ans.

Le Palais est un grand Château bâti à l'antique, & composé de plusieurs tours sur un rocher. C'est ici que le Vicelégat habite, & où il tient sa Cour. La garnison est de trois Compagnies.

Le Petit Palais est habité par l'Archevêque, & est sur le même rocher, mais moins grand, & moins élevé que le Palais.

Nôtre-Dame du Don est l'Eglise Cathédrale. Elle consiste en une Nef, & en des Chapelles qui sont au pourtour, & est richement décorée. Le Chœur est revêtu d'un lambris doré qui renferme quelques tableaux, & neuf médailles d'autant de Papes qui ont fait leur résidence à Avignon. La Chapelle de *Nôtre-Dame du Chapelet* est particulierement décorée de dorures & de peintures. On y voit les tombeaux des Papes Jean XXII. & Benoît XII.

L'Eglise de S. Martial est desservie par des Bénédictins. Le Chœur est décoré d'un ordre Composite avec des bas-reliefs dans les paneaux des piédestaux, & de grandes figures très-belles. Auprès du Maître-Autel, du côté de l'Evangile est le tombeau de S. Martial Evêque, accompagné de figures historiées, le tout de marbre, & d'un beau travail à demi gothique. De l'autre côté est le Catafalque de Gaspard de Simiane de la Coste, Abbé d'Auchi, élû Vicaire général de l'Abbaye de Clugni.

Le Couvent des Célestins est une belle maison, & leur Eglise une des plus dignes d'attention. Au milieu du Chœur est le Mausolée du Pape Clement VII. qui mourut à Avignon le 16. de Septembre de l'an 1394. Dans la Nef, sur la droite, est le tombeau de *S. Benezet*, c'est-à-dire, du petit S. Benoît. C'étoit un jeune berger qui fut le fondateur du pont d'Avignon : ce tombeau est de pierre blanche, & d'une belle ordonnance.

La Chapelle du bienheureux Pierre de Luxembourg est grande & belle, & ornée de grands tableaux qui représentent les principales actions de la vie de ce saint Cardinal qui mourut n'ayant pas encore atteint l'âge de dix-huit ans.

Dans une des salles de ce Couvent on voit un grand squelette peint par le Roi René, avec beaucoup de force, & de dessein. Dans le cercueil qui est à côté, il y a une toile d'araignée qu'il faut toucher, pour être persuadé qu'elle n'est pas véritable. Les faiseurs de voyage se sont souvent trompez sur ce tableau. J'en ai lû un qui le métamorphose en une Chapelle entiere, & plusieurs autres qui disent que c'est le Roi René qui s'est représenté lui-même. Pour peu qu'on sçût déchiffrer les vers qui sont en lettres gothiques dans le même tableau, on seroit convaincu que c'est le squelette d'une femme célebre par sa beauté, & que le Roi René avoit aimée. Cette derniere particularité n'est fondée que sur la tradition, & j'ai même peine à croire que ce Prince eut eu la force de peindre avec des couleurs si affreuses, & si capables d'augmenter ses regrets, un objet qu'il regretoit.

L'Eglise des Peres de la Doctrine Chrétienne est dépositaire du corps de *César de Bus*, Fondateur de cette Congrégation. La lampe d'argent qu'on voit audessus de son tombeau, est un présent du Cardinal de Richelieu, qui n'étoit alors qu'Evêque de Luçon.

La voûte de l'Eglise des Cordeliers passe pour un morceau d'architecture très-hardi. On voit dans cette Eglise le tombeau de la fameuse *Laure de Sade*, si célebre par l'attachement que Petrarque eut pour elle, & par 318. sonnets, & 88. chansons que ce fameux Poëte fit à sa louange. Elle mourut le 6. d'Avril de l'an 1348. âgée d'environ trente-quatre ans, & fut inhumée dans cette Eglise. François I. étant à Avignon, fit ouvrir son tombeau, où l'on trouva une petite boëte qui renfermoit des vers Italiens écrits de la main de Petrarque, & une médaille de plomb sur un côté de laquelle on voyoit la figure d'une femme, & sur l'autre ces quatre lettres M. L. M. J. qui signifient en Italien *Madona Lora morta jace*: Madame Laure est morte. François I. fit élever le tombeau qu'on y voit aujourd'hui, & l'honora d'une Epitaphe de sa façon; la voici.

En petit lieu compris vous pouvez voir
Ce qui comprend beaucoup par renommée:
Plume, labeur, la langue, & le devoir,
Furent vaincus par l'aimant de l'aimée.
O gentille Ame étant tant estimée,
Qui te pourra louer qu'en se taisant?
Car la parole est toujours réprimée,
Quand le sujet surmonte le disant.

La Juiverie est un Quartier affecté aux *Juifs* qui y font leur demeure, & qui y sont clos, & séparez des autres habitans. Ce sont environ six cens personnes, gens mal propres, & dégoutans, qui exercent ordinairement la fripperie. Leur Synagogue est petite, & a deux étages. Celui d'en bas est pour les femmes, & celui d'en haut pour les hommes. Le lieu est sombre, & décoré de quantité de lampes, d'un Autel, & d'une Tribune. L'on voit dans un coin, audessus de la corniche, une chair où ils prétendent que se trouve *Helie* lorsqu'il assiste à la cérémonie de la Circoncision.

Les Jésuites ont dans cette Ville un fort beau College, & une autre Maison où est le Noviciat de leur Province de Lion. L'Université fut fondée en 1303. par Charles II. Comte de Provence, qui lui accorda plusieurs beaux privileges qui furent confirmez depuis par une Bulle du Pape Boniface VIII.

Le pont qui est sur le Rhône fut bâti de pierre de taille l'an 1127. par l'inspiration d'un petit Berger nommé *Benezet*, duquel on rapporte plusieurs miracles. Une bonne partie de ce pont a été emportée par la violence des eaux, mais elle a été rebâtie de bois.

Les armes d'Avignon sont de gueules à trois clefs d'or posées de face.

Pendant qu'un *Voyageur est à Avignon, il doit aller voir la fontaine de Vaucluse qui n'en est qu'à quatre lieues.*

Cette fontaine a pris son nom de la

vallée où elle est située, qu'on appelle Vaucluse, *Vallis clausa*, parce quelle est renfermée de collines, & de montagnes. Elle sort d'un antre vaste, & profond comme un puits, & avec une telle abondance d'eau, qu'à cinq cens pas de là elle forme une riviere qu'on appelle la *Sorgue*, & qui porte déja de petits batteaux. Cette riviere est principalement célebre par le séjour que Petrarque, & la belle *Laure de Sade*, ont fait sur ses bords. L'on voit encore, auprès de sa source, des ruines qu'on appelle *le Château de Petrarque*.

Reprenons nôtre route, & disons que d'Avignon l'on va à

Caumont.	2. l.
Cavaillon.	2. l.
Guastabelle.	1. l.
La Maison blanche.	1. l.
Malamor.	1. l.
Lambesc.	2. l.
S. Canat.	1. l.
Aix.	2. l.

CAVAILLON, *Cabellio*, petite Ville Episcopale, située sur la Durance, dans un terrein uni, mais au pied d'un rocher. Il y a dans Cavaillon une Juiverie d'environ quinze familles. Sur le haut de la roche il y a un Hermitage nommé S. Jaques. Les armes de la Ville de Cavaillon sont d'azur, à une tour quarrée, & donjonnée d'argent; & à l'Hermitage S. Jaques de même.

Lambesc est une petite Ville fort jolie qui appartient au Prince de ce nom, de la Maison de Lorraine, & l'aîné de la branche d'Armagnac. Il y a un Couvent de Religieux de la Trinité, & un de Religieuses Ursulines. C'est ici que se tiennent les Assemblées générales de la Province. Les armes de cette Ville sont d'azur à la Croix de Lorraine d'or. Elle a pris cette Croix à cause de ses Seigneurs.

A I X, *Aqua Sextia*; *Aqua*, à cause de ses bains, & *Sextia*, parce que *Sextius Calvinus* rétablit cette Ville. C'est la Capitale de la Provence, & elle est à une portée de mousquet, de la petite riviere d'Arc. Les dehors n'en sont pas fort agréables, mais en récompense la Ville est belle, & bien bâtie. En un mot c'est une des Villes du Royaume qui imite le mieux Paris, tant pour la beauté de ses édifices, que pour la politesse de ses habitans. On la trouvera embellie de quantité de fontaines, & de plusieurs belles places publiques.

Le Cours nommé *d'Orbitelle*, est beau,

& la promenade ordinaire de cette Ville. Il est planté de quatre rangs d'arbres qui forment trois allées. Ce Cours est grand, car il a deux cens vingt cannes de longueur, & vingt de largeur. Il est bordé des deux côtez par de belles maisons uniformes, toutes de pierre de taille, & ornées de sculpture, & de balcons. Au milieu il y a quatre bassins, & quatre fontaines agréables qui jettent de l'eau jour & nuit. Elles sont toutes quatre de différente forme, & variées par des ornemens particuliers. L'on entre dans la Ville par huit ou neuf portes. Les rues en général sont bien bâties, & bien pavées, mais mal propres. On trouve à Aix du beau monde, & des gens de mérite. Les curieux y trouveront des Cabinets fort riches. Je fus surpris il y a vingt ans d'en trouver un chez un Maréchal ferrant, nommé *Réboule*. Une des plus belles maisons est celle du Baron de Châteaurenard, dont l'escalier est un des plux beaux qui se voyent. La Place des Prêcheurs est sur le penchant d'une colline. Elle a quatre-vingt cannes de longueur, & est entourée d'arbres, & de maisons de pierre de taille à trois étages. *Le Palais* est à une des extrémitez de la Ville. Il est distribué en plusieurs beaux appartemens dont les deux du rez de chaussée sont occupez par la Chambre des Comptes, & par la Sénéchal. Celui d'en haut est pour les Séances du Parlement. La grande salle qu'on surnomme *des pas-perdus*, est la plus grande piece qui soit dans toute la Province. Au fond est la petite Chapelle ornée de quelques vieilles peintures. La salle des Audiences est décorée des portraits de tous les Rois de France placez dans des compartimens quarrez. L'on reconnoitra par les salamandres que l'on voit sur le haut des sieges des Conseillers, & presque sur toutes les anciennes portes du Palais qu'il a été rebâti sous le regne de François I. qui avoit pris cette devise. L'appartement des Trésoriers Généraux a une jolie façade. On y remarquera une statue à demi-corps du Roi Louis le Grand. Les frontons, le bas relief, & les Inscriptions représentent le soleil, & ses effets. *L'Hôtel de Ville* est un assez bel édifice, mais il est malheureusement caché par les maisons d'une rue étroite, dans laquelle il se trouve placé. C'est un grand bâtiment quarré de pierres de taille, au milieu duquel est une grande cour, autour de laquelle il y a trois rangs de fenêtres, & de pilastres, l'un sur l'autre, dont les ordres d'architecture sont le Toscan, le Dorique, & l'ionique, qui sont surmontez d'une grande corniche qui regne au deſſus. La grande ſalle du Conſeil de Ville, qui eſt au ſecond étage, eſt conſtruite dans une bonne proportion. Au haut de la porte eſt un balcon ſoûtenu par quatre colonnes Doriques. Sur les côtez on remarque les ſtatues de Charles d'Anjou, & de Louis XI. & audeſſus le buſte de Louis XIV. en marbre. La façade eſt ornée de trois rangs de pilaſtres, & de fenêtres. Les deux premiers ſont le Dorique, & l'ionique, & le troiſiéme a des eſpeces de cariatides. Cette façade joint la tour de la grande horloge, laquelle tour eſt quarrée, & fort élevée. On y remarquera la ſtatue à mi-corps de Louis XIII. La Bibliotheque de cet Hôtel eſt publique pour la commodité des perſonnes ſtudieuſes qui ne ſont pas aſſez à leur aiſe pour avoir chez elles les livres qui leur ſont néceſſaires.

La Cathédrale eſt un aſſez grand édifice. Le frontiſpice eſt, comme à tous les bâtimens gothiques, chargé de petites figures de Prophetes, d'Apôtres, & de Saints, placées ſans goût, & ſans choix, & d'une miſerable execution. La porte eſt d'un bois rougi, & verni ; elle eſt enjolivée de divers ornemens aſſez délicats. On l'eſtime pour un ouvrage de cette nature, & on a feint de la couvrir d'une contreporte ; elle n'est découverte qu'à certaines fêtes de l'année. Sur le Maitre-Autel est un Crucifiement où l'on verra diverses figures de bois assez estimées. L'on remarquera surtout à côté de cet Autel le Mausolée de Charles d'Anjou dernier Comte de Provence. Il est représenté en figure de marbre blanc, étendu de son long, avec divers ornemens, & une Epitaphe. Vis-à-vis de ce tombeau est celui d'Hubert de Garde Seigneur de Vins qui fut tué au siege de la Ville de Grasse le 20. de Novembre 1589. Ce Mausolée est aussi de marbre, & ce fut la Province qui le fit élever en 1590. Dans la Nef on trouvera une petite Chapelle voûtée, très-ancienne, dont l'entrée est interdite aux femmes. Tous les ans le jour de la Transfiguration, le Chapitre y vient faire l'Office, & l'on se sert de vin muscat nouveau. Le Baptistaire est un morceau très-curieux. Sa figure est octogone, avec un dôme soûtenu par huit colonnes de jaspe & de granite avec leurs chapiteaux, & d'ordre Corinthien. Les sept Autels qui sont dans autant de faces de l'octogone ont quelques ornemens ; mais les anciens Peintres étoient si peu attentifs sur les circonstances de nos Mysteres qu'en représentant, dans un tableau gothique, Jesus-Christ comme un petit enfant prêt à être incarné, ils lui font dès lors porter la Croix. La Chapelle de Nôtre-Dame de l'Esperance est une dévotion bien fameuse dans Aix. La Vierge est ici représentée tenant d'une main les clefs des huit portes de la Ville. Dans la Sacristie on conserve quelques morceaux précieux. Celui du gril de S. Laurent doit être une piece bien vieille, & bien rare. La chappe de S. Louis Evêque de Toulouse est bleue, & parsemée de fleurs de lys d'or. Parmi l'argenterie on remarque une statue de la Vierge aussi grande que nature. On doit se faire montrer une rose d'or donnée il y a près de 500. ans par le Pape Innocent IV. à Raymond Beranger Comte de Provence. Cette rose est une de celles que les Papes avoient coutume de benir le quatriéme Dimanche de Carême pour les donner aux Princes qui s'étoient signalez en rendant au Saint Siege quelque service important.

Les Prêtres de l'Oratoire ont une jolie Eglise. Des deux côtez regne une gallerie fermée de balustres. Le Maitre-Autel est digne d'attention. Il a trois faces qui occupent le fond, & s'élevent même jusques dans la voûte de l'Eglise. L'architecture est d'ordre Corinthien. Il est de bois doré, & décoré de colonnes, figures, frontons, & autres ornemens. Six tableaux de Mignard accompagnent cet Autel. On en verra encore dans l'Eglise quelques-uns de ce Peintre; & celui qui est dans la Chapelle de Grimaldi, sans avoir un coloris qui appelle le spectateur, a cependant de belles carnations. Dans la cour des Peres on remarquera une petite Chapelle où l'on verra une vingtaine de tableaux, la plûpart de la façon de Daret fameux Peintre de cette Ville, dans lesquels l'on a affecté de représenter une espece de Généalogie, ou d'arrangement des principaux parens, amis, ou disciples de Jesus-Christ, sans oublier les fameux Saints de la Province, comme S. Lazare, S. Maximin, & S. Celidoine. Le plafond de cette Chapelle représente un Ciel fort orné d'Anges, & des plus connus de la Hiérarchie céleste. Dans la Chapelle des Pénitens blancs l'on remarquera un bas-relief de marbre qui représente Nôtre-Dame de Pitié, & qu'on croit être de Michel-Ange. Cette seule opinion peut faire le mérite de l'ouvrage; mais on s'attachera principalement à regarder le plafond de cette Chapelle, sur lequel dans un ovale de trente-deux pieds de diametre dans sa longueur, est représentée la Résurrection. C'est un morceau de Daret, placé

dans

dans son vrai point de vûe. Toutes les parties en sont bien exécutées; l'invention, la perspective, le dessein, le coloris, &c. s'y trouvent exactement suivis, & sont assurément un bien riche tableau. Sur l'arc du dôme de cette Chapelle sont les armes du Cardinal de Vendôme Gouverneur de la Province, qui avoit été Recteur, & bienfaicteur de cette Compagnie de Pénitens.

Les Filles de la Visitation de sainte Marie ont un beau Couvent, & une jolie Eglise. L'Autel est d'un beau marbre que la Duchesse de Modene, Laure Martinozzi, fit venir d'Italie avec bien de la dépense.

Dans l'Eglise des Religieuses de saint Dominique on remarquera le tombeau de Charles le Boiteux Comte de Provence, Roi de Naples & de Sicile. Le corps de ce Prince est conservé dans un cercueil de bois de cyprès. L'on ne finiroit point si l'on vouloit compter les Reliques que ces Dames conservent avec bien de la dévotion; mais un des trente deniers qui furent donnez à Judas, pour le prix du Sang *du Juste*, est une piece fort incertaine.

Le Couvent des Freres Prêcheurs seroit un des plus beaux de la Province, s'il étoit achevé. L'Eglise est grande, &

Tome I. L

dans l'épaisseur de la muraille à gauche, est en dépôt le corps de Jeanne de Lorraine, femme de Charles d'Anjou dernier Comte de Provence. Il y a deux cens quarante-deux ans que cette Princesse attend que sa Chapelle soit achevée. Par son testament elle avoit ordonné sa sépulture dans cette Chapelle, mais il y a bien de l'apparence que ses cendres demeureront encore longtems dans l'endroit où elles sont. L'on remarque sur les vitres du Maître-Autel les armes du Maréchal de l'Hôpital, avec les bâtons, les colliers des Ordres, &c. La Confrérie du Rosaire qui est établie dans cette Eglise, a une statue d'argent de la Vierge presque grande comme nature. L'on va voir dans le Cloître les portraits des plus grands hommes de l'Ordre. Ceux qui sont sortis des Maisons illustres sont à gauche, comme Louis de Lorraine Duc de Guise, Etienne de Lusignan, le Prince Othoman fils d'Ibrahim, Jérôme d'Arragon, & Humbert dernier Dauphin. Dans les autres côtez sont les Papes, les Cardinaux, & les Sçavans de l'Ordre, saint Thomas, Grenade, Albert le Grand, & les autres. La galerie qui regne au-dessus du Cloître, est une des plus éclairées qu'il y ait. L'on remarquera, si on veut, une vieille statue de S. Vincent Ferrier. Il a un bonnet noir sur la tête, & un bâton à la main. La Bibliotheque est placée dans l'endroit le plus élevé du Monastere. C'est de ce côté-là que les vûes d'Aix sont les plus belles. On découvre assez avant dans la campagne. Les collines paroissent toutes couvertes d'oliviers & de vignobles. La plaine & les vallées sont diversifiées de prairies & de guerets presque toujours verds, entrecoupées de ruisseaux, de torrens, & bordées d'arbres qui font une agréable verdure plus de la moitié de l'année. L'on ne doit pas sortir de cette Maison sans faire attention à la disposition du Réfectoir & des cuisines. Elles sont tournées au nord, & le vent qui vient de ce côté-là étant le plus purifiant, on n'y sent jamais cette odeur fade qui empoisonne ordinairement les lieux de cette espece, qui n'ont pas la même exposition.

Dans l'Eglise des Carmes on voit un vieux tableau, qui par lui-même n'est pas à la vérité d'un grand prix, mais qui est remarquable, parce qu'il a été peint de la propre main du bon Roi René.

Les Jésuites ont à Aix une Eglise toute neuve, & assez bien bâtie. On peut y remarquer qu'à droite & à gauche regnent des bas côtez, & qu'elle est diffé-

L ij

rente en cela des autres Eglises des Jésuites. La Chapelle de la Congrégation est belle. Le plafond est porté par quatre termes de figures colossales qui sortent d'une gaine de draperie. L'Histoire de la Vierge est peinte de tous côtez dans cette Chapelle, qui d'ailleurs est ornée de huit statues des plus grands personnages de l'Ancien Testament.

Le quartier d'*Orbitelle* est le plus beau de la Ville. Les maisons y sont bien bâties, & les rues tirées au cordeau. Celle de S. Michel seroit une des plus belles d'Aix si elle étoit plus peuplée. Au milieu de cette rue est une fontaine qui donne de l'eau par quatre Dauphins.

Au Bourg S. Jean l'on remarque la grande Eglise de ce nom, qui est à l'Ordre de Malte, & un bâtiment de conséquence. On y voit les tombeaux du beaupere de S. Louis, Raymond Berenger Comte de Provence, & de Beatrix de Savoye sa femme. La Sacristie a de belles Reliques, mais l'anneau que l'on montre, & dans lequel il y a un saphir enchâssé, a ses difficultés. Les uns l'attribuent au bon Zacharie, & les autres veulent qu'il ait servi à S. Jean-Baptiste. L'on remarquera les deux calices des Templiers: ils sont des plus larges, & faits en forme de ces grandes coupes qui étoient en usage dans les anciens banquets. Ou y verra aussi une *subreveste* que les Chevaliers de S. Jean de Jérusalem mettent lorsqu'ils servent par terre pour la Religion.

Aux Carmes Déchaussez l'on voit trois tableaux de Daret. Il y en a un entre autres de S. Jérôme, dans lequel il ne s'est pas seulement contenté de le revêtir de la pourpre, comme font ses confreres les Peintres, mais il a encore admis nettement ce Pere dans le sacré College, & lui a donné un chapeau de Cardinal des plus à la mode.

Le faubourg des Cordeliers est l'abord de toutes les denrées qui descendent de la montagne, & le passage de celles qu'on transporte de Marseille, & de toute la Province, à Lion. Il est orné d'une grande Place qui a plus de cent vingt toises de long sur une largeur bien proportionnée. C'est dans ce faubourg que sont les sources minerales & les bains publics. Ces eaux furent découvertes au commencement de ce siecle. On y a élevé aux dépens de la Ville de grands & beaux édifices pour la commodité des bûveurs. Les médailles, les inscriptions, & les autres monumens antiques qu'on a trouvez en cet endroit, persuadent que c'est ici qu'étoient les bains de *Sextius*.

L'an 1705. l'on y découvrit une pierre d'environ trois pieds de long, & moitié de large. On voit sur cette pierre un Autel au-dessus duquel est un Priape ou *Mentula* d'une grosseur extraordinaire, & sur cette figure sont ces trois lettres, I. H. C. qui signifient *In hortorum custodiam*, ou *Jucundo hortorum custodi*.

Les Chartreux sont à l'extrémité de ce faubourg. Le frontispice de leur Eglise est décoré d'un Ordre d'architecture dont l'entablement est porté par quatre grands pilastres Composites qui laissent au milieu un espace considerable pour le fronton qui est au-dessus de la porte.

Nôtre-Dame *de la Seds* est la plus ancienne Eglise d'Aix. C'est ici qu'étoit autrefois le Siege Episcopal, & le Chapitre de la Cathédrale. Les anciennes Chartes nomment cette Eglise *Ecclesia Nostra Domina Sedis Episcopalis*; & c'est du mot *Sedis* que par corruption on lui a donné le nom *de la Seds*. Le Chapitre quitta cette Eglise vers l'an 1000. dans le tems des guerres, & vint s'établir dans l'endroit de la Ville le plus peuplé, & donna dans la suite l'Eglise *de la Seds* aux Péres Minimes qui s'y sont établis l'an 1556. C'est une célébre dévotion où l'on trouve toujours un grand concours de peuple. On y voit une Image de la Vierge, copiée sur celle qui est à Rome dans l'Eglise de Sainte Marie Majeure.

Les Capucins n'ont rien que de simple dans leur maison, suivant leur coutume, mais l'on voit dans leur Eglise un Crucifix qu'ils nomment *l'inexpugniable*, & dont on parle fort à Aix.

Le Cours qui est hors la porte de saint Louis, est terminé par la façade de l'Eglise des Recolets, & ce coup d'œil fait un assez bel effet. Les armes du Maréchal de Vitry sont étalées sur ce frontispice, aux clefs de la voûte, & sur les vitres : aussi étoit-il un des grands bienfaiteurs de la maison. Dans le jardin est une grotte de coquillages, dans laquelle on a pratiqué quatre cavernes faites de congellations assez particulieres.

La Charité qui sert d'Hôpital général, est une maison belle & commode.

Parmi les Sçavans que la Ville a produits, l'on distingue Claude Fabri Seigneur de Peyresc, Charles-Annibal Fabrot, Louis Thomassin Prêtre de l'Oratoire, & Joseph Pitton de Tournefort, fameux Botaniste.

Les armes de la Ville d'Aix sont d'or à quatre pals de gueules, au chef tiercé, au premier d'argent, à la croix potencée d'or, accompagnée de quatre croisettes de même; au second d'azur, semé de lys d'or au lambel de gueules; & au troisième aussi semé de France à la bordure de gueules.

En partant d'Aix, ceux qui ont la curiosité d'aller voir S. Maximin, & la sainte Baume, avant que d'aller à Toulon & à Marseille, prennent la route qui suit.

Saccharon.	4. l.
S. Maximin.	2. l.
La Sainte Baume.	2. l.
Torves.	3. l.
Boisgencié.	4. l.
Toulon.	3. l.
Olioules.	1. l.
Le Bausset.	2. l.
Le Bois de Coniou.	2. l.
Aubagne.	2. l.
Marseille.	3. l.

S. Maximin est une petite Ville qui a pris son nom de S. Maximin qui y fut enseveli. Il n'y a qu'une seule Paroisse qui étoit autrefois commise aux soins des Bénédictins de l'Abbaye de S. Victor de Marseille; mais depuis elle a été donnée aux Dominicains. Cette Eglise est sous l'invocation de sainte Madeleine dont elle croit avoir la tête, comme aussi plusieurs Reliques de quelques autres Saints.

On garde dans le Tréfor une phiole dans laquelle il y a de la pouffiere enfanglantée du Sang de Jefus-Chrift, que la Madeleine ramaffa au pied de la Croix, & qu'elle porta en Provence. On dit que le Vendredi-faint cette pouffiere s'éleve en petits bouillons. S. Maximin porte pour armes, d'or à cinq pals de gueules.

La Sainte Baume eft un lieu fi fameux, qu'il mérite que j'en donne ici la defcription. C'eft une montagne de rochers qui eft entre Aix, Marfeille & Toulon. Il y a fur cette montagne une grotte où l'on dit que fainte Madeleine fit pénitence pendant trente ans. On y monte en partie fur des chevaux de loüage, & en partie à pied. L'endroit de la grotte où la Sainte fe retiroit ordinairement, eft renfermé par des grilles de fer, & plufieurs lampes & cierges y brûlent jour & nuit. A côté eft une fontaine qui ne tarit jamais, & dont l'eau eft fort claire & falutaire, à ce qu'on dit, pour plufieurs maladies. L'eau découle de tous côtés de ce rocher, excepté de l'endroit fur lequel repofoit la Sainte, où l'on n'en a jamais vû tomber une feule goutte. De cette grotte on en a fait une jolie petite Eglife; & à côté on a pratiqué un Couvent de Dominicains, capable de loger plus de vingt Religieux. On dit

L v

que ce Couvent fut fondé il y a près de cinq cens ans par un Evêque de Mende. Il faut encore monter pour arriver au *S. Pilon*, c'est-à-dire, au saint pilier qui marque l'endroit où l'on dit que la Sainte étoit élevée sept fois le jour par les Anges. Tout auprès est une petite Chapelle bâtie au bord du précipice, dans laquelle il y a un tableau qui représente ce saint enlevement.

TOULON, *Telo*, *Telonium*, *Telo-Martius*, ainsi nommé d'un Tribun de ce nom qui y conduisit une colonie. Le P. Hardouin dont l'esprit égale la vaste érudition, conjecture que Toulon pourroit bien être le *Portus Citharista*, dont il est parlé dans Pline. Sa conjecture est d'autant plus vraisemblable, qu'Antonin dit que ce Port est éloigné de Marseille de trente mille, & c'est précisément la distance qu'il y a de Toulon à Marseille.

Cette Ville est dans une situation admirable, exposée au midi, & couverte au nord par des montagnes qui semblent élevées jusqu'aux nues, qui rendent son Port un des plus grands, & un des plus sûrs qui soient au monde. Il est aussi un des plus connus de l'Europe, & destiné aux vaisseaux de guerre. On le distingue en vieux & nouveau Port.

L'Eglise Cathédrale est peu de chose

pour le bâtiment, & elle n'est pas même achevée, mais la Chapelle de Nôtre-Dame est fort ornée, & est un lieu de dévotion où il y a toujours un grand concours de peuple.

La Ville est généralement très-malpropre en beaucoup d'endroits. Dans une des rues il y a une allée d'arbres qui forment une espece de Cours, où l'on se promene principalement le soir. On la nomme la rue aux Arbres, & elle est dans le quartier vieux, de même que la Cathédrale & l'Hôtel de Ville. Ce dernier n'a rien de remarquable que les deux termes de pierre qui sont aux côtez de la grande porte, & qui semblent porter un balcon. Ces termes sont du fameux Puget, & ont fait l'admiration du Cavalier Bernin. Il n'est pas vrai que cette maison ait été bâtie par le célèbre Puget, ni qu'elle mérite l'attention des Architectes, comme le dit l'Auteur du Voyage de la France imprimé chez Saugrain en 1720. mais fort près de l'Hôtel de Ville, & presque vis-à-vis, est la maison de feu Puget, qui a été bâtie sur ses desseins, & qui prouve qu'il étoit aussi médiocre Architecte, qu'il étoit grand Sculpteur & habile Peintre. On va voir dans cette maison un plafond où Puget a peint les Parques d'une maniere qui fait plaisir aux Connoisseurs.

Le Quartier-neuf est bien bâti. Sa place est un quarré long, bordé d'arbres, & c'est ici que les Gardes de la Marine font l'exercice.

La Maison des Jésuites est dans ce quartier, & elle est assez belle. Ils y ont un Séminaire pour les Ecclésiastiques qui servent d'Aumôniers sur les vaisseaux.

Le Parc, ou l'Arsenal, est composé de tous les lieux qui sont nécessaires pour la construction, ou pour l'armement des vaisseaux. On y trouve la *Corderie* qui est un bâtiment surprenant pour sa longueur. Elle est toute voûtée, & à perte de vûe. On y fait les cables, & dans l'étage qui est au-dessus, une infinité d'Ouvriers préparent les filasses & les chanvres. *Les Ecoles* des Gardes de la Marine servent à les faire travailler aux Mathematiques, au Dessein, à faire des armes, à voltiger, & aux autres exercices qui leur conviennent. *La salle d'armes* est un grand magasin où sont les mousquets, fusils, pistolets, hallebardes, & autres armes nécessaires à l'armement des vaisseaux. *La sainte Barbe* est un autre magasin destiné à tous les ustensiles des Canoniers. L'on doit remarquer aussi les lieux où l'on fait *la Menuiserie & la Tonnellerie*, où dans un lieu très-vaste est un nombre infini de futailles pour embarquer les vivres & les boissons. A côté est le lieu où l'on travaille à la construction de ces futailles. Les maillets font un si grand bruit, qu'il est impossible de s'y entendre parler. L'on se rend delà au *Parc de l'Artillerie* où il y a des canons en piles comme on met les planches dans les chantiers. Outre les canons, on y voit un nombre prodigieux de bombes, de grenades, de mortiers, de boulets à deux têtes, & de différentes espèces, rangez tous dans un ordre à faire plaisir. Les ancres bordent le tour du canal qui environne le Parc. On découvre delà les forges qui en sont éloignées, & les cyclopes qui battent le fer. *La salle des voiles* est fort longue, & les yeux s'égarent par la quantité de choses qu'on y voit. On y trouve tout ce qui est nécessaire à un Vaisseau. Il y a un nombre infini d'Ouvriers qui travaillent ; & enfin pour voir tout ce que renferme cet admirable Arsenal, on doit monter au-dessus de la salle des voiles, où l'on poisse, & où l'on met le godron aux cables.

La Fonderie des canons ne mérite pas moins d'être vûe. On y voit travailler à toutes les choses nécessaires pour fondre le métal, & mettre les moules en état de recevoir la matiere. *La Boulangerie Royale* & les fours, peuvent être vûs en passant. On doit aller ensuite au *Chantier de construction*. Rien n'est plus curieux, ni plus surprenant que de voir lancer à l'eau quelque vaisseau, puisque d'abord qu'on a ôté les étages qui sont au devant de ce vaisseau, & qui arrêtent cette machine, elle va avec un bruit impétueux prendre sa place dans l'eau où l'on croit qu'elle va être engloutie, & s'y tient cependant comme si elle y avoit été bâtie. On ne peut sans beaucoup d'étonnement voir en un quart-d'heure de tems une masse si grosse & si lourde, partir comme d'elle-même avec une rapidité incroyable, & se mettre en mer si facilement.

Toulon est une Place forte, & ses anciennes fortifications sont l'ouvrage du Chevalier de Ville. Elle fut assiégée en 1707. par l'armée des Alliez commandée par le Duc de Savoye, Roi de Sardaigne, mais l'armée du Roi sous les ordres du Maréchal de Tessé, l'obligea de lever le siege. Depuis ce tems-là on a ajoûté de nouvelles fortifications aux anciennes, & on a commencé à bâtir une citadelle qui est avancée. Son Port est un des plus beaux de l'Europe. L'on entre d'abord dans une grande rade la plus sûre qu'il y ait, & dont l'entrée est défendue par un grand nombre de batteries & de forts, parmi lesquels la grosse tour est le plus considérable. Le Port est à une des extrémitez de cette rade. L'entrée en est si étroite, que les vaisseaux n'y peuvent entrer que l'un après l'autre; & elle est défendue par plusieurs bonnes batteries revêtues, & bien munies de canons. La Ville est au fond de ce golfe, & elle embrasse le Port. Il est partagé en deux par une grosse jettée de pierres, & couvert par une partie de l'enceinte de la Ville. On voit quelquefois sur ce Port un spectacle fort divertissant, c'est une espece de joûte qu'on nomme *la Targue*. On arme pour cela plusieurs bâtimens, sur lesquels on met horizontalement une planche large de 9. à 10. pouces, & d'environ quatre pieds de saillie. Le champion qui doit joûter, est debout sur l'extrémité de cette planche, en calçon, tenant de sa main droite une lance sans pointe, & de la gauche une espece de bouclier qu'on nomme *Targue*, & qui donne le nom à ces joûtes. Les bâtimens ayant chacun leur combattant, vont les uns contre les autres à force de rames, & au bruit des trompettes. Les combattans se couvrent de leurs targues, & se présentent leurs lances pour se culbuter. Celui qui en renverse davantage sans s'ébranler, remporte le prix. Outre les Jésuites, il y a à Toulon plusieurs Maisons Religieuses. Le College est dans le quartier vieux, & dirigé par des Prêtres de l'Oratoire. Les armes de la Ville de Toulon sont d'azur, à la Croix d'or.

Olioules est une petite Ville à une lieue de Toulon, qui a pris son nom, à ce que l'on croit, de la quantité d'oliviers qu'on voit aux environs. Les armes de cette Ville sont d'argent à un olivier de sinople.

Le Bausset est une autre petite Ville au milieu des montagnes. Ses armes sont de gueules, à quatre pals d'or, au chef d'azur, chargé d'une fleur de lys d'or.

Aubagne est une petite Ville qui appartient à l'Evêque de Marseille, & qui est située dans son Diocèse.

MARSEILLE, *Massilia*, cette Ville fut bâtie sur le bord de la mer par les Phocéens, Marchands d'Ionie. Lucain se trompe lorsqu'il les fait venir de Grece. Un Jurisconsulte Hollandois nommé *Huberus*, a commis la même faute dans une Histoire universelle qu'il a donnée au Public. C'est une grande Ville, & fort peuplée. On la divise en Ville vieille, & Ville neuve. La vieille n'est rien moins que belle, & est située sur une éminence au-dessus du Port. Les rues en sont sales, & les maisons mal bâties. On y remarquera la *Majour*, où l'Eglise Cathédrale qui est assez grande. On y verra une pierre de marbre, sur laquelle on lit une Inscription Arabe que Laurent d'Arvieu a traduite ainsi :

Dieu est le seul permanent. C'est ici la sépulture de son serviteur, & Martyr, qui s'étant confié en la misericorde du Dieu très-haut, il la lui a accordée en pardonnant ses fautes. Joseph fils d'Abdallah de la Ville de Metelin, décédé dans la lune Zilhugé.

Ruffi dans son Histoire de Marseille, croit que c'est l'Epitaphe de quelque *Cacis*, ou Prêtre Mahométan de l'Ordre des Amuldenes, qui appellent les peuples en criant du haut des Mosquées. Le même Auteur conjecture que cette Inscription est du tems du Comte Maurant, qui favorisant les Sarrasins qui étoient venus en Provence, leur livra les Villes d'Avignon & de Marseille. Dans une Chapelle qui est derriere le Chœur l'on voit une représentation en demi-relief de Jesus-Christ mort & couché sur le sépulchre, gardé par la Vierge, S. Jean & les trois Maries. Ce monument est de fayence blanche, & assez beau.

Les Acoules est une Paroisse à la porte

de laquelle on voit un Crucifix pour qui on a une dévotion toute particuliere.

La nouvelle Ville au contraire est parfaitement bien bâtie, & bien percée. Elle est séparée de l'ancienne par une des plus belles rues que l'on puisse voir, & qui regne depuis la porte d'Aix jusqu'à la porte de Rome. C'est cette même rue que l'on nomme *le Cours*. Elle a deux rangs d'arbres, & des maisons des deux côtez, toutes de même simétrie, ornées de portiques & de grandes colonnes, avec leurs bases & chapiteaux. On trouve dans ce quartier de belles maisons, entre-autres celle du feu Comte de Grignan, Lieutenant Général, & Commandant dans la Province.

S. Victor est une des plus illustres Abbayes du monde Chrétien. Son antiquité remonte jusqu'aux premieres années du Christianisme. Elle est de l'Ordre de S. Benoît. On voit ici deux Eglises, l'une supérieure, & l'autre inférieure. Elles furent consacrées par S. Leon le Grand dès le cinquiéme siecle. Les Reliques de S. Victor que l'on y conserve, lui ont donné le nom qu'elle porte aujourd'hui, à la place de celui qu'elle portoit autrefois. Elle a souvent été remplie de Sujets d'une éminente vertu, puisqu'elle a donné deux Papes & plusieurs Cardinaux à l'Eglise, & un grand nombre d'Evêques à divers Diocèses. Le Pape Urbain V. étoit Religieux de cette Abbaye, & il en étoit Abbé lorsqu'il fut élevé au Pontificat. C'est lui qui acheva d'embellir cette Maison de la maniere qu'on la voit à présent, toute revêtue de pierres de taille, ornée de plusieurs belles tours quarrées, d'une grosseur & d'une élevation extraordinaires. Ce même Pape qui mourut à Avignon, voulut être enterré en cette Eglise à côté du Maître-Autel, où quantité de lampes brûlent continuellement. Tout le monde convient qu'il n'y a pas en France d'Abbaye qui soit à la fois plus ancienne & plus célébre, ni qui ait plus d'exemptions, & de plus beaux privileges.

L'Eglise inférieure est un souterrein composé de plusieurs Chapelles, au milieu desquelles est celle de *Nôtre-Dame*. Au devant de cette derniere, la voûte est portée par sept grandes colonnes qu'on dit être de pierres fusiles, & dont les bases & les chapiteaux sont d'une espece de granit noir & blanc, & d'Ordre Corinthien. L'intérieur de cette Chapelle est orné d'un nombre infini d'*Ex voto*, & de bijoux de grand prix. C'est dans ce lieu qu'on voit la croix de S. André qui est revêtue d'un ouvrage d'orfévrerie, dont un Camérier de la maison apporta le dessein d'Italie, & qui au goût des Connoisseurs, est un morceau parfait en ce genre.

Fort près de cette Chapelle est une petite grotte, que l'on prétend être la premiere Chapelle des Gaules, où l'on a dit la Messe.

A côté est l'ouverture d'un autre soûterrein, à l'entrée duquel la tradition veut que la Madeleine ait fait pénitence pendant sept ans, avant que d'aller à la sainte Baume. Cette voûte s'étend à plus de cinq cens pas sous la Ville, vers la porte d'Aix, & c'est ici qu'ont été inhumez les corps de plusieurs saints Martyrs.

Auprès de la grille de fer de cette grotte on voit dans une niche creusée dans le mur, une urne canelée, d'une maniere transparente, & d'un ouvrage très-curieux. Ce vase fut trouvé en creusant la terre aux environs de cette Abbaye, dans le tems que Henri d'Angoûléme, Grand Prieur de France, étoit Gouverneur de Provence. Le Peuple dit que ce vase a servi de cruche à la Madeleine lorsqu'elle demeuroit en ce lieu.

Le Cloître est petit, & sa voûte est soûtenue par quantité de petites colonnes de divers marbres précieux, avec des chapiteaux d'aſſez mauvais goût. J'ai trouvé ſous ce Cloître une Inſcription Payenne, gravée ſur une pierre, la voici:

D. M.

POMPONIAE PRIMICENIAE
ANNIA FELICLA SOROR
KARISSIME.

Tout ce Monaſtere eſt rempli de Tombeaux & d'Inſcriptions, tant des Payens, que des premiers Chrétiens. On les rencontre par tout en grand nombre, & l'on reconnoît celles des Payens à ces deux lettres, D. M.

L'Hôtel de Ville a une belle façade. On y verra quelques ornemens, mais on vante principalement l'Ecuſſon de France, ſoûtenu par deux Anges. Il eſt de la main de Puget, fameux Sculpteur.

L'Hôpital & l'Arſenal, ou la ſalle d'armes, ſont des bâtimens nouveaux. La Corderie eſt le long du Port.

Marſeille a toujours été regardée comme une des plus importantes Villes du Royaume, à cauſe de ſa ſituation ſur la mer méditerranée, & de la commodité de ſon Port qui lui facilite le commerce du Levant, & ſert de retraite ſûre aux galeres du Roi. Mais cette Ville étant commandée par les hauteurs qui l'environnent, Louis XIV. pour la défendre contre les attaques des Etrangers, & pour aſſûrer le repos des habitans, fit bâtir à l'entrée du Port un Château & une Citadelle, vis-à-vis l'un de l'autre, l'an 1660.

La ſalle d'armes des galeres eſt ſans contredit la plus belle de l'Europe, ce lieu étant compoſé de quatre grandes galleries percées des deux côtez dans les extrémités, & remplies de très-belles armes fort proprement entretenues, & très-curieuſes. On peut entrer dans les atteliers des Armuriers, où il y a un grand nombre d'Ouvriers occupez. On y voit une infinité de beaux ouvrages, tous eſtimez en leur genre. On deſcend delà pour viſiter les atteliers des Peintres, Sculpteurs, & les baſſins de conſtruction où l'on trouve quelquefois des galeres commencées, le magaſin général de la boulangerie, les magaſins des voiles, & divers magaſins particuliers, qui ſont tous dans un grand ordre, & remplis d'Ouvriers.

Le nouvel Arſenal a un beau jardin. On peut viſiter les Ecoles Royales d'Hydrographie & de conſtruction, la Corderie où l'on fait tous les cordages des galeres. On doit enſuite entrer dans le nouveau *Bagne* que Louis le Grand établit en 1701. pour y entretenir deux mille forçats invalides. On y voit plus de quatre cens métiers sur lesquels ces gens-là fabriquent les draps & autres étoffes, & toiles nécessaires pour les galeres. L'on monte delà au premier étage, où il y a deux grandes salles destinées pour faire coucher ces deux mille invalides sur des *Taulas* couverts de natte. Le magasin de retour est un lieu très-vaste où l'on remet ce qui est hors de service pour les galeres. On monte à la salle des voiles, où plusieurs femmes & filles travaillent aux ornemens des galeres. Puis on entre dans l'attelier des Menuisiers, où le mouvement de tous les instrumens qui servent au métier, ne laissent ni les oreilles, ni les yeux en repos. Après cela il faut remarquer la maniere dont on met à l'eau des caïcs & des felouques, le mouvement du travail d'un grand nombre de calfats qui sont dans l'attelier, & comme on entraîne les grosses piles de bois pour les constructions. Il y a pour cet effet plusieurs Turcs, qui par les cris qu'ils ont accoutumé de faire en travaillant, donnent beaucoup de plaisir. On peut se rendre delà à l'artillerie des forges où l'on voit de gros pierriers. L'attelier de la serrurerie mérite d'être vû,

& on y trouvera plusieurs beaux ouvrages qui sont autant de chefs-d'œuvre. Les magasins de desarmement sont d'une propreté & d'un arrangement extraordinaires. Chaque nature d'agrets & d'ustensiles y est distinguée par espace. Tout près delà sont les bassins où l'on construit les galeres. C'est un agréable spectacle que ces constructions, sur-tout si on en trouve quelqu'une prête à être mise à l'eau. Elle est alors soûtenue en l'air dans un grand bassin long, dans lequel on laisse entrer de l'eau ; & quand il y en a suffisamment, la galere se met à flot. Il n'y a qu'à ouvrir, elle entre aussi-tôt dans le Port, & l'eau renverse tout ce qui la soûtenoit.

La plaine de S. Michel est très-propre pour les revûes, & pour faire faire l'exercice aux troupes des galeres, qui depuis longtems passent pour être des plus belles qu'il y ait en France.

La Manufacture Royale est pour les étoffes d'or & d'argent. On trouvera dans la salle & dans les chambres plusieurs Ouvriers & Ouvrieres occupez à ces ouvrages, où l'on verra des étoffes les plus riches & les plus belles qu'il y ait, & qui imitent parfaitement les fabriques étrangeres. Les métiers sont dans les salles basses. On passe dans le jardin, &
dans

dans la manufacture on voit calendrer les étoffes, comme aussi passer des pieces au feu, & faire le filage de l'or.

La Chartreuse est à une petite demie lieue de la Ville.

Le Maréchal de Vauban a fait le projet d'une nouvelle enceinte pour agrandir Marseille. Il devoit pratiquer des places dans la Ville, en y repoussant l'enceinte qui n'est point fortifiée. Ce Maréchal assûroit que par-là on pourroit rendre Marseille imprenable du côté de la terre. Il avoit aussi projetté une autre Citadelle, dont le fort de Nôtre-Dame de la Garde seroit le donjon. Ce Fort dont Chapelle nous a donné une description très-ingénieuse, & également badine, est sur le sommet d'un rocher presque inaccessible, & si haut élevé que s'il commandoit à tout ce qu'il voit au-dessous de lui, une partie assez considerable du genre humain ne vivroit que sous son bon plaisir. On voit de cet endroit la pleine mer, la Ville & le Port de Marseille, & toutes les bastides des environs de cette Ville. Du Fort on va à Nôtre-Dame de la Garde, Chapelle très-fameuse par la dévotion des gens du pays. Les Voyageurs qui aiment l'histoire naturelle, se feront montrer l'endroit de cette montagne où l'on trouve des filons d'une mine de savon qui blanchit le linge comme le savon artificiel dont il a aussi la marbrure.

Les Jésuites ont ici un Observatoire nouvellement construit, & dont la vûe n'a d'autres bornes que celles de l'horison.

Le Port est d'une figure fort longue, & fort avancé dans les terres. Il occupe presque toute la longueur de la Ville: Il est peu large, & ne peut pas recevoir des vaisseaux de guerre. Son entrée est défendue par la Citadelle & par le Fort Saint Jean. C'est dans ce Port que se retirent les galeres du Roi, où elles sont à l'abri du vent de Nord-ouest. Les armes de la Ville de Marseille sont d'argent à la Croix d'azur.

La route de Paris à Toulon & à Marseille, par la poste, en passant par la Bourgogne, est jusqu'à Villeneuve-la-Guyart, la même que celle que je viens d'indiquer, mais de Villeneuve l'on va à Pont-sur-Yonne, poste & demie. Sens, p. & d. Villeneuve le-Roi, poste & d. Villevallier, p. Joigny, p. Bassou, p. & d. Auxerre, p. & d. Prey, 2. p. Aigremont, p. & d. Noyers, p. Sauvigné, p. Aixey sous Rougemont, p. Montbar, p. Eringe, p. & d. Villeneuve, p. Chanceaux, p. & d. S. Seine, p. & d.

Valfufon , p. & d. Dijon , p. & d. Genvry, p. & d. Nuys, p. Beaune, p. & d. Chagny , p. & d. Châlons , p. & d. Senefcey, 2. p. Tournus , p. S. Albin, p. & d. Mafcon, p. & d. La Maifon-Blanche , 2. p. Belleville, p. Ville Franche, p. & d. Les Echelles, p. La Chaux , p. Lyon, pofte Royale. S. Fons, p. Royale. S. Saphorin d'Ozon, p. Vienne, p. & d. Auberive, p. & d. Le Péage de Rouffillon, p. S. Rambert, p. S. Vallier , p. & d. Tein, p. & d. Sillard, p. Valence, p. La Paillaffe , p. Lauriol, p. & d. Laine, p. & d. Montelimart , p. Donzére, p. & d. Pierre Latte , p. La Palu , p. Le Pont S. Efprit , p. Bagnols , p. Lartoife, p. Roquemort, p. Avignon, p. S. Andiol, 2. p. Orgon, p. Le Pont-Royal, p. & d. S. Canat, p. & d. Aix, 2. p. Roquevaire , 3. p. Le Bois de Conioul, p & d. Le Beauffet, p. Toulon , p. & d.

La route de la pofte d'Aix à Marfeille eft la même que celle qui eft rapportée à la fin de l'Itineraire fuivant.

Voyage de Paris à Toulon, & à Marseille, par le Nivernois, le Bourbonnois, &c.

L'On va de Paris à Fontainebleau par la route que j'ai marquée ci-dessus ; mais au lieu d'aller de Fontainebleau à Moret, l'on va à Nemours.

Nemours.	4. l.
Soupe.	2. l.
Dardive.	1. l.
Fontenay.	1. l.
Puicalose.	1. l. & d.
Montargis.	1. l. & d.
Nogent.	4. l.
La Bussiere.	3. l.
Briare.	2. l. & d.
Boni.	3. l.
Neuvi.	1. l. & d.
Cosne.	2. l.

Nemours, qu'on appelloit autrefois *Nemox*, & *Nemoux*, en latin *Nemus Nemosium*, *Nemosum*, a pris son nom de sa situation dans la forêt de *Biere*, ou de Fontainebleau, qui apparemment

T. 1. page 268

CARTE DE LA ROUTE DE PARIS A MARSEILLE ET A TOULON en Passant par le Bourbonnois

Gravé par Marie de Baillieul

MER MEDITERRANNÉE

- TOULON
- Ollioules
- le Bausset
- Le Bois de Coniou
- Roquevaire
- MARSEILLES
- Durance R.
- AIX
- Lambesc
- Le Moulin de Vernegue
- Cavaillon
- Orgon
- AVIGNON
- ORANGE
- Pierre Latte
- Donzere
- Monsan
- Montelimart
- Crest
- Loriol
- Moras
- VALLENCE
- Thin
- St Rambert
- St Vallier
- Le Peage
- St Saphorin
- VIENNE
- LION
- La Bresle
- La Croisette
- Tarare
- La Fontaine
- St Simphorien
- L'Hopital
- Roüane
- St Germain
- La Pacaudiere
- St Martin
- Droiturier
- La Palice
- St Geran
- Varenne
- Eschirolles
- Bessé ou Besséy
- MOULINS
- AUTUN
- Ville Neuve
- Chantenay
- St Pierre le Moustier
- Magny
- NEVERS
- Pougue
- La Marche
- La Charité
- Pouilly
- Maltaverne
- Cosne
- BOURGES
- Bony
- Neuvy
- Briare
- La Bussiere
- Nogent
- Puicalose
- Montargis
- Soupe
- Dardive
- NEMOURS
- FONTAINEBLEAU
- Chailly
- Ponthiery
- Essonne
- Juvisy
- Ville Juive
- PARIS

Echelle 5 10 20 30 40 50 Lieues

s'étendoit anciennement jusqu'ici, car on n'auroit pas donné le nom de *Nemus* à cette Ville, si elle n'avoit pas été située dans un bois. Nemours est dans le Gâtinois sur la riviere de Loin, entre deux collines. Elle a eu ses Comtes jusqu'en 1404. dont on voit quelques-uns des Tombeaux dans l'Abbaye de la Joye. Charles VI. l'érigea en Duché, en la donnant à Charles II. Roi de Navarre, en échange du Comté d'Evreux, & d'autres Terres qu'il avoit en Normandie, l'an 1404. Louis XII. la retira en 1507. de Gaston de Foix son neveu, & lui céda le Comté de Beaufort. François I. l'engagea en 1528. à la Maison de Savoye Nemours pour la somme de cent mille livres. Louis le Grand la retira en mariant Marie-Jeanne-Baptiste à Charles Emmanuel II. Duc de Savoye, & Marie-Françoise-Isabelle, à Alphonse VI. Roi de Portugal. Il la donna ensuite à Philippe de France son frere unique pour la parfournissement de son appanage, par Lettres Patentes du 24. d'Avril 1672.

Avant que Nemours fut érigé en Duché, ce n'étoit qu'un Château bâti dans une Isle que forme le Loin, & il n'étoit point fermé de murailles. Ce Château n'a pas aujourd'hui grande apparence. Il y a quelques tours rondes fort hautes qui servent de prison à la Ville. Dans la grand-rue est un Marché couvert & la Paroisse de la Ville, appellée le Prieuré de *saint Jean*. Ce Prieuré fut fondé par Louis VII. à son retour de Jérusalem. Il le dota de grands revenus, & lui donna une partie de la machoire supérieure de saint Jean qu'il avoit obtenue de l'Evêque de Sebaste. Le Couvent des Religieuses de sainte Marie est un bâtiment neuf & beau. Dans le faubourg S. Pierre est une autre Paroisse sous l'invocation de ce Prince des Apôtres. Tout auprès est une Abbaye de Filles de l'Ordre de Citeaux, nommée *Nôtre-Dame de la Joye*.

MONTARGIS, *Mons Argisus*, que M. de Valois soupçonne avoir été ainsi appellé par corruption, au lieu de *Mons Argisi*, comme on a dit *Mons Lethericus* pour *Mons Letherici*. Il pousse même sa conjecture plus loin; car il est porté à croire que le premier nom de cette Ville étoit *Mons Ansegisi*, à cause qu'Ansegise Evêque de Sens, qui vivoit l'an 876. l'avoit fait bâtir, & que dans la suite on fit *Mons Argisi*, de *Mons Ansegisi*, & puis *Mons Argisus*. Quoique ce ne soit qu'une conjecture, elle me paroît plus vraisemblable que ce que dit André du Chesne, que cette Ville a été nommée Montargis, comme qui diroit *Mont d'Argus*, parce qu'on voit bien loin tout à l'entour.

Montargis est sur la riviére de Loin, & la Capitale du Gâtinois. Elle fut brûlée en 1528. & depuis rebâtie de neuf. On la surnomme quelquefois *Montargis le Franc*, par rapport à plusieurs privileges que nos Rois lui ont accordé en differens tems. Cette Ville fait partie de l'appanage qui fut donné à Philippe de France frere de Louis le Grand. On y voit un ancien Château qui est dans une situation fort élevée, & qui a été rebâti par le Roi Charles V. La grand-salle est un des plus grands vaisseaux qu'on puisse voir. Elle a vingt-huit toises deux pieds de long, sur huit toises quatre pieds de large. On trouve à Montargis des Couvens de Recolets, de Barnabites qui ont le College; d'Ursulines; de Filles de sainte Marie; de Dominicaines; & de Bénédictines. On remarquera une chose singuliere dans l'Eglise Paroissiale de cette Ville, c'est que les habitans y ont fondé dix Chapelles, & ces Bénéfices sont à la présentation du Conseil de l'Eglise, qui est composé de douze notables ou principaux habitans de la Ville. C'est, je crois, le seul conseil de cette espece qu'il y ait dans le Royaume. Montargis fut bloquée par les troupes

Angloises l'an 1418. & réduite à une grande extrémité, lorsque le bâtard d'Orléans les força dans leurs retranchemens, & délivra cette Ville.

Briare, *Bribodorum*, *Brivodurum*, petite Ville sur la Loire, à dix lieues de Montargis. Elle n'a qu'une longue rue, dans laquelle sont plusieurs hôtelleries & plusieurs Maréchaux, à cause qu'étant sur la route de Lion elle est fort passante. Elle est d'ailleurs fort connue par le canal de son nom qui, par le moyen de la riviere de Loin, fait la communication de la Loire à la Seine.

Neufvi, en Puisaye, *Novus vicus*, sur la Loire, n'est qu'un Bourg accompagné d'un Château.

Cône, *Cona*, *Conada vicus*, *Conada Castellum*, *Condida*, doit son nom à sa situation au confluent de la riviere de Loire; & de celle de Noaïm; car c'est de Condé, ou Condat, qu'on a formé le nom de Cosne. On trouve dans cette petite Ville une Eglise Collégiale, dont les Prébendes sont à la collation de l'Evêque d'Auxerre qui est l'Evêque Diocesain, un Couvent d'Augustins, & un de Bénédictines. La Coutellerie de Cosne est fort estimée, & un des principaux commerces que l'on fasse dans cette petite Ville.

Maltaverne. 2 l.
Pouilly. 3. l.
La Charité. 2. l. 1. q.
La Marche. 1. l. & d.
Pougues. 1. l. & d.
Nevers. 2. l.
Magni. 2. l. & d.
S. Pierre-le-Mouſtier. 3. l.
Chantenay. 3. l.
Villeneuve. 2. l.
Moulins. 4. l.

LA CHARITE', *Caritas*, s'appelloit anciennement *Seyr*, & ſa ſituation étoit à cinq cens pas audeſſus de ſon enceinte actuelle, du côté de la Bourgogne, comme il paroît encore par les foſſez & quelques reſtes de fortifications que l'on voit de ce côté là. Un Seigneur fort puiſſant, nommé *Rolland*, ayant fondé & fait bâtir un Monaſtere audeſſous de la Ville de *Seyr*, du côté de la Loire, vers l'an 700. y appella des Religieux de S. Baſile. La ſainteté de ces Religieux, la commodité & le voiſinage de la Loire, inſpirérent aux habitans de *Seyr* le deſſein de s'aller établir autour du Monaſtere. Inſenſiblement, ils y formerent une petite Ville. Les Vandales ayant fait une irruption dans les Gaules vers l'an 743. ils

M v

pillerent la Ville & le Prieuré de la Charité; mais le Roi Pepin à son retour d'Italie rétablit ce Prieuré, & y mit des Religieux qui professoient la Regle de S. Benoît. La Ville & le Prieuré éprouverent encore une seconde fois la fureur des Vandales en 775. Guillaume II. Comte de Nevers, Geofroy Evêque d'Auxerre, & Bernard Deshaillant, tous trois de la Maison de Nevers, les rétablirent, & y mirent des Religieux de Cluny, dont Gerard fut le premier Abbé. Ces trois Seigneurs firent aux Religieux une cession générale de tout ce qu'ils possedoient à *Seyr*, tant au *spirituel* qu'au *temporel*, sans aucune réserve, comme il paroît par les Lettres de ratification de Louis le Gros Roi de France, de l'an 1119. Le Monastere & la Ville ont éprouvé depuis plusieurs changemens. Le nom de *la Charité* qu'elle porte aujourd'hui lui a été donné des grandes charitez que faisoient ses Religieux, dont le Prieur est Seigneur spirituel & temporel de la Ville. On passe ici la Loire sur un beau pont de pierre. Cette petite Ville souffrit beaucoup du tems des guerres des Calvinistes qui s'en rendirent les Maîtres & la brûlerent.

Pougnes n'est qu'un Village, mais ses eaux minérales l'ont rendu plus connu que ne le font plufieurs Villes. Il eft fitué au pied d'une montagne, & la fontaine minérale eft à deux cens pas du Village. C'eft un réfervoir long qui a trois pieds de diamêtre, & du fond duquel fortent des bouillons d'eau. Ce réfervoir eft au milieu d'une tour quarrée, proche de laquelle il y a des promenoirs couverts d'un toît foûtenu par des piliers. Les eaux de cette fontaine font aigretes, vineufes, & reffemblent fort à celles de S. Alban; mais leur acidité n'eft pas fi piquante. Certaines petites pailles qui nâgent fur cette eau, & qui reffemblent à des raclures de fer, font fuffifamment connoître qu'elle eft ferrugineufe. Elles ont toujours eu quelque réputation; mais depuis que le Roi les alla prendre au mois de Septembre de l'an 1586. elle s'eft fort augmentée.

NEVERS, *Noviodunum Æduorum, Nivernum, Nevernum,* Capitale du Nivernois & Ville Epifcopale, eft située au confluent de la riviere de Niévre dans la Loire, & à une lieue audeffus de celui de l'Allier & de la Loire. Cette derniere riviere paffe ici fous un pont de pierre compofé de vingt arches, au bout duquel il y a une levée fort large & fort longue qui rend l'abord de cette Ville du côté de Moulins très-magnifique. Les rues de cette Ville sont étroites, & le terrein fort inégal. L'Eglise Cathédrale est fort belle, & sous l'invocation de S. Cyr. Il y a onze Paroisses dans cette Ville, & plusieurs Maisons Religieuses. L'on découvrit en 1719. dans l'Abbaye de Nôtre-Dame un tombeau couvert d'une pierre d'environ six pieds de long. On y voit une figure en bosse dont la tête porte une couronne radiale, ou à pointes. Le corps est enveloppé d'un drap qui descend jusqu'aux pieds, & n'en laisse voir que l'extrémité. Les mains sont approchées l'une de l'autre audessous de l'estomach. L'on voit aussi sur le bas de la figure une épée inclinée de la gauche à la droite, & deux petits Anges à côté de la tête, qui paroissent encenser la figure. On a trouvé dans ce tombeau onze pieces de monnoye, parmi lesquelles il y en a de Charles VII. de François I. d'Henri II. d Henri III. &c. Quelques Antiquaires croyent que ce tombeau est celui d'un Comte de Nevers enterré dans cette Eglise au XIII. ou XIV. siecle, & que les pieces de monnoye qui sont posterieures au XIV. siecle, ont été mises dans ce monument après coup, ou y ont été cachées comme dans un lieu sacré & inviolable. L'on compte dans Nevers environ huit mille ames, & mille huit cens feux. Le Château des Ducs est ancien, & fait face à une grande & belle Place, dont les maisons bâties avec symetrie font un aspect fort agréable. La Verrerie & la Fayencerie sont dignes de la curiosité des Voyageurs. Les environs de cette Ville sont agréables. Il y a une promenade publique appellée *le Parc*, qui est assez belle.

S. Pierre le Monstier, ou *le Moûtier*, est une petite Ville à cinq lieues & demie de Nevers, bâtie au pied de la chaussée d'un étang, dans un fond environné de montagnes de tous côtez, hormis de celui du midi, ce qui la rend mal saine. Cette Ville faisoit autrefois partie du Comté de Nevers, mais l'on prétend qu'en 1261. le Prieur de S. Pierre le Moûtier se voyant opprimé par le Comte de Nevers & par des Seigneurs des Provinces voisines, eut recours au Roi à qui il céda la Justice sur toute la Ville, à la réserve de la maison & enclos du Prieuré qui demeurerent sous la Justice du Prieur, de même que les hameaux des Paroisses qui en dépendoient. Depuis ce tems-là, S. Pierre le Moûtier a été *Ville Royale*, où l'on a établi une Sénéchaussée, & puis un Présidial. Outre le Prieuré, il y a ici un Couvent d'Augustins, & un de Religieuses Ursulines. On dit qu'il y a dans cette Ville quatre cens trente feux, & environ mille cinq cens personnes.

Villeneuve est un Bourg du Bourbonnois, & à l'entrée de cette Province. On voit sur la porte d'une des maisons de ce lieu les armes de France, avec une Inscription gravée sur une pierre. Elle est en vieilles rimailles.

Vivent les lys, vive Bourbon ;
Vive Henri Quatre de ce nom ;
Vive celui
Qui pour sa révérence,
A fait poser ici
Les armoiries de la France.
1596.

Moulins, *Molina*, Capitale du Bourbonnois, est sur le bord de l'Allier dans une plaine agréable & fertile. Cette Ville est moderne, & doit son origine aux Seigneurs de Bourbon qui faisoient leur séjour dans la petite Ville de Souvigny, à deux lieues de Moulins. Comme ils aimoient la chasse, ils s'assembloient souvent en un endroit où il y avoit une ancienne tour que l'on nomme aujourd'hui *la Tour mal coëffée*, & qui fait partie du Château de Moulins. Ils y bâtirent ensuite un Château. Le séjour qu'ils y firent, l'agrément & la commodité du lieu formerent peu à peu une Ville que l'on nomma *Moulins*, à cause qu'il y avoit plusieurs moulins aux environs. Robert Comte de la Marche y fit bâtir un Hôpital, & Louis II. Duc de Bourbon, fit bâtir les pavillons qui ferment la premiere cour joignant la grosse tour. Il mourut en 1419. & ses descendans bâtirent l'Eglise sous l'invocation de Nôtre-Dame, & y fonderent un Chapitre composé d'un Doyen & d'onze Chanoines. Cette Eglise auroit été d'une assez belle architecture, mais il n'y a que le Chœur qui soit achevé. L'on trouve dans cette Ville un College de Jésuites, des Couvens d'Augustins, de Cordeliers, de Dominicains, de Minimes, de Chartreux, de Capucins, de Freres de la Charité, d'Ursulines, de Carmelites, de Filles de la Visitation de Sainte Marie, de Filles de l'Ordre de Citeaux, de Filles de Sainte Clere, d'Hospitalieres de S. Joseph, de Sœurs de la Croix, de Sœurs Grises. Les Couvens des Chartreux & des Filles de la Visitation, sont magnifiques. C'est Madame de Montmorency qui a fait bâtir ce dernier, tel que l'on le voit à présent. Elle s'y retira après la mort de son mari qui fut décapité à Toulouse le 30. d'Octobre de l'an 1632. & après y avoir demeuré enfermée pendant 25. ans, elle s'y rendit Religieuse le 30. de Septembre 1657. & y mourut Supérieure le 5. de Juin de l'an 1666. âgée de soixante-six ans. Les personnes de bon goût y vont admirer le superbe mausolée que cette Duchesse fit élever à Henri Duc de Montmorency, son mari. C'est un des plus excellens morceaux qu'il y ait dans ce genre. Ce Duc y est représenté à moitié couché, & appuyé sur le coude. La Duchesse sa femme est assise à ses pieds, voilée, & en mante. A côté du mausolée sont deux statues, dont l'une représente la valeur, & l'autre la libéralité. Derriere ce monument, & sur la muraille qui le touche, est une espece de portique, avec son fronton, soûtenu par deux colonnes & par deux pilastres. Entre ces deux colonnes sont deux statues, dont l'une représente la noblesse, & l'autre la piété. Au milieu de ce portique est une urne dans laquelle sont les cendres de ce Duc. Deux petits Anges portent des festons qui l'entourent. Audessus du fronton sont les armes de Montmorency. Au reste Moulins est une des plus jolies Villes, & des plus riantes qu'il y ait en France. On la divise en quatre quartiers, qui sont la Ville, la Ville neuve, le faubourg des Carmes, & celui d'Allier. Cette Ville est ouverte, & fans défenfe. M. de S. Geran dans le tems qu'il en étoit Gouverneur, avoit entrepris d'y faire faire une nouvelle enceinte ; mais ce deffein n'eut point fon exécution. Quant à l'ancienne enceinte, on abbatit en 1681. les quatre portes de l'ancienne Ville. Il y avoit dans Moulins onze mille trente-neuf perfonnes, fuivant un dénombrement qui fut fait en 1696. lors de l'établiffement de la Capitation, ou taxe par tête.

L'on voit ici les ruines d'un pont de pierre bâti en 1684. réparé, en partie, en 1685. & 1686. & tombé en 1689. On entreprit d'en conftruire un nouveau fur les deffeins de Jules Hardouin Manfart en 1706. au mois de Mars ; mais à peine fut-il achevé, qu'il fut entraîné par l'impétuofité de la riviere le 8. de Novembre de l'an 1710. à neuf heures & un quart du matin, en forte qu'il n'en refta qu'une arche, qui fe trouvant fendue, fut démolie pour la commodité de la navigation par ordre des Confuls, ou Echevins. L'on voit auffi le long de la riviere d'Allier un cours très-long & très-agréable, planté de quatre rangs d'ormes.

Au refte cette Ville eft du Diocèfe d'Autun, & il s'y fait un commerce de coutellerie très-confiderable.

Beſſey.	3. l.
Eſchirolles.	2. l.
Varennes.	2. l.
S. Geran.	2. l.
La Palice.	2. l.
Droiturier.	2. l.
S. Martin.	2. l.
La Pacaudiére.	2. l.
S. Germain.	3. l.
Roane.	3. l.
L'Hôpital.	2. l.
S. Simphorien.	2. l.
La Fontaine.	2. l.
Tarare.	3. l.
La Croiſette.	2. l.
La Breſle.	2. l.
Lion.	3. l.

ROANE, ROUANE, *Rodumna*, ſur la Loire, eſt une Ville fort ancienne qui eſt l'entrepôt de preſque toutes les marchandiſes qui deſcendent par cette riviere. On s'embarque auſſi dans *des cabanes*, ou bateaux couverts, pour aller à Orléans, Tours, Nantes, &c. Les Jéſuites ont ici un College, & les Capucins, & les Minimes des Couvens.

Tarare eſt un Bourg fort connu par ſa montagne, qui eſt d'une grande lieue de chemin.

La Bresle est une petite Ville sur la riviere de Tardine dont le débordement fit un grand ravage la nuit du 14. au 15. de Septembre 1715. Il y eut vingt-deux personnes de noyées, neuf maisons rasées jusqu'aux fondemens, deux moulins emportez, & le pont de pierre fut tellement entraîné, qu'à peine resta-t-il quelque vestige de ses fondations.

LION. On peut voir sa description dans le *Voyage de Paris à Toulon, & à Marseille par la Bourgogne*, &c.

On s'embarque sur le Rhône à Lion pour aller à Avignon, & ce trajet se fait en peu de tems à cause de la rapidité de ce fleuve; mais comme en revenant de Provence à Lion, on prend toujours la route de terre, il est à propos de la faire connoître.

S. Saphorin.	2. l.
Vienne.	3. l.
Le Péage.	5. l.
S. Rambert.	2. l.
S. Vallier.	3. l.
Thein.	3. l.
Valence.	4. l.
L'Oriol.	4. l.
Montelimart.	4. l.
Donzere.	3. l.
Pierrelate.	2. l.

Orange. 5. l.
Avignon. 4. l.

VIENNE, *Vienna Allobrogûm*, sur le Rhône, & sur la riviere de Jére, *ad Rhodanum*, & *ad Jairam*. La situation de cette Ville n'est pas belle; car elle est haute & basse, & resserrée par des montagnes qui semblent la devoir noyer dans le Rhône. L'on voit dans cette Ville tant de restes d'antiquitez Romaines, qu'on ne doit pas douter qu'elle ne soit fort ancienne. Non seulement elle étoit Colonie Romaine, mais même selon toutes les apparences le Siege du Préfet du Prétoire des Gaules; car dans la Notice de l'Empire, elle est nommée avant Lion, comme aussi dans la lettre que les Eglises de Vienne & de Lion écrivirent à celles d'Asie & de Phrygie, laquelle est rapportée dans l'Histoire Ecclésiastique d'Eusebe. L'enceinte des murailles est de mille sept cens quatre vingt toises, & le circuit est d'environ une lieue & demie. Ses portes principales sont celles de Lion ou de Montconseil, du pont du Rhône, d'Avignon, de Pipet, & de S. Martin. Les rues sont étroites & mal percées. La Cathédrale est une fort belle Eglise, & un ouvrage gothique. Le parvis qui eſt au devant eſt une plate forme ſur laquelle on monte par vingt-huit degrez. Il y a encore trois autres marches ſur cette plate forme pour monter dans l'Egliſe. Le frontiſpice eſt aſſez beau, & chargé d'une infinité de figures taillées dans la pierre qui eſt percée à jour en pluſieurs endroits. Il eſt auſſi orné de pluſieurs niches où il y a quelques figures de grandeur naturelle. Deux hautes tours qui ſervent de clocher, ſont élevées chacune ſur quatre piliers. Le vaiſſeau eſt grand & élevé. Sa longueur eſt de cent quatre pas, ſur trente-neuf de large. La voûte eſt ſoûtenue par quarante-huit colonnes, dont vingt-quatre ſont engagées dans le vif du bâtiment. Le Chœur eſt un peu plus élevé que la Nef. A côté du grand Autel on remarquera le tombeau de François Dauphin, fils du Roi François I. ſous une lame de bronze avec une Inſcription. L'Egliſe eſt pavée de grandes pierres, & la voûte eſt azurée, & chargée d'étoiles dorées. Il y a dans cette Ville pluſieurs autres Egliſes, Abbayes & Couvens. L'Abbaye de *ſaint André le bas* eſt d'une excellente architecture. La voûte du Chœur eſt ſoûtenue par deux colonnes de marbre d'une hauteur & d'une beauté ſingulieres. Celle de la Nef eſt portée par des colonnes d'ordre Dorique. Auprès de cette Abbaye on voit une plate forme sur laquelle sont quatre piliers élevez. On la nomme la table ronde, & c'étoit autrefois un azile où les personnes qui s'y étoient réfugiées, & les effets qu'on y avoit transportez étoient en sûreté. *Nôtre-Dame de la Vie* est un bâtiment antique que l'on a changé en Eglise. Il est quarré, & à peu près semblable à celui de Nismes. C'étoit, dit-on, un Prétoire. Il est décoré de colonnes d'ordre Corinthien, mais ces colonnes sont à présent engagées dans le vif du mur qu'on y a construit. On voit près de là l'ancien Palais des Souverains de Vienne; c'est où l'on tient les Justices de la Ville. Le faubourg de sainte Colombe est au-delà du Rhône, & cependant du Lionnois. On y voit une tour assez haute qui commande au pont. Le Palais de l'Archevêque est une maison assez commode. A côté est *la salle des Clementines*, ainsi nommée des Constitutions qu'on y fit pendant la tenue du Concile général auquel le Pape Clément V. présida. Cette salle sert aujourd'hui à serrer le foin d'une Auberge. *L'Abbaye de saint Pierre* est ancienne, & environnée de murailles fort solides. La voûte de la Nef n'est qu'un lambris; celle du Chœur est peinte & soûtenue par deux colonnes fort élevées. L'on n'enterre dans cette Eglise que les Archevêques de Vienne & les Abbez de S. Pierre. On voit ici de même que dans les autres Eglises, & ailleurs dans cette Ville, une quantité surprenante d'Inscriptions antiques. Chorrier a recueilli celles qui avoient été découvertes jusques à lui, & l'on trouve celles qui l'ont été depuis, dans le Voyage Litteraire de deux Religieux Bénédictins, & dans le Voyage Liturgique de M. de Moleon.

Le quinziéme Concile général fut assemblé à Vienne par ordre de Clement V. Ce Pape s'y trouva à la tête de trois cens Prélats, des Patriarches d'Aléxandrie & d'Antioche. Philippe le Bel y vint accompagné de son frere & de ses trois fils, dont l'aîné étoit Roi de Navarre. Il y a des Historiens qui disent que les Rois d'Angleterre & d'Arragon s'y trouverent aussi, mais Sponde le nie formellement. La suppression de l'Ordre des Templiers, & celle des procédures contre la France, furent des décisions de ce Concile, sans parler de plusieurs autres qui regardoient le dogme & les mœurs. Les dehors de Vienne le long du Rhône sont agréables, & forment un beau coup d'œil. A quatre ou cinq cens pas de la Ville de Vienne, hors la porte nommée d'Avignon, on trouve une pyramide antique qu'on appelle *l'Eguille*. Elle est sur une voûte quarrée, soûtenue par quatre piliers, & qui a vingt ou vingt-quatre pieds de heuteur. La pyramide est à peu près aussi haute, & le tout est de grandes pierres fort dures & sans aucun ciment. Il n'y a aucune Inscription, ce qui fait qu'on ne peut pas assurer pour quel usage ce monument a été érigé ; cependant il y a apparence que c'est le tombeau de quelque Romain.

Il y a à Vienne une fabrique d'ancres tant pour les galeres, que pour les vaisseaux, & autres bâtimens de mer. On y fait aussi une quantité de lames d'épée, si prodigieuse qu'on est surpris comment les ouvriers y peuvent suffire.

Tain ou *Thin*, Bourg du Viennois, est sur le Rhône, & principalement connu par ses vins qu'on nomme *Vins de l'Hermitage*. Ils sont produits par une colline qui est audessus de Thin, & ils prennent leur nom d'un Hermitage qui est sur ce côteau. Thin est vis-à-vis de Tournon petite Ville où les Jésuites ont un magnifique College, & une belle Bibliotheque. Thin & Tournon ne sont séparez que par le Rhône que l'on passe ici par le moyen d'un bacq. Un habile Naturaliste de mes amis m'a assuré qu'il
y

y a une mine d'or à l'Hermitage, & que c'est de cette mine que sont entraînées les palioles d'or qu'on trouve dans le Rhône depuis Valence jusqu'à son embouchure.

Valence. On peut voir la description de cette Ville dans le Voyage de Paris à Toulon par la Bourgogne, &c.

Montelimart, *Montilium Ademari*, sur le Robiou, a pris son nom des *Ademars de Monteil*, ses anciens Seigneurs.

Cette petite Ville est assez peuplée. Ses habitans furent des premiers à suivre les erreurs de Calvin, & ont marqué plus d'une fois leur attachement pour cette pernicieuse doctrine. Depuis la révocation de l'Edit de Nantes, ils ont été fidelés à Dieu, & au Roi. La Citadelle est sur une éminence, & a un Gouverneur, un Lieutenant de Roi, un Major, & deux Compagnies d'Infanterie pour garnison. Le P. Labbe s'est un peu mépris lorsqu'il a dit que cette Ville étoit sur le Rhône ; car elle est sur le Robiou, & à une lieue du Rhône.

Donzerre est un Bourg avec titre de Principauté, & appartient à l'Evêque de Viviers à qui il rapporte environ huit mille livres de rente. On voit sur une élévation les ruines du Château. Les Evêques de Viviers faisoient battre ici monnoye à leur coin, & il y a encore une rue qu'on nomme la rue de *l'argenterie*, ou de *l'argentiere*.

Pierrelate est une petite Ville située au pied d'un rocher qui se trouve seul dans une plaine. Elle appartient à M. le Prince de Conty, & a un Gouverneur qui est sans appointemens du Roi.

Orange, & *Avignon* ont été décrites dans le Voyage de Paris à Toulon par la Bourgogne, &c.

Orguon.	4. l.
Le Moulin de Vernegue.	3. l.
Lambesc.	2. l.
Aix.	4. l.

Route de Toulon.   *Route de Marseille.*

Roquevaire.	5. l.	Le Pin.	3. l.
Le Bois de Coniou.	3. l.	Marseille.	2. l.
Le Bausset.	2. l.		
Olioules.	2. l.		
Toulon.	1. l.		

Orguon est une très-petite Ville sur la Durance, au pied d'une montagne de roche, où il y a un Couvent d'Augustins Déchaussez. Elle appartient à M. le Prince de Lambesc, de la Maison de

Lorraine, & l'aîné de la branche d'Armagnac.

Roquevaire est un gros Bourg, ou une petite Ville, dans une gorge de montagne. Elle se pique d'une antiquité Romaine, & prétend qu'elle s'appelle en Latin *Rupes varii*.

Voyez les descriptions d'*Aix*, de *Marseille*, & de *Toulon* dans le Voyage précédent.

La route de la poste de Paris à Lion, en passant par le Nivernois, & le Bourbonnois, est jusqu'à Fontainebleau la même que celle qui passe par la Bourgogne, & que j'ai rapportée à la fin du Voyage précédent ; mais par celle-ci on va de Fontainebleau à Bouron, poste & demie. Nemours, p. Glandelle, p. La Croisiere, p. Fontenay, p. Puy-la-Laude, p. Montargis, p. La Commodité, p. & d. Nogent, p. Les Bezards, p. La Bussiere, p. Belair, p. Briare, p. Ousson, p. Boni, p. Neuvi, p. La Selle, p. Cosne, p. Maltaverne, p. Pouilli, p. Meuves, p. La Charité, p. Barbeloup, p. Pougues, p. & d. Nevers, p. & d. Magni, p. Villars, p. S. Pierre-le-Moûtier, p. Chantenay, p. Villeneuve, p. La Perche, p. Moulins, p. Sannes, p. Bessay, p. Eschirolles, p. Varenne, p. S. Geran, p. & d. La Palice, p. Droiturier, p. S. Mar-

Tome I. *N ij

tin d'Eſtraux, p. La Pacaudiere, p. La Fringale, p. & d. Roanne, p. & d. L'Hôpital, p. S. Siphorien, p. La Fontaine, p. Tarare, p. & d. La Croiſette, p. La Breſle, p. La Tour, p. & d. Lion, p. & d. S. Fons, p. S. Saphorin, p. Vienne, p. & d. Auberive, p. & d. Le Péage, p. S. Rambert, p. S. Vallier, p. & d. Tein, p. & d. Sillart, p. Valence, p. La Paillaſſe, p. L'Auriol, p. & d. Laine, p. & d. Montelimart, p. Donzere, p. & d. Pierrelate, p. La Palu, p. Le Pont S. Eſprit, p. Bagnols, p. Lartoiſe, p. Roquemor, p. Avignon, p. S. Andiol, deux poſtes. Orguon, p.

La route de la poſte depuis Orguon juſqu'à Marſeille, & à Toulon, eſt la même que celle que j'ai rapportée à la fin de l'Itineraire de ce Voyage.

Voyage de Paris à Clermont en Auvergne.

IL faut ſuivre la route que j'ai preſcrite ci deſſus pour aller de Paris à Lion, en paſſant par Moulins; & lorſqu'on eſt à Beſſay, l'on va aux

Eſchirolles. 1. l.

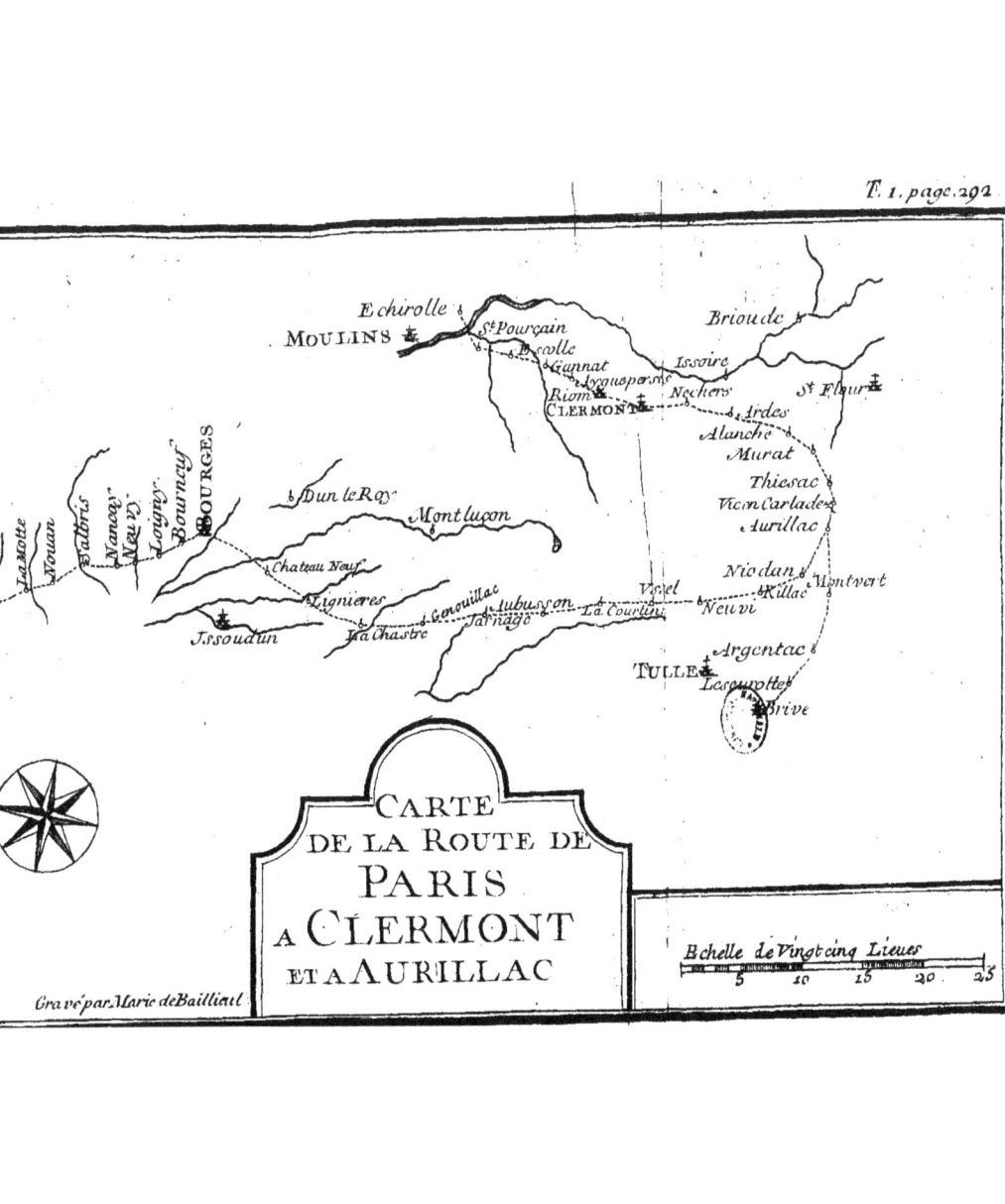

S. Pourſain.	3. l.
Le Maillet de l'Ecole.	2. l.
Gannat.	3. l.
Aigueſperſe.	2. l.
Riom.	3. l.
Clermont.	2. l.

S. POURSAIN, ou S. POURÇAIN, *Sancti Porciani Oppidum*, ſur la petite riviere de Scioule, eſt au milieu du Bourbonnois, quoique quelques Geographes la placent dans l'Auvergne. A la verité elle eſt du reſſort de Riom, mais ſes habitans y ſont jugez ſelon la Coutume du Bourbonnois. Elle a pris ſon nom de S. Pourçain qui vivoit encore vers l'an 450. Dans l'Egliſe Paroiſſiale de *S. Georges* on voit une ſtatue de pierre qui repréſente un *Ecce-Homo*, & eſt regardée avec juſtice comme un chef-d'œuvre de l'art. Elle eſt de grandeur naturelle, & d'une ſeule pierre de même que la corde qui lui lie les bras, les mains, les jambes, & les pieds. Les muſcles y ſont chacun dans leur action, & l'on y compteroit les veines, & les arteres. Quoique la corde ſoit de la même pierre que la ſtatue, elle en eſt néanmoins détachée en quelques endroits, & paroît nouée avec autant de facilité, & auſſi naturellement que si c'étoit un ruban. *Durand de S. Pourçain*, Evêque du Puy, ensuite de Meaux, qui a fait des Commentaires sur les quatre livres du Maitre des Sentences, étoit né dans cette Ville ; comme aussi *Blaise Vigenere*. La Ville de S. Pourçain a donné deux familles qui ont servi utilement l'Etat dans les emplois les plus distinguez : ce sont celle de Seguier & de Guenegaud. Tout le monde ne convient pas que celle de Seguier en soit originaire, mais quelques tombeaux qui sont dans l'Eglise des Cordeliers de S. Pourçain, & la tradition du pays, le prouvent suffisamment.

Gana, ou *Ganat*, est une petite Ville, & la derniere du Bourbonnois, du côté de l'Auvergne. Il y a un Chapitre, un Couvent de Capucins, un d'Augustins, & un de Filles de Nôtre-Dame. L'on compte dans cette Ville environ mille cinq cens habitans, & cinq cens soixante & dix feux.

Aiguesperse, petite Ville qu'un titre du Chapitre d'Artonne de l'an 1150. appelle *Aqua sparsa*, & le Poülier des Maladeries de S. Lazare *Aqua cerulea*, est le chef-lieu du Duché de Montpencier. Ce n'est proprement qu'une longue rue. Il y a cependant deux Eglises Collégiales dont l'une est la Sainte-Chapelle. L'on voit dans cette derniere un tableau de *S. Sebastien*, qu'on vante comme un chef-d'œuvre de l'art. Il est difficile de voir un tableau où il y ait plus d'imagination, & plus de correction que dans celui-ci. Sans parler du S. Sébastien, qui est admirable, il y a deux têtes de bourreaux qui paroissent belles à trois ou quatre pas de distance, mais qui le paroissent infiniment devantage à mesure que l'on les regarde de plus près. On y compte toutes les rides du front, & du visage, & n'étoit que le reste du corps y manque, & que l'attouchement détrompe, l'on croiroit que ce sont des têtes véritables. On voit encore au même endroit un morceau d'architecture en perspective, qu'on a bien de la peine à ne pas croire loin de soi dans le tems même que l'on le touche. Le fameux Michel de l'Hôpital que son mérite éleva à la dignité de Chancelier de France, étoit né dant cette Ville; & Messieurs de Marillac en étoient originaires. Au reste c'est ici la premiere Ville d'Auvergne en venant du côté du Bourbonnois, & l'entrée d'un des plus beaux & des plus fertiles pays qu'il y ait au monde, & duquel on pourroit dire avec raison *qu'il semble que la nature ait voulu rassembler ici sous un point de vûe tous les agrémens.*

Riom, *Ricomagus*, c'est-à-dire *Riche-Ville*. Elle est très-agréablement située, & bien percée. Philippe-Auguste l'ayant assiégée eut bien de la peine à la prendre, & s'en étant enfin rendu maitre par capitulation, après bien des assauts, il en amena quarante ôtages qu'il retint longtems en prison à Paris. Riom devint fort peuplée sous les Ducs d'Auvergne qui étoient de la Maison de France, fils, & petit fils du Roi Jean. Ils y établirent leur demeure, & y attirerent les plus grands Seigneurs de la Province qui y composoient leur Cour. On y montre encore les Hôtels *de Blot*, *de Fleurat*, *de Montboissier*, & *des anciens Chazerons*, fondus dans Monetay.

Riom est aujourd'hui considerable par sa Sénéchaussée, & son Présidial, dont le ressort est un des plus grands du Royaume ; par son Bureau des Finances, par une Chambre des Monnoyes, & par trois Chapitres. Une de ces Eglises Collégiales porte le nom de S. Amable, qui est le patron de la Ville. Elle fut bâtie par ce Saint, & dédiée sous l'invocation de *saint Benigne*. S. Gal qui fut ensuite Evêque d'Auvergne, n'étant encore qu'Archidiacre, & voyant que les miracles qui se faisoient sans cesse au tombeau de saint Amable, y attiroient de toutes parts une si prodigieuse quantité de monde, que l'Eglise de S. Benigne où il avoit été enseveli, étoit trop petite pour contenir tant de peuple, joignit une nouvelle Eglise à l'ancienne. Il fit faire un Autel au haut de cette nouvelle Eglise, sous lequel il fit transporter le corps de saint Amable. Ces deux Eglises n'en faisant plus qu'une, l'ancienne perdit insensiblement le nom de S. Benigne qu'elle portoit, & prit celui de S. Amable. Ce dernier témoigna que ce qu'on avoit fait pour sa gloire lui plaisoit, en continuant de faire une infinité de miracles, & en ne cessant de proteger la Ville de Riom contre ses ennemis visibles, & invisibles. C'est par reconnoissance que les habitans de Riom on mis le tableau de ce saint protecteur sur toutes les portes de la Ville, avec ces mots au-dessus, *hoc hospite tuti* ; & ils assûrent que par son intercession ils sont tous les jours guéris des morsures de serpens, & des chiens enragez, &c. & préservez d'incendie. *Anne du Bourg*, *Genebrard*, *Jaques Sirmond*, Jésuite, *Jean Sirmond* de l'Académie Françoise, *M. Soanen* Evêque de Senez, *l'Abbé Faydit*, & *Augustin Toutée*, Bénédictin, ont tous reconnu la Ville de Riom pour leur patrie.

CLERMONT, *Nemoſſus*, *Auguſtonemetum*, *Auguſtanemetum*, *Urbs Arvernorum*, ou *Arverna*, ne prit le nom de Clermont que dans le IXe. siecle, comme *Loup de Ferrieres*, & *Guillaume de Tyr* le marquent poſitivement. Quelques habiles Critiques ont prouvé démonſtrativement, que *Gergovia* dont il eſt parlé dans Céſar, n'étoit pas Clermont, mais une Ville ſituée ſur une montagne voiſine appellée encore aujourd'hui *Gergoye*, & ſur laquelle on voit quelques reſtes d'édifices.

La Ville de Clermont eſt la Capitale de la Province d'Auvergne, & eſt ſituée ſur une petite éminence entre les rivieres d'*Artier* & de *Bedat*. Cette Ville eſt riche & très-peuplée, mais les rues y ſont fort étroites, & les maiſons fort ſombres. La rue des Gras eſt la plus belle de la Ville. L'Egliſe Cathédrale eſt grande, & reſſemble à celle de Nôtre-Dame de Paris, à cela près qu'elle n'eſt pas auſſi vaſte, & que les deux tours qui ſont au frontiſpice de celle de Paris, ſont à une des portes laterales de celle de Clermont. Autour du Chœur ſont des figures en relief, qui repréſentent des hiſtoires de l'ancien & du nouveau Teſtament. Il y a à Clermont quatre Chapitres, & un grand nombre de Couvens. Le Collége des Jéſuites eſt une maiſon nouvellement bâtie & magnifique. Le Palais où l'on rend la justice est une maison réparée en partie, & la salle de la Cour des Aydes est assez belle. Il y a jusques à treize différentes portes pour entrer dans la Ville de Clermont. Ce que l'on nomme *la Place*, est un cours nouvellement planté, qui formera un jour une des belles promenades qu'on puisse voir. Le point de vue en est beau, & s'étend sur les côteaux & les marais de Montferrand.

La Place de *Jaude* est aussi une assez belle promenade, au milieu de laquelle est une belle fontaine.

Dans le faubourg de S. Alyre est l'Abbaye de son nom. L'Eglise paroît plûtôt une Citadelle qu'un Temple du Seigneur. C'est une fort grosse masse de pierres, & les dedans sont fort sombres. A la porte du Monastere on voit une porte de fer, meurtrieres, machicoulis, & autres choses de cette nature. On trouve dans le Cloître quantité de petites colonnes de marbre de diférentes couleurs. L'on remarque dans une Chapelle qui est à côté de la porte de ce Cloître un mausolée assez beau : c'est le tombeau d'Etienne Aldebrand Archevêque de Toulouse, & Camerier du Pape Clement VI. lequel mourut le 15. de Mars de l'an 1360. On voit aussi dans ce faubourg *une fontaine* qui pétrifie tout ce qu'on y jette, ou du moins qui y fait des appofitions pierreufes fi confiderables, que ce qu'on y a jetté paroît petrifié. Elle coule à travers un jardin dans lequel elle a formé infenfiblement une muraille de plus de cent quarante pas de long, haute de quinze & vingt pieds en certains endroits, & large de dix ou douze. Depuis quelque tems on fait couler l'eau de cette fontaine tantôt dans un endroit de ce jardin, & tantôt dans un autre, afin d'éviter de pareilles petrifications. Comme dans l'endroit où l'eau de cette fontaine fe jettoit dans un foffé, il y avoit une planche pour en faciliter le paffage, l'eau coula enfin fur cette planche, & y fit peu à peu des appofitions pierreufes fi confiderables, qu'elle en a fait un pont très-curieux qu'on appelle *le pont de la pierre. Savaron, Audigier, Pafcal & Domat*, étoient de Clermont, & ont fait honneur à cette Ville par leur fçavoir & par leur efprit. Pafcal a été un des plus grands génies qu'il y ait eu. Il étoit né à Clermont, mais fa famille étoit originaire de Cournon.

Le Pui de dome, *Mons dominans*, eft à une petite lieue de Clermont, & eft une des plus hautes montagnes d'Auvergne. C'eft ici que feu M. Pafcal fit faire de très-belles expériences sur la pésanteur de l'air. Cette montagne a huit cens dix toises d'élévation sur la surface de la terre.

En continuant ce voyage jusqu'à Aurillac, on aura presque parcouru toute la longueur de l'Auvergne, laquelle est d'environ quarante lieues. Je vais rapporter dans le Voyage suivant la route qu'on suit ordinairement pour aller de Clermont à Aurillac.

Voyage de Paris à Aurillac en Auvergne.

LE Messager établi pour ce voyage, a depuis quelques années changé de route. Autrefois l'on passoit par Bourges, par Aubusson, Ussel, &c. & ce chemin est sans contredit le plus court & le plus beau. Présentement il suit la route indiquée ci-dessous pour aller de Paris à Perpignan, en passant par Toulouse.

Par la premiere ou ancienne route l'on va de Paris à Orleans, & d'Orleans à

La Ferté.	4. l.
La Motte.	3. l.
Nouan.	2. l.

Salbris.	3. l.
Nançay.	4. l.
Neuvi.	1. l.
Loigny.	2. l.
Bourgneuf.	2. l.
Bourges.	3. l.

La Ferté est un Bourg, avec un Château, & des jardins entrecoupez de canaux, le tout magnifique, & dans une des plus belles situations qu'on puisse souhaiter. Cette Terre étoit anciennement une Baronie qui fut érigée en Duché-Pairie en faveur de Henri de Senneterre, Maréchal de France, par Lettres du mois de Novembre 1665. registrées le 2. Décembre suivant, mais cette Pairie s'est éteinte en 1703. par la mort d'Henri de Senneterre, Duc de la Ferté, qui ne laissa point d'enfans mâles.

La Motte-Beuvron est un Village, sur le chemin d'Orleans à Bourges, où Anne de Levi de Ventadour, Archevêque de cette Ville, fit bâtir un beau Château. Ce Prélat mourut en 1662.

Salbris, *Saleræ Bria*, ou *Briva*, c'est-à-dire, pont sur la Saudre.

BOURGES, *Avaricum*, *Bituriga*, *Biturica*, *Avaricum Biturigum*, est la Capitale du Berry, & une des plus grandes Villes du Royaume. Quelques-uns ont cru qu'*Avaricum* dont César a parlé dans le septiéme Livre de ses Commentaires, n'est pas la Ville de Bourges, mais celle de *Vierzon*. Mais tout ce que dit ce grand Capitaine d'*Avaricum*, ne peut convenir qu'à la Ville de Bourges, qui est la plus ancienne, la plus grande & la plus forte du Berry. Elle est située entre deux petites rivieres, *l'Evre* & *l'Orron*, sur une colline qui descend en pente douce jusqu'au bord de ces deux rivieres, qui forment presque son enceinte; je dis presque, parce qu'il y a une avenue, qui est celle de la porte Bourbounoux, laquelle n'est arrosée par aucune de ces deux rivieres. Cette Ville est fort spacieuse, & à voir le terrein qu'elle occupe, on la prendroit pour une Ville du premier rang; mais il y en a une grande partie que l'on nomme *le Pré Fichaud*, qui est sans maisons. Le reste n'est pas fort peuplé; & l'on n'y voit presque que des Ecclésiastiques, des Gentilshommes & des Ecoliers; & l'on n'y compte qu'environ quatorze mille huit cens personnes. Il ne s'y fait d'autre commerce que celui qui est nécessaire pour la subsistance des habitans. C'est au privilege de Noblesse accordé par Louis XI. aux Maire & Echevins de Bourges, qu'il faut attribuer le grand nombre des Gentilshommes qui sont dans cette Ville, & l'indolence que les habitans ont depuis long-tems pour le commerce. L'on distingue encore aujourd'hui l'ancienne Ville, de la nouvelle. L'ancienne est plus élevée que la nouvelle, & on en peut voir les murs presque tous entiers, qui commencent près du lieu où étoit la grosse tour, continuent le long de la rue Bourbounoux, & de la porte Gordaine, jusqu'à la porte neuve, delà dans la rue des Arenes, jusqu'à la porte d'Orron, puis à la porte S. Paul, &c. La nouvelle Ville est presque aussi grande que l'ancienne, & renferme les Paroisses de S. Ursin, de S. Jean des Champs, de S. Bonnet, de S. Ambroise, de S. Médard, de Sainte Croix, de S. Fulgent, &c. Cette Ville, ainsi que je l'ai dit, étant environnée d'eau, excepté depuis la porte Bourbounoux, jusqu'à celle de S. Paul, étoit défendue de ce côté-là par la grosse tour, dont les murailles étoient d'une épaisseur extraordinaire, construites de pierres très-dures, & taillées en pointe de diamans. Cette tour fut détruite au mois de Décembre de l'an 1651. par ordre du Roi Louis XIV. Les matériaux qui en restoient, ont servi à la construction du Séminaire. La Ville de Bourges est partagée en quatre quartiers; *de Bourbounoux*, *d'Orron*, *de S. Sulpice* & *de S. Privé*. A chaque quartier commande un Echevin. Le Maire, les quatre Echevins, les Avocat & Procureur de la Ville, & les trente-deux Conseillers, ont le gouvernement de la Ville, des affaires communes, de la Police, & l'administration des deniers & revenus communs. L'on compte dans Bourges seize Paroisses & cinq Chapitres, sans parler de deux qui ont été unis au Séminaire. L'Eglise Cathédrale, Archiépiscopale & Patriarcale, porte le nom de S. Etienne, & c'est le plus bel ouvrage gothique que j'aye vû. Elle est située dans l'endroit de la Ville le plus élevé. Là sur un vaste perron on trouve cinq grandes portes. Aux deux côtez de ce frontispice sont deux belles & hautes tours, l'une ancienne appellée *la Tour sourde*, & l'autre nouvelle qui fut bâtie en la place d'une ancienne qui tomba en 1506. Cette derniere tour est une des plus belles, & des mieux bâties qui se voyent, & a cent quatre-vingt dix-huit pieds de haut. Elle fut commencée l'an 1507. & achevée l'an 1538. sous la conduite de Guillaume de Pellevoisin, un des plus fameux Architectes de ce tems-là. Quant à *la Tour sourde*, elle est appuyée par un pilier d'une grosseur prodigieuse, & par une arcade voûtée qui passe pour un chef-d'œuvre d'architecture. Ces deux morceaux ont été construits pour empêcher qu'elle n'ait le sort de celle qui tomba en 1506.

 L'Eglise a dans œuvre cinquante-quatre toises & demie de longueur, vingt-une toises, cinq pieds & demi de largeur, sans y comprendre les Chapelles. La Nef a six toises deux pieds deux pouces de largeur ; les deux premieres aîles, quinze pieds & demi ; & les deux autres treize pieds & demi. La voûte de la Nef est soûtenuë par des piliers d'ordre Corinthien, qui sont d'une hauteur & d'une légereté surprenantes. Sous le Chœur est une Eglise soûterreine bien voûtée, & soûtenuë par des piliers d'une grosseur prodigieuse.

 Le Sainte Chapelle a été bâtie & fondée par Jean de France Duc de Berry, pour servir de Chapelle à son Palais. Les armes de ce Prince qui ont un ours & un cigne pour supports, s'y voyent en plusieurs endroits, avec ces mots, *Oursine le temps venra*. Cette Eglise fut bâtie en 1400. & l'architecture ne cede en rien à celle de la Cathédrale. Le clocher & la couverture ont été consumez par un incendie arrivé au mois de Juillet 1693. &

le Chapitre a fait couvrir cette Eglife de tuiles, en attendant un tems plus favorable pour la remettre dans l'état où elle étoit avant cet accident.

Le Palais avoit été bâti par le même Prince Jean de France Duc ne Berry, & fut réduit en cendres par le même incendie. Une partie de ce bâtiment étoit nommé *le logis du Roi*, & fervoit de logement au Gouverneur de la Province. L'autre partie fe nommoit *le Palais*, & fervoit aux Séances du Préfidial, & des autres Jurifdictions Royales de cette Ville. La grand falle étoit une des plus grandes & des plus belles du Royaume. Elle étoit fans piliers, & fervoit aux affemblées de la Nobleffe lorfqu'elle étoit convoquée. On y tenoit auffi *la Foire de Noel*. C'eft dans cette même falle que fe tint l'affemblée du Clergé convoquée par Charles VII. & que fut faite *la Pragmatique Sanction* l'an 1438.

Un des beaux droits du Chapitre de la Sainte Chapelle de Bourges, c'eft qu'il a tous les ans l'exercice de la Juftice Royale dans la Ville, pendant fept jours, à commencer le 16. de May jufqu'au 23. du même mois. Elle eft exercée pendant ces fept jours par les Officiers du Chapitre, appellez vulgairement *les Bonnets verds*. On ignore l'origine de ce privilege, mais il y a plus de deux cens ans que ce Chapitre en jouit.

L'Ancien Hôtel de Ville fut bâti l'an 1488. mais cette maison ayant été acquise par les Jésuites, la Ville choisit l'Hôtel de Jaques Cœur pour y tenir ses assemblées, & depuis ce tems-là c'est l'Hôtel de Ville. Ce Palais fut bâti par Jaques Cœur Argentier du Roi Charles VII. & c'est une des plus belles maisons qu'un particulier ait jamais fait bâtir. Les seules murailles coûterent cent trente-cinq mille livres, somme très-considerable en ce tems-là. Les armes de Jaques Cœur s'y voyent en plusieurs endroits, accompagnées de cette devise : *à vaillans Cœurs, rien impossible.* Cette maison est fort grande, solidement bâtie, & décorée de tous les ornemens d'architecture qui étoient en usage dans ce tems-là. Elle a passé successivement à plusieurs particuliers, & enfin à Jean-Baptiste Colbert Controlleur Général des Finances, le 13. de May de l'an 1679. Ce Ministre la céda aux Maire & Echevins de Bourges, par Contrat du 30. de Janvier de l'an 1682. à la charge d'un écu d'or de cens annuel envers le Marquisat de Châteauneuf, & de quatre en quatre ans d'une médaille d'argent de la valeur de dix livres, sur l'un des côtez de laquelle doivent être les armes du Marquis de Châteauneuf, & de l'autre celles de la Ville de Bourges, avec l'inscription du nom du Marquis de Châteauneuf & du Maire de la Ville, & outre moyennant trente-trois mille livres de deniers d'entrée.

Le Palais Archiépiscopal seroit un des plus beaux qu'il y ait en France, si quelque Archevêque de Bourges vouloit suivre le dessein dont Michel Phelypeaux de la Vrilliere Archevêque de cette Ville a jetté les fondemens, & a même avancé l'exécution.

La Place Bourbon est la plus grande de la Ville. C'est ici qu'étoient les arenes, ou l'amphithéatre. L'on ne sçait pas en quel tems il a été détruit, mais il est constant qu'il en restoit encore des vestiges l'an 1539. puisque la Coutume de Berry défend *de porter aucunes immondices en la fosse des arenes.* Cette fosse fut comblée & applanie en 1620. & l'on y tranfera le Marché. Elle porte le nom de Bourbon, pour avoir été applanie sous le gouvernement de Henri de Bourbon second du nom, Prince de Condé.

Le Séminaire est gouverné par des Directeurs de la Communauté de S. Sulpice de Paris. Le dessein du bâtiment est d'une grande beauté.

Les Jésuites ont dans cette Ville un beau & grand College, & c'est le seul qu'ils ayent dans le Berry. Ils y ont été appellez & fondez en 1675. par Jean Niquet Abbé de S. Gildas. Non seulement ils sont de l'Université, mais même ils sont les seuls qui y enseignent la Théologie. Ils ont pour cela quatre Professeurs pour l'entretien desquels Henri de Bourbon Prince de Condé, donna quatre mille livres de rente l'an 1627. Ce College a été fort agrandi par la jonction de l'ancien Hôtel de Ville, & la concession d'une rue qui séparoit ces deux bâtimens.

Le Couvent des Religieuses de l'Annonciade a été bâti en 1503. dès liberalitez de Jeanne de France fille du Roi Louis XI. & femme de Louis Duc d'Orleans qui la répudia. Cette Princesse est Institutrice de tout l'Ordre, & le Couvent de Bourges est le premier. Elle ordonna que son corps fut inhumé dans le Chœur des Sœurs Converses, & sa volonté fut suivie ; mais en 1562. trois soldats Calvinistes le déterrerent, & le firent brûler publiquement.

Les Capucins sont dans le faubourg de Bourbounoux, & leur Couvent a une très-belle avenue.

On trouve aussi une fort belle promenade qui commence à la porte *S. Michel* par une demi-lune, & va se perdre dans la campagne. Elle est formée par quatre rangs d'arbres qui font trois allées, & dont celle du milieu est fort large & belle.

Hors la porte d'Orron est le jardin du Roi, qui est aussi une promenade assez agréable.

Le Mail est fort long, & s'étend presque depuis la porte S. Sulpice jusqu'à celle de S. Ambroise.

Philippe Labbe Jésuite fort connu dans la République des Lettres, *Louis Bourdaloue* aussi Jésuite, & un des grands Prédicateurs que la France ait jamais eus ; & *Jean de la Chapelle*, de l'Académie Françoise, étoient nez dans la Ville de Bourges.

Châteauneuf.	6. l.
Lignieres.	4. l.
La Châtre.	5. l.
Genouillac.	5. l.
Jarnage.	5. l.
Aubusson.	5. l.
La Courtine, ou Soudé.	5. l.
Ussel.	4. l.

Châteauneuf est une petite Ville sur la riviere de Cher. Malgré sa petitesse, elle est divisée en Ville haute & Ville basse. Le Château est dans la haute. Cette maison, qui est celle du Seigneur, est grande & belle, & a été bâtie par Guillaume de l'Aubespine l'un de ses Seigneurs. La Paroisse porte le nom de saint Pierre, & est aussi Collégiale. La Ville basse est située sur le penchant de la colline, & s'étend jusqu'à la riviere de Cher. Cette Seigneurie est une ancienne Baronnie qui a de beaux droits. Le Seigneur y assied la taille avec le Roi sur tous les Bourgeois, manans & habitans, dont les plus riches sont tenus de lui payer la somme de cinq sols au jour & fête de la S. Martin d'hiver ; & les autres moins aisez payent selon leurs facultez en diminuant de ladite somme de cinq sols, jusqu'à celle de douze deniers tournois. Cette taxe & cottisation doit être faite par quatre Prud'hommes de la Bourgeoisie. J'ai parlé dans la description de la Ville de Bourges de la redevance que cette Ville doit au Seigneur de Châteauneuf. Cette Baronnie appartient aujourd'hui à Jerôme Phelyppeaux, Comte de Pontchartrain, ci-devant Secretaire d'Etat.

Lignieres est une petite Ville du Berry, au midi de Bourges. Elle est entourée de murailles, tours & fossez. L'Eglise de Nôtre-Dame est Collégiale. Le Château

teau à été bâti par Jerôme de Nouveau. Les Seigneurs ont toujours porté les titres de *Sire*, de *Princes*, & *Barons* de Lignieres.

La Châtre est une autre petite Ville à l'extrémité du Berry, du côté du couchant, au-dessous de laquelle passe la riviere d'Indre. Il y a dans cette Ville l'Eglise Collégiale de *S. Germain*, un Couvent de Carmes, & un de Capucins. Cette Seigneurie faisoit autrefois partie de la *Principauté Deoloise*, & fut donnée en appanage à Ebbes fils de Raoul le Chauve, Seigneur de Châteauroux. Il prit le nom de son appanage, & on croit que de lui sont descendus les Seigneurs du nom de *la Châtre*, dont l'un d'eux s'étant croisé fut fait prisonnier, & obligé de vendre sa terre pour se racheter. Elle a été depuis plusieurs fois réunie au fief dominant, & pour la derniere fois l'an 1614. au mois de Fevrier, qu'elle fut achetée de Catherine Huraut, & d'Antoine d'Aumont son mari, par Henry de Bourbon, second du nom, Prince de Condé.

Genouillac n'est qu'un Village dans la Province de la Marche.

Jarnage est une petite Ville de la Marche qui est décorée d'une Prévôté Royale dont le ressort est si mêlé avec celui des

Tome I. O

Prévôtez d'Ahun, de Chenerailles, qu'il eſt libre aux parties de porter leurs procès pardevant l'un de ces trois Prévôts. Ces trois Prévôtez, & celles de Drouilles, de Felletin & d'Aubuſſon, furent cédées par Louis XIV. au feu Maréchal Duc de la Feuillade. Le Maréchal Duc ſecond de ce nom, en nommoit les Officiers, mais ils ont toujours été pourvûs par le Roi.

Aubusson, *Albucio*, eſt ſur la Creuſe, & auſſi dans la Marche. C'eſt une petite Ville ſituée le long de la riviere de Creuſe dans un fond bordé de rochers, & de montagnes. Sa manufacture de tapiſſeries la rend fort peuplée & marchande. Elle a donné le nom à une Maiſon illuſtre de laquelle étoient iſſus les deux Maréchaux Ducs la Feuillade.

La Courtine eſt une montagne qu'on trouve dans le Limouſin, après être ſorti de la Marche. Il n'y a qu'une maiſon dans cette montagne, dans un endroit nommé *Soudé*. L'on ne fait que diner dans ce lieu où l'on ne s'arrête même que par néceſſité. Au reſte c'eſt au pied de cette montagne que la riviere de *Vezere* a ſa ſource.

Uſſel eſt une petite Ville qui eſt le chef lieu du Duché de Ventadour. L'on y compte environ cinq cens cinquante feux, & deux mille habitans.

Neuvi. 4. l.
Rillac. 5. l.
Niodan. 4. l.
Aurillac. 4. l.

Neuvi est un gros Bourg, qui est encore du Limousin, mais à quatre lieues de là l'on passe la Dordogne en un endroit appellé la *Ferriere* ; & cette riviere fait la séparation du Limousin & de l'Auvergne. La Ferriere est à une mortelle lieue de Rillac.

AURILLAC, *Aureliacum*, est située dans un vallon sur la petite riviere de *Jordane*. Il y a beaucoup d'apparence que cette Ville s'est formée à l'occasion de l'Abbaye que Geraud Seigneur d'Aurillac y fonda l'an 894. Cette Ville est aujourd'hui une des plus considerables de la Province d'Auvergne, ne le cedant qu'à Clermont & à Riom. L'Eglise Collegiale fut mise sous l'invocation de S. Pierre par le Comte Geraud. Les Calvinistes en ont détruit une partie, mais ce qui en reste fait voir qu'elle étoit fort vaste. Les Jésuites ont un College dans cette Ville, & leur maison a beaucoup d'apparence, mais l'architecture n'en est ni belle ni solide. Par la porte *des Fargues*, l'on va dans une Isle appellée *le Gravier*, qui est plantée de plusieurs allées de tilleuls.

C'eſt la promenade publique, & une des plus gracieuſes qu'il y ait en France. La porte & le faubourg *des Freres*, ont pris leur nom ou d'un Couvent de Cordeliers appellez *Freres mineurs*, ou de ce qu'il y a deux Couvents de Moines. Quoique ce faubourg ne conſiſte qu'en une grande rue, le coup d'œil en eſt cependant magnifique à cauſe de quatre Couvents dont il eſt décoré. D'un côté ſont les Cordeliers & les Carmes, & de l'autre deux Couvents de Filles. Ces quatre maiſons ſont très-bien bâties, & ont de beaux enclos. Le Réfectoire des Carmes eſt une des merveilles du pays pour ſa grandeur & ſa propreté. L'Abbé eſt Comte, & Seigneur d'Aurillac, tant pour le ſpirituel que le temporel. Il y a la Juriſdiction Epiſcopale, comme auſſi la haute Juſtice, nonſeulement dans la Ville & ſes fauxbourgs, mais même audelà, dans l'étendue qu'on nomme *des quatre Croix*. Le Château du Seigneur Abbé eſt dans le faubourg de *S. Eſtephé*, c'eſt-à-dire de S. Etienne. Il eſt fort élevé & commande la Ville. Ceux qui ont donné des deſcriptions des Villes de France, ſe ſont tous copiez ſi aveuglément, qu'ils mettent ce Château dans la Ville. A cette faute un Sçavant illuſtre *qui a embraſſé toutes les ſciences*, en a ajoûté une autre; car il dit qu'il appartient au Roi. Cette Ville a eu l'honneur & l'avantage d'être le berceau du feu Marêchal Duc de Noailles. Ce Seigneur dont la faveur a été auſſi longue que ſa vie, n'a jamais ceſſé de donner des marques de bienveillance, & de protection à la Ville qui l'avoit vû naître.

Par la ſeconde route qui eſt celle qu'on ſuit aujourd'hui, on va de Paris à Brive, & l'on paſſe par les lieux que j'indiquerai dans le Voyage ſuivant; & lorſqu'on eſt à Brive, l'on prend un nouveau Meſſager qui vous conduit à Aurillac. L'on va de Brive à

Leſcurote.	3. l.
Argentat.	3. l.
Montvert.	4. l.
Aurillac.	4. l.

La route de la poſte de Paris à Aurillac eſt auſſi la même qui eſt rapportée à la fin du Voyage qui ſuit, juſqu'à Uzerches, mais ici on quitte le chemin de Toulouſe, & l'on va à la Graulliere, poſte. Tulle, p. La Garde, p. Argentat, p. & d. Le Foſſat, p. Montvert, p. S. Paul des Landes, p. Aurillac, p.

L'on compte vingt, ou même ving-une

grandes lieues d'Aurillac à Clermont. Comme la basse & la haute Auvergne sont séparées par de hautes montagnes, le chemin est très-rude, & quelquefois même inpraticable. La route la plus courte est celle du Cantal ou celle du Lioran, mais on ne peut passer par le Cantal que pendant quatre mois de l'année ; car d'une fois qu'il commence à y tomber de la neige, il faut prendre un autre chemin. Celui du Lioran n'est absolument fermé que dans le tems des grandes neiges ; & pour lors l'on est obligé pour aller d'Aurillac à Clermont, de côtoyer le Limousin par bord, &c. La route du Lioran étant la plus ordinaire, c'est aussi celle que je vais indiquer ici. On va d'Aurillac à

Vic en Carladez.	2. l.
Thiésac.	1. l.
Murat.	3. l.
Alanche.	2. l.
Ardes.	5. l.
Nechers.	4. l.
Clermont.	4. l.

Vic en Carladez est sur la riviere de Cére. C'est un beau & gros Bourg qui est le chef-lieu du Vicomté de Carladez, ainsi nommé de *Carlat*, Château fort renommé dans nôtre Histoire. Le Roi donna en 1643. la Vicomté de Carladez, le Duché de Valentinois, & quelques autres Seigneuries au Prince de Monaco pour le dédommager de celles qu'il posſedoit dans le Royaume de Naples, & dans le Milanois. Il y a dans Vic une Egliſe Paroiſſiale, un Couvent de Filles, & une Chapelle nommée le Calvaire qui eſt au ſortir du Bourg, ſur le chemin de Thiéſac. Vic eſt principalement connu & fréquenté à cauſe de ſes Juriſdictions, & de ſes eaux minerales qu'on y va boire aux mois d'Août & de Septembre.

Sur le chemin de Vic à Thiéſac l'on fait remarquer ſur une éminence, les ruines du Château de Muret qui étoit une Châtellenie de la Vicomté de Carladez, laquelle appartenoit à des Seigneurs du nom de Tournemire. Ce Château fut démoli en 1574. & la Châtellenie fut confiſquée, & réunie au fief dominant pour forfaiture.

Thiéſac eſt un Bourg qui n'a rien de remarquable.

Murat eſt une petite Ville, chef de la Vicomté de ce nom. Elle eſt ſituée ſur la riviere d'Alagnon, au pied d'un rocher ſur le haut duquel on voit encore les ruines d'un Château. Cette Ville n'eſt pas ancienne ; car ce fut Guillaume Vicomte de Murat depuis l'an 1272.

jusqu'en 1305. qui permit aux habitans de s'ériger en Corps de Communauté, de faire des Consuls, & de faire édifier murailles. Ce même Vicomte donna aux habitans de cette Communauté des deniers patrimoniaux & d'octroi. Il y avoit anciennement dans Murat une Eglise Paroissiale sous l'invocation de Nôtre-Dame, & desservie par une petite Communauté de Prêtres, mais vers l'an 1371. elle fut érigée en Collégiale par Dieudonné de Cardaillac, troisiéme Evêque de S. Flour, Pons de Cardaillac étant pour lors Vicomte de Murat. Bernard d'Armagnac, Connêtable de France, ayant uni la Vicomté de Murat à celle de Carlat, fonda auprès de Murat un Couvent de Religieux de l'Ordre de S. François. Les Cordeliers ont occupé ce Couvent jusqu'au tems que la réforme des Recolets fut approuvée & établie. Pour lors ils céderent à ces Réformateurs les Couvents de Murat & de Tulle qui sont les deux plus anciens de cette Réforme.

Alanche est une petite Ville située dans un vallon, à la sortie des montagnes *du Luguet & de la Godivelle*. L'Eglise Paroissiale est sous l'invocation de S. Jean-Baptiste, & est un Prieuré fort ancien, dans le Diocese de Clermont. Cette Eglise se est belle, & le clocher est couvert de plomb. La Ville d'Alanche est une Châtellenie dependante du Duché de Mercœur. Le Château étoit au lieu de Maliargue, mais il n'en reste plus que des mazures.

Ardes est une petite Ville située au pied de la montagne du Luguet, & le chef-lieu du Duché de Mercœur. L'Eglise Paroissiale a une Communauté de Prêtres très-bien établie, & possede les corps de S. *Dizans*, ou *Dizeins*, Evêque de Saintes, & de S. Adrien, qui vivoient du tems de Pepin pere de Charlemagne. Leurs Reliques sont dans des Reliquaires de bois de noyer argenté & doré. Les Recolets ont aussi un Couvent à Ardes. Auprès de cette Ville il y a une fontaine qui porte le nom de S. Dizans où l'on lave les enfans pour les fortifier, à cause que ce Saint pendant qu'il vivoit ressuscita plusieurs enfans morts, & leur donna le bâtême, ainsi qu'il est rapporté dans sa Vie. La Ville d'Ardes est assez marchande, & sert d'entrepôt pour le commerce qui se fait entre la haute & la basse Auvergne.

Nechers n'est remarquable que par un fort beau Château que M. d'Esteing Evêque de S. Flour a fait bâtir tout auprès.

Fin du Tome premier.

Fautes à corriger dans le Tome premier.

Page 13. ligne 17. matéreaux, lisez matériaux.
P. 27. ligne 14. Clain, lisez Clan.
P. 27. ligne 6. Niort, p. lisez Niort, p. & d.
P. 102. ligne 12. Chartes, lisez Chartres.
P. 120. ligne 11. Actions publiques, lisez Actes publics.
P. 124. ligne 29. Courville, 2. p. lisez Courville, p. & d.
P. 266. lignes 26. & 27. ôtez Aigremont, p. & d. & après Noyers, p. ajoûtés Licheres, p. & d.
P. 290. ligne 18. le Pin. 3. l. lisez 4. l.
même page ligne 19. Marseille. 2. l. lisez 3. l.

Fautes à corriger dans le Tome second.

Page 13. à commencer à la ligne 19. il faut lire ainsi :

    Cressensac.   4. l.
    Souillac.   4. l.
    Peyrat.   3. l.
    Freissinet.   3. l.
    Le Vert.   2. l.
    S. Pierre la feüille.   2. l.
    Cahors.   2. l. &c.

Page 43. Il faut supprimer les sept dernieres lignes de cette page.
Page 79. ligne 4. & 5. fait souvent, lisez faisoit.
P. 81. ligne 15. Greoire, lisez Gregoire.

www.ingramcontent.com/pod-product-compliance
Lightning Source LLC
Chambersburg PA
CBHW060334170426
43202CB00014B/2773